Benedikt Föger und Klaus Taschwer

DIE ANDERE SEITE DES SPIEGELS

Konrad Lorenz und der Nationalsozialismus

GEGRÜNDET
1999

Benedikt Föger und Klaus Taschwer

DIE ANDERE SEITE DES SPIEGELS

Konrad Lorenz und der Nationalsozialismus

Czernin Verlag, Wien

Gedruckt mit Unterstützung des Bundesministeriums für Bildung, Wissenschaft und Kultur in Wien.

Die Deutsche Bibliothek – CIP-Einheitsaufnahme
Benedikt Föger/Klaus Taschwer:
Die andere Seite des Spiegels. Konrad Lorenz und der Nationalsozialismus/Föger Benedikt und Taschwer Klaus
Wien: Czernin Verlag, 2001
ISBN 3-7076-0124-2

Art Direction: Bernhard Kerbl
Cover-Foto: Geheimes Staatsarchiv Preußischer Kulturbesitz, Berlin
Herstellung: Die Druckdenker GmbH Wien
Druck: Druckerei Theiss GmbH Wolfsberg
ISBN 3-7076-0124-2

Unseren Eltern
In memoriam Dr. Otmar Föger

Inhalt

Einleitung

Als das 20. Jahrhundert zu Ende ging, wurde allerorts Bilanz gezogen. So fragte auch eine österreichische Wochenillustrierte ihre Leser nach den größten Persönlichkeiten des 20. Jahrhunderts. Bei den Denkern ging die internationale Wertung eindeutig an den Physiker Albert Einstein, in der Österreich-Wertung siegte der Verhaltensforscher Konrad Lorenz, der „Einstein der Tierseele", wie ihn das deutsche Nachrichtenmagazin *Der Spiegel* einmal genannt hatte. Lorenz wurde knapp gefolgt von Sigmund Freud und der Friedensnobelpreisträgerin Bertha von Suttner. Dahinter landeten, mehr oder weniger weit abgeschlagen, Gelehrte wie Sir Karl Popper, Ludwig Wittgenstein oder Erwin Schrödinger.[1]

Knapp dreizehn Jahre nach seinem Tod im Februar 1989 sind der Wissenschaftler Konrad Lorenz und sein „Wappentier", die Graugans, längst fixer Bestandteil der österreichischen Geschichte geworden. Wohl kein anderer Wissenschaftler hat es geschafft, sich so im Bewusstsein der österreichischen Bevölkerung zu verankern. Dabei spielt natürlich die Tatsache eine Rolle, dass Lorenz – gemeinsam mit Karl von Frisch – der einzige Österreicher war, dem nach 1945 der Nobelpreis verliehen worden ist. Warum aber ist uns Konrad Lorenz nach wie vor ein Begriff, während Karl von Frisch und viele andere international renommierte Forscher neben ihm im kollektiven Gedächtnis dieses Landes verblassen? Weshalb ist es gerade dem

Verhaltensforscher gelungen, so tiefe Spuren in der Geschichte Österreichs im 20. Jahrhundert zu hinterlassen?

Der Mitbegründer der Vergleichenden Verhaltensforschung hat sich wie kaum ein anderer österreichischer Wissenschaftler öffentlich exponiert und politisch engagiert. Fast von Beginn seiner wissenschaftlichen Tätigkeit an war er bestrebt, seine Erkenntnisse einer breiten Öffentlichkeit zugänglich zu machen. Die Auflage seiner populärwissenschaftlichen Bücher geht in die Millionen. Dazu kommt sein Engagement für die Umweltbewegung, seine Beteiligung am Kampf gegen die Kraftwerke Zwentendorf und Hainburg, der zum Auslöser für die Gründung von grünen Parteien in Österreich wurde: Konrad Lorenz galt als das „ökologische Gewissen der Nation“, wie sein Schüler Bernd Lötsch einmal formulierte, und als „Ajatollah der Grünen“, so die Charakterisierung durch Franz Kreuzer, den ehemaligen Chefredakteur der *Arbeiter-Zeitung*, der Mitte der Achtzigerjahre österreichischer Gesundheitsminister war.

Naturgemäß gibt es über eine Persönlichkeit von so hoher Wertschätzung und so großem öffentlichen Interesse zahlreiche Lebensdarstellungen und Persönlichkeitsschilderungen. Im Fall von Lorenz stammen sie überwiegend aus dem unmittelbaren Kreis seiner Schüler. Wohl aufgrund dieser Nähe sind sie durchwegs unkritisch ausgefallen. Die wichtigsten der Lorenz-Biografen – der BBC-Journalist Alec Nisbett, der Wildbiologe Antal Festetics und der Wissenschaftstheoretiker Franz M. Wuketits – hatten mehr oder weniger lang persönlichen Umgang mit Lorenz und waren von seiner charismatischen Persönlichkeit sichtlich eingenommen. Wohl aus diesem Grund verabsäumten sie es, im Detail zu prüfen, was sich gerade in den Jahren zwischen 1938 und 1945 in Lorenz' Leben zugetragen und was er in jener Zeit tatsächlich gedacht und geschrieben hatte. Sie weckten somit zumindest indirekt den Verdacht, dass es in der Biografie des Verhaltensforschers etwas zu verheimlichen gäbe.

Als in den Siebziger- und Achtzigerjahren einige Fakten über seine NS-Vergangenheit ans Tageslicht kamen, hat Lorenz mehrfach zugestanden, in dieser Zeit Fehler gemacht zu haben. In einem TV-Interview versuchte er, die Verwendung von NS-Begriffen in einem Aufsatz aus dem Jahr 1940 (und damit seine politische Anpassungsfähigkeit) so zu erklären:

> „Ich habe […] gehofft, dass der Nationalsozialismus etwas Gutes bringen wird, nämlich in Bezug auf die Hochschätzung der biologischen Vollwertigkeit des Menschen, gegen Domestikation usw. Dass die Leute ‚Mord' meinten, wenn sie ‚Ausmerzen' oder wenn sie ‚Selektion' sagten, das habe ich damals wirklich nicht geglaubt. So naiv, so blöd, so gutgläubig – nennen Sie es, wie Sie wollen – war ich damals."[2]

Anlässlich seines 85. Geburtstages äußerte sich Lorenz 1988 in einem Interview mit dem Hamburger Nachrichtenmagazin *Der Spiegel* ähnlich:

> „[V]or einer Auseinandersetzung mit den Nazis habe ich mich in sehr verächtlicher Weise gedrückt, ich hatte einfach keine Zeit dazu. […] Ich mache mir selber Vorwürfe. Andererseits: Wenn ich mich frühzeitig meiner politischen Pflichten erinnert hätte, hätte ich viele Dinge, für die ich den Nobelpreis bekommen habe, nie geschaffen."[3]

Tatsächlich war es die Verleihung des Nobelpreises im Jahr 1973, die das politische Verhalten des Forschers erstmals in die breite öffentliche Diskussion brachte. Simon Wiesenthal forderte Lorenz damals sogar auf, den Nobelpreis zurückzulegen. Dennoch dauerte es zehn weitere Jahre, bis die politische Vergangenheit des hoch Geehrten neuerlich thematisiert wurde: Durch seine tragende Rolle bei der Verhinderung des Kraftwerkes Hainburg zur Jahreswende 1984/85 und bei dem vom

Boulevardblatt *Neue Kronen-Zeitung* initiierten Konrad-Lorenz-Volksbegehren rückte er wieder in den Mittelpunkt des öffentlichen Interesses. Wieder wiesen Kritiker auf mögliche „braune" Ursprünge des ökologischen Engagements von Lorenz hin. Wie schon zehn Jahre zuvor standen sein Artikel aus dem Jahr 1940 und seine in der Zwischenzeit erwiesene Mitgliedschaft bei der NSDAP im Zentrum der Auseinandersetzungen. Während Konrad Lorenz auf Fragen nach seiner NS-Vergangenheit gar nicht mehr reagierte, übernahmen es nun andere, ihn zu verteidigen. So wurde der damalige Redakteur der *Arbeiter-Zeitung*, Peter Pelinka, vom gleichermaßen umstrittenen wie bei seinen Lesern beliebten *Krone*-Kolumnisten Richard Nimmerrichter als „Rotzlöffel" beschimpft, weil dieser es gewagt hatte, an Lorenz Kritik zu üben. Und Bernd Lötsch, heute Generaldirektor des Naturhistorischen Museums Wien, meinte damals:

> „Politische Amokläufer haben sich nicht entblödet, Lorenz unter Berufung auf das zeitgebundene Vokabular einer über 40 Jahre alten Arbeit über Verhaltensdefekte bei Haustieren mit rassistischer Nazi-Ideologie in einen Topf zu werfen. Dies ist besonders absurd, weil Lorenz mit den gescheitesten Wiener Emigranten in aller Welt befreundet ist […]."[4]

Eine erste politische „Amokläuferin" war die US-Wissenschaftshistorikerin Theodora J. Kalikow. Die heutige Präsidentin der University of Maine hatte bereits in den Siebzigerjahren über das Leben und Werk von Konrad Lorenz bis 1945 recherchiert. Sie dokumentierte als Erste seine Parteimitgliedschaft, legte kritische Analysen seiner Publikationen aus der NS-Zeit vor und präsentierte viele neue Dokumente zum besseren Verständnis von Lorenz' Verstrickungen ins NS-Regime.[5] Doch auch nach dieser Pionierarbeit tauchten immer wieder neue Dokumente auf: So publizierte die deutsche Biologie-

Historikerin Ute Deichmann Anfang der Neunzigerjahre das Buch „Biologen unter Hitler“, in dem ein Kapitel dem österreichischen Verhaltensforscher gewidmet ist. Deichmann beschreibt darin erstmals die Mitwirkung von Konrad Lorenz an einer volks- und rassenpsychologischen Studie während seiner Kriegsdienstzeit in Polen. Diese Studie an 877 „Posener deutsch-polnischen Mischlingen und Polen“ wurde unter anderem von der „Reichsstiftung für deutsche Ostforschung“ unterstützt.[6] Im Frühjahr 2001 schließlich veröffentlichten die Autoren dieses Buches jenen Antrag, mit dem Konrad Lorenz um Mitgliedschaft bei der NSDAP ansuchte und der dessen Begeisterung für den Nationalsozialismus nach dem „Anschluss“ Österreichs an das Deutsche Reich eindeutig belegt.[7]

Ungeachtet dessen und einer Reihe weiterer kritischer Veröffentlichungen von Sozialwissenschaftlern und Journalisten haben sich weite Teile der biologischen Fachöffentlichkeit – und insbesondere Lorenz' tatsächliche oder selbst ernannte Schüler – bis in die Gegenwart vor einer gründlichen Entwirrung seiner NS-Verstrickungen gedrückt.[8] So führt einer der Biologen und Lorenz-Biografen in einer Zeittafel für das „Anschluss“-Jahr 1938 folgende Begebenheiten in Lorenz' Leben an: „Faltbootfahrt auf der Donau und dem Neusiedlersee zu Pfingsten mit Otto Koehler und Königsberger Studenten. Mutter Emma Lorenz stirbt am 19. Juli.“[9] Sonst schien in diesem Jahr nichts aus dem Leben des Forschers erwähnenswert.

Dass die Verhaltensforschung in den vergangenen Jahrzehnten in den Geruch kam, eine „rechte“ Wissenschaft zu sein, ist nicht zuletzt den Scheuklappen einiger ihrer Exponenten bei der Aufarbeitung der eigenen Vergangenheit zuzuschreiben.[10] Aber auch Politiker haben sich – wohl aufgrund der Popularität von Lorenz – geweigert, sich mit den fragwürdigen Aspekten seines Lebens und Werkes zu beschäftigen.[11] Sonst hätte der ehemalige

SPÖ-Unterrichtsminister und langjährige Bürgermeister der Stadt Wien, Helmut Zilk, Lorenz' Theorie vielleicht nicht als „unabdingbare Arbeitsvoraussetzung für jeden Lehrer, jeden politischen Wissenschaftler, jeden Sozialarbeiter, eigentlich auch jeden Politiker" bezeichnet.[12] Und der ehemalige ÖVP-Vorsitzende und Vizekanzler Erhard Busek lobte in einem im Vorjahr veröffentlichten Aufsatz über „Konrad Lorenz und die Politik" dessen „Anständigkeit" und „hohe moralische Autorität", ohne auch nur mit einem Wort an seine NS-Vergangenheit zu erinnern.[13] Eine Aufarbeitung möglicher Wurzeln im Nationalsozialismus haben schließlich auch die Grünen bisher gescheut, obwohl oder gerade weil die Entstehungsgeschichte ihrer Bewegung untrennbar mit Lorenz' Engagement gegen die Kraftwerke in Zwentendorf und Hainburg verbunden ist.

Leider hat auch Konrad Lorenz selbst eine kritische Offenlegung seiner Vergangenheit zeit seines Lebens verabsäumt, obwohl er den didaktischen Wert von autobiografischen Darstellungen selbst betont hat – zumal von Personen seines Jahrgangs:

> „Für heute lebende Menschen – seien sie nun jung oder alt – sind Selbstbiografien jener Leute interessant, die um die Jahrhundertwende oder noch vor ihr geboren sind. Der Zeitraum, den sie durchlebten, enthält drei scharf geschiedene historische Epochen und so viele Katastrophen und Umwertungen aller Werte, dass es ebenso fesselnd wie belehrend ist, zu sehen, wie sich ein Einzelner mit diesem mehrfachen Wechsel aller kulturellen Bedingungen auseinandergesetzt und was er rückblickend dazu zu sagen hat. Der Wert einer solchen Selbstbiografie hängt von zwei Dingen ab: erstens von einem guten Gedächtnis für Einzelheiten und zweitens von einer ganz bestimmten Art innerer Redlichkeit, die verhindert, Erinnerungen zu färben oder umzudeuten."[14]

Es ist bedauerlich, dass Lorenz kein Buch diesen Inhalts hinterlassen hat, sondern nur Kurzautobiografien; eine davon verfasste er anlässlich der Verleihung des Nobelpreises im Jahr 1973.[15] Tatsächlich wäre es höchst aufschlussreich gewesen, von ihm selbst im Detail zu erfahren, wie er sich „mit diesem mehrfachen Wechsel aller kulturellen Bedingungen auseinandergesetzt und was er rückblickend dazu zu sagen" gehabt hätte.

In Lorenz' Leben gab es zumindest vier scharf getrennte historische Epochen, die sich in seiner wissenschaftlichen Karriere besonders deutlich widerspiegeln. Sein Lebensweg war typisch für die Biografie Österreichs im 20. Jahrhundert: Aufgewachsen im kreativen Milieu der Ersten Republik, die trotz des Sturzes der alten Dynastie nie mehr als der Appendix des politisch, aber noch nicht geistig untergegangenen habsburgischen Fin de Siècle gewesen ist. Später angewidert vom katholisch geprägten, anti-intellektuellen austrofaschistischen Ständestaat, in dem es für ihn beruflich kaum ein Fortkommen gab. Die Begeisterung für den Nationalsozialismus im Glauben an bis dahin ungeahnte Möglichkeiten und, nach der sich abzeichnenden Niederlage, der Zusammenbruch aller Illusionen. Schließlich die geistige Enge des Nachkriegsösterreich, auch aufgrund der Re-Etablierung des Katholizismus als „Staatsreligion", die auch zu Lorenz' Weggang aus Österreich im Jahr 1950 geführt hat.

Im Folgenden möchten wir versuchen, das Leben und Werk von Konrad Lorenz in den Jahren von 1930 bis 1950 im Detail nachzuzeichnen. Es ist eine Lebensgeschichte voll von Widersprüchen: In ihr trifft größte Kreativität auf kleingeistigen Opportunismus, in ihr stehen höchste moralische Ansprüche tiefen politischen Verfehlungen gegenüber. Geradezu beispielhaft steht Lorenz für Österreichs schwierigen Umgang mit der NS-Vergangenheit. Und deshalb ist es wohl symptomatisch für dieses Land, dass man bis in die Gegenwart eine gründliche Auseinandersetzung mit der nationalsozialistischen Vergangenheit eines seiner ohne Zweifel bedeutendsten Wissenschaftler vermieden hat.

Dieses Buch konzentriert sich in erster Linie auf Beziehungen des „Vaters der Graugänse" zum Nationalsozialismus. Damit wird es nicht dem gesamten Leben und dem vollständigen wissenschaftlichen Werk von Konrad Lorenz gerecht. Dazu wäre eine umfangreiche Gesamt-Biografie vonnöten, die auch bereits in Planung ist. Zum jetzigen Zeitpunkt wollen wir alle uns zugänglichen Fakten präsentieren, die ein Licht auf einen kurzen, aber prägenden Abschnitt seines Lebens werfen – Materialien, zum Teil bekannt, aber nie gesammelt publiziert, und zum anderen Teil hier erstmals veröffentlicht: darunter vor allem Briefe und Archivmaterialien, Erinnerungen von Zeitzeugen sowie Zeitungsartikel über Lorenz aus der NS-Zeit, die dessen damalige öffentliche Wirkung dokumentieren.

Zu den Briefmaterialien gehört Lorenz' Korrespondenz mit dem deutschen Ornithologen Erwin Stresemann, die 1927 begann und erst im Jahr 1971 knapp vor dessen Tod endete. Aus diesen Briefen wurde erstmals im Juni 2000 vom Berliner Historiker Christian Tilitzki in einer Artikelreihe über Konrad Lorenz in einer deutschen Zeitung ausführlich zitiert.[16] Lorenz korrespondierte auch mit dem Zoologen Otto Koehler; dieser Briefwechsel ging jedoch während des Krieges verloren und liegt erst für die Jahre ab 1947/48 vor. Und dann gibt es die Korrespondenz mit Oskar Heinroth, Lorenz' deutschem Mentor, der ihn über alles geschätzt und gefördert hat. Diese wurde bereits vor über zehn Jahren erstmals veröffentlicht, allerdings mit Lücken: „Allzu private Stellen, die in keinem Zusammenhang mit der Wissenschaft stehen", so der Herausgeber Otto Koenig, „wurden gekürzt oder ganz weggelassen."[17] Zu diesen „privaten Stellen" zählen alle politischen Briefpassagen, wie

Lorenz' überschwänglicher Jubel über Österreichs „Anschluss" im März 1938 oder seine „eindeutigen" Gedanken zum Kriegsverlauf.

In jedem Fall wollen wir vermeiden, das vorliegende Tatsachenmaterial aus dem Blickwinkel eines ahistorischen Moralismus zu präsentieren. Das darf nicht heißen, dass jede Zeit ihre Moral hat, was einer kollektiven Entschuldigung aller (politischen) Verantwortlichen, aber auch aller so genannten Mitläufer gleich käme. Aber ebenso wenig darf man eine historische Periode ihrer jeweiligen moralischen Prinzipien entkleiden und einfach die Ethik der Gegenwart über die Vergangenheit stülpen, als hätten die Gebote der Political Correctness immer schon existiert.

Uns ist bewusst, dass auch die folgende Darstellung trotz aller angestrebten Unvoreingenommenheit nur der Versuch einer Annäherung an die Vita von Konrad Lorenz sein kann, genau genommen an einen bestimmten Abschnitt in seinem Leben, nämlich jene Jahre, in denen der Wissenschaftler unter den Bedingungen eines totalitären Regimes Karriere gemacht hat. Dabei geht es nicht darum, Lorenz mit Gewalt ins „rechte Eck" zu stellen, sondern auf Basis der uns zugänglichen Materialien ein möglichst vollständiges Bild davon zu zeichnen, wer dieser Wissenschaftler zwischen 1938 und 1945 war, wie er politisch dachte und wie sich sein politisches Denken und Verhalten auf seine wissenschaftlichen Publikationen ausgewirkt hat. Es wird auch gezeigt werden, dass Lorenz' politisches Verhalten im Dritten Reich geringe Auswirkungen auf seine Karriere nach 1945 hatte. Die Anpassungsfähigkeit des Forschers, der formal nie entnazifiziert wurde, ist dabei durchaus symptomatisch für eine 1938 bis 1945 im akademischen Wissenschaftsbetrieb aktive Generation, die diesen noch Jahrzehnte nach dem Untergang von Hitler-Deutschland dominierte und somit einer ernsthaften Untersuchung ihres Verhaltens während der NS-Herrschaft lange Zeit einen Riegel vorschob.

Dieses Buch sähe anders aus, wenn wir nicht die Möglichkeit gehabt hätten, mit Agnes von Cranach, der Tochter und langjährigen Sekretärin von Konrad Lorenz, zusammenzuarbeiten. Frau von Cranach hat sich freundlicherweise bereit erklärt, Fragen aus erster Hand zu beantworten und Tatsachen richtig zu stellen, wo sich für uns aufgrund der Quellenlage Widersprüche ergeben haben. Sie legt jedoch Wert darauf, dass sie nicht alle unsere Interpretationen, Deutungen und allfälligen Theorien über bestimmte Zusammenhänge in der vorliegenden Form teilt.[18]

Wir möchten uns bei ihr für ihre großzügige Hilfe, Geduld und Gastfreundschaft sehr herzlich bedanken.

Benedikt Föger und Klaus Taschwer
Wien, im September 2001

1.
Der Nobelpreis und die „braune" Vergangenheit

Stockholm 1973

Die Nachricht kam überraschend, aber nicht ganz unerwartet. Konrad Lorenz lag an jenem 12. Oktober 1973 mit einer hartnäckigen Grippe im Bett, und auch seine Frau hatte sich bereits zur Ruhe begeben, als das Telefon läutete: Am anderen Ende der Leitung war ein Journalist, der um ein Interview bat. Margarethe Lorenz lehnte schroff ab, ehe der ausländische Journalist darauf hinwies, dass ein Anruf aus Stockholm doch etwas bedeuten sollte. Da klingelte es bei ihr. Und wenig später meldete sich auch ein Nachbar, der berichtete, was er gerade im Radio gehört hatte: Konrad Lorenz war gemeinsam mit seinem Landsmann, dem Bienenforscher Karl von Frisch, sowie dem Niederländer Nikolaas Tinbergen mit dem Nobelpreis für Medizin und Physiologie des Jahres 1973 ausgezeichnet worden.

Der Jubel in Österreich nach der Bekanntgabe war groß: Erstmals seit 1945 ging die weltweit höchste wissenschaftliche Auszeichnung wieder an zwei „große Söhne" des Landes – noch dazu an einen, der eben erst in seine Heimat zurückgekehrt war. Konrad Lorenz hatte mehr als zwei Jahrzehnte, zwischen 1950 und 1973, in Deutschland geforscht und war soeben nicht im besten Einvernehmen von seiner ehemaligen Forschungsstätte im bayrischen Seewiesen geschieden. Dort hatte man ihn bei den Verhandlungen über seine Nachfolge nicht allzu gut behandelt, weshalb Lorenz kurzfristig beschloss, als Emeritus nicht in Seewiesen zu bleiben, sondern in seine

Heimat zurückzukehren. In Altenberg bei Wien, wo seine Familie seit vielen Jahrzehnten lebte, waren noch nicht einmal die Möbel aus Deutschland eingetroffen.

Letztlich erfolgte die Verleihung des Nobelpreises aber doch nicht ganz unerwartet. Seit Jahren war der inzwischen 69-jährige Verhaltensforscher als Kandidat gehandelt worden. Tatsächlich war er zweimal zuvor knapp gescheitert; das zweite Mal, 1971, hatten ihn im Vorfeld bereits Journalisten besucht, die ein Interview mit ihm machen wollten, und ihm voreilig gratuliert. Eine der ersten Reaktionen Konrad Lorenz' auf die Nachricht von der Auszeichnung war der Seufzer: „Wenn mein Vater das noch hätte erleben können!" Adolf Lorenz hätte dafür 119 Jahre alt werden müssen. Das Bedauern des Laureaten erklärt sich dabei nicht nur aus seiner lebenslangen engen Bindung an den Vater, sondern auch daraus, dass dieser, ein berühmter Orthopäde, selbst dreimal knapp den Nobelpreis verfehlt hatte, einmal sogar bloß um eine Stimme. Konrad Lorenz meinte deshalb nicht ohne Humor, dass sein Vater sehr erfreut darüber gewesen wäre, dass wenigstens sein Sohn beim dritten Mal „die Prüfung" geschafft hatte.[1]

„Natürlich bist du darauf vorbereitet gewesen", schrieb auch sein alter Freund, der Zoologe Otto Koehler, in einem Gratulationsbrief unmittelbar nach Bekanntgabe der Nachricht. Und zwar „besser als ich, der seit vier Jahren von solchen Eingaben wusste und Vorschlagsberechtigten habe helfen dürfen". Der bereits 84-jährige Koehler hatte schon vermutet, „Amerika, insbesondere unsere dortigen bösen Feinde, würden das Ding zu Fall gebracht haben. Und nun ist es doch Wahrheit geworden".[2]

Die genauen Hintergründe der Preisverleihung an Konrad Lorenz, Karl von Frisch und Nikolaas Tinbergen werden sich im Detail erst in mehr als zwanzig Jahren klären lassen. Die diesbezüglichen Dokumente und Unterlagen der Nobel-Stiftung werden nämlich erst fünfzig Jahre nach der Verleihung des jeweiligen Nobelpreises öffentlich zugänglich gemacht. Tatsächlich dürfte Lorenz seine Nominierung dem 1937 in die USA emigrierten deutschen Biochemiker Max Delbrück zu verdanken haben. Delbrück hatte 1969 den Nobelpreis für Medizin erhalten, er zählte deshalb zu den Vorschlagsberechtigten und setzte sich nachweislich für Lorenz ein.[3] Dazu kam möglicherweise, dass Lorenz bereits ein Jahr zuvor Mitglied der Königlichen Akademie der Wissenschaften in Schweden geworden war und im selben Jahr beim Nobel-Symposion in Stockholm einen Vortrag gehalten hatte. Thema: „Die Feindschaft der Generationen und ihre ethologischen Ursachen".[4]

Im Jubel über die Verleihung wurde über ihre genauen Umstände nicht weiter spekuliert – man war glücklich über die Entscheidung der Jury[5], die in Österreich selbstredend als sehr klug eingeschätzt wurde. So auch von Konrad Lorenz selbst, der sich in seiner Antwort an Otto Koehler „maßlos" erfreut zeigte, „den Preis mit Niko [Nikolaas Tinbergen; die Autoren] zusammen zu bekommen. Ich allein wäre seiner wahrscheinlich nicht würdig gewesen und Niko allein vielleicht auch nicht, aber zusammen sind wir es, oder, besser gesagt: Das, was wir zusammen gemacht haben, ist es. Karl von Frisch verdient natürlich schon längst den Nobelpreis, und es kann Niko und mich nur zutiefst ehren, diesem wirklich großen Mann gleich geachtet zu werden."[6]

Am selben Tag, an dem Lorenz sein Dankesschreiben an Otto Koehler verfasste, wurden in Deutschland und in Österreich allerdings Zeitungsartikel veröffentlicht, die seine Freude einigermaßen trüben sollten: Eine „Studiengruppe für Sozialanthropologie" der Universität Wien hatte mehrere in- und ausländische Zeitungsredaktionen mit brisantem Material beliefert

– nämlich mit Kopien eines umfangreichen Artikels, den Konrad Lorenz vor damals mehr als dreißig Jahren veröffentlicht hatte. Sowohl die Wiener *Arbeiter-Zeitung* als auch das Hamburger Nachrichtenmagazin *Der Spiegel* zitierten in ihren Ausgaben vom 22. Oktober 1973 Auszüge aus diesem Text, der 1940 unter dem Titel „Durch Domestikation verursachte Störungen arteigenen Verhaltens" erschienen war.[7] *Der Spiegel* brachte eine ausgewählte Zitatensammlung unter dem Titel „Ausmerzung ethisch Minderwertiger" – das entsprach einer zentralen Forderung des 80-seitigen Textes. In der *Arbeiter-Zeitung* fiel die Blütenlese etwas umfangreicher aus, beginnend mit Lorenz' erklärtem Ziel des Aufsatzes, nämlich „die Augen des zur Auslese berufenen auf ganz bestimmte Werte zu lenken, deren Pflege schon deshalb der Auslese vorbehalten bleiben muss, weil die durch Erziehung und Erworbenes grundsätzlich unbeeinflussbar sind (Seite 3)". Im Anschluss wurde dann vor allem aus den beiden abschließenden Kapiteln – „VII. Domestikationsfolgen beim zivilisierten Menschen" und „VIII. Nutzanwendung" – zitiert. In diesem Artikel und in der *Arbeiter-Zeitung* war unter anderem Folgendes zu lesen:

> „Merkwürdigerweise legen manche Völker, die heute noch den rassischen Gedanken überhaupt ablehnen, rassenbiologische Bestrebungen nach Ausgeglichenheit körperlicher Merkmale als geradezu menschenunwürdig hinstellen und gegen Vermischung mit fremden Rassen nichts einzuwenden haben, den allergrößten Wert auf Rassenreinheit und ellenlange Stammbäume, wenn es sich nicht um Menschen, sondern um Haustiere handelt! (Seite 60) […]
>
> Sollte es mutationsbegünstigende Faktoren geben, so läge in ihrem Erkennen und Ausschalten *die wichtigste Aufgabe des Rassepflegers überhaupt*; denn das immer von neuem mögliche Auftreten von Menschen mit Ausfällen im arteigenen sozialen Ver-

halten bildet eine Schädigung für Volk und Rasse, die schwerer ist als die einer Durchmischung mit Fremdrassigen ... Sollte sich dagegen herausstellen, dass unter den Bedingungen der Domestikation keine Häufung von Mutationen stattfindet, sondern nur der Wegfall der natürlichen Auslese die Vergrößerung der Zahl vorhandener Mutanten und die Unausgeglichenheit der Stämme verschuldet, so müsste die Rassenpflege dennoch auf eine noch schärfere Ausmerzung ethisch Minderwertiger bedacht sein, als sie es heute schon ist. (Seite 66)
Diese Erscheinung führt überall dort, wo Raumkonkurrenz der Artgenossen der einzige auslesende Faktor ist, dazu, dass ein sozial minderwertiges Menschenmaterial gerade durch diese Minderwertigkeit instand gesetzt wird, den gesunden Volkskörper zu durchdringen und schließlich zu vernichten. (Seite 68) [...]
Der rassische Gedanke als Grundlage unserer Staatsform hat schon unendlich viel in dieser Richtung (auf die Abwehr von Verfallserscheinungen, Red.) geleistet. (Seite 71)
Die wirksamste rassenpflegerische Maßnahme ist daher wenigstens vorläufig sicher die möglichste Unterstützung der natürlichen Abwehrkräfte, wir müssen – und dürfen – uns hier auf die gesunden Gefühle unserer Besten verlassen und ihnen die Gedeihen oder Verderben unseres Volkes bestimmende Auslese anvertrauen. (Seite 75)“[8]

An diese nur kurz kommentierten Zitate schloss man in der *Arbeiter-Zeitung* einige kritische Fragen an, die auf die zitierten Textpassagen Bezug nahmen. Man habe schon versucht, hieß es, eine Stellungnahme einzuholen, „doch ist der Nobelpreisträger seit Tagen krank und daher zu keinem Gespräch bereit“, weshalb die Redaktion ihn auf diese öffentliche Weise unter anderem fragte:

„Wofür hat er 1940 als Wissenschaftler gekämpft, und würde er auch heute noch dafür kämpfen? [...]

Was war mit der ‚Ausmerzung ethisch Minderwertiger' gemeint und wie steht Konrad Lorenz heute dazu? Würde Konrad Lorenz heute ‚rassepflegerische Maßnahmen' empfehlen, und welche?

Nach welchen objektiven Kriterien stellt Konrad Lorenz fest, ob ein Volkskörper gesund ist?"[9]

Wenige Tage später setzte die Journalistin Sigrid Löffler im Wiener Nachrichtenmagazin *profil* nach: Unter dem Titel „Noch schärfere Ausmerzung ethisch Minderwertiger" kommentierte sie nicht nur die einschlägigen Passagen aus dem umstrittenen Artikel. Sie stellte diesen einerseits Aussagen des Auschwitz-Arztes Josef Mengele gegenüber, andererseits Textpassagen, die sich in Lorenz' damals aktuellem Buch „Die acht Todsünden der zivilisierten Menschheit" fanden – einer kulturkritischen Streitschrift, die von der *Kronen-Zeitung* als Serie veröffentlicht worden war. So zitierte Löffler unter anderem folgende Passage aus dem Bestseller: „Man darf nicht einmal die Worte ‚minderwertig' und ‚vollwertig', auf Menschen angewendet, gebrauchen, ohne sofort verdächtigt zu werden, man plädiere für die Gaskammer." Löfflers polemisches Resümee, in das sie Textpassagen aus den „Acht Todsünden" einbaute, lautete schließlich:

„Dort, wo Lorenz im Jahr 1940 so ausmerzfroh stand, dort stehen mittlerweile ‚Eichmann und Auschwitz, Euthanasie, Rassenhass und Völkermord', aber immerhin auch noch ‚echte Werte': ‚Auf der rechten Seite steht der Wert der sozialen und kulturellen Gesundheit.' Diese Gesundheit sieht Volksarzt Lorenz zwar heute bedroht wie eh und je, nur weiß er schlechterdings kein Heilmittel mehr, seit das Ausmerzen so aus der Mode gekommen ist."[10]

Lorenz' erste Reaktion auf die Anschuldigungen fiel lakonisch und uneinsichtig aus: In der österreichischen Tageszeitung *Ku-*

rier ließ er zwar einerseits wissen, dass ihm die Sache peinlich sei, andererseits hieß es da in äußerst schroffem Ton: „Ich war nie politisch. Jeder, der mich in die Nähe der Nazi stellen will, ist eine Dreckschleuder."[11]

In der ersten Aufregung übersah die österreichische Presse, dass es noch einen anderen Preis gab, den Lorenz gerade erst erhalten hatte: Am Sonntag, dem 21. Oktober – also am Tag vor den ersten Angriffen gegen den Verhaltensforscher – wurde ihm in Abwesenheit der mit DM 10.000,– dotierte „Schillerpreis des Deutschen Volkes" des „Deutschen Kulturwerks Europäischen Geistes" verliehen. Der Präsident des „Kulturwerks", Karl Günther Stempel, war an ihn herangetreten und hatte ihn gefragt, ob er den Preis annehmen würde – und Lorenz sah allem Anschein nach keinen Grund, dies abzulehnen. Er kannte Stempel aus den Sitzungen der Bayrischen Akademie der Wissenschaften, der beide angehörten. Lorenz musste den Feierlichkeiten aufgrund einer Grippe fern bleiben, so nahmen sein Sohn Thomas und sein Schüler, der Humanethologe Irenäus Eibl-Eibesfeldt, den Preis entgegen.

Nach dem Festakt wurden die beiden von einem anwesenden Journalisten darüber aufgeklärt, dass das Kulturwerk als rechtsradikal eingestuft werde. Allerdings war Eibl-Eibesfeldt bereits zuvor ein Verdacht gekommen, als er auf der Bühne Flammenschalen auf germanischen Schwertern erblickt hatte. Die Zweifel verstärkten sich bei Thomas Lorenz während der Laudatio, die ein gewisser Heinrich Härtle hielt, einst Sekretär des NS-Chefideologen Alfred Rosenberg, wie die *Spiegel*-Journalisten wussten. Noch am selben Tag entschloss sich Konrad Lorenz, die Preissumme an die Gefangenenhilfe-Organisation „Amnesty International" weiterzugeben. Diese sollte das Geld aber nicht erhalten, weil das „Kulturwerk" die DM 10.000,– nie überwiesen hat. Die Reaktion des Geehrten erklärte sich

„Kulturwerk"-Präsident Stempel gegenüber dem *Spiegel* mit Beeinflussung durch Dritte. Er stehe mit Lorenz seit langem in Verbindung und habe ihn mehrmals in dessen Institut besucht.[12]

Dieser Vorfall blieb den österreichischen Medien damals verborgen, was für Lorenz den Vorteil hatte, dass sich der Wirbel in Grenzen hielt. Auch in den folgenden Tagen schien er zu keinen allzu großen Schuldeingeständnissen wegen seines in Kritik geratenen Artikels aus dem Jahr 1940 bereit. Am 1. November 1973 wurde in der *Arbeiter-Zeitung* seine Erwiderung auf die am 22. Oktober gestellten Fragen veröffentlicht. Lorenz ging auf diese nicht näher ein, sondern bat vielmehr um Verständnis für seine seinerzeitigen wissenschaftlichen Anliegen. Mit diesen, so schrieb er, sei er nach wie vor befasst:

> „Wenn Sie die ganze Arbeit gelesen hätten, hätten Sie ohne Zweifel bemerkt, dass ich mich dort zwar in der uns heute mit Recht verhassten Sprache des Naziregimes ausdrücke, dass aber nur die Terminologie und nicht die Ideologie meiner Arbeit mit den Rassetheorien jenes Regimes konform geht. Es ging mir darum, zu zeigen, dass die zunehmende Domestikation des Menschen seine Menschlichkeit bedroht. Dieses Problem, das mich auch heute noch intensivst beschäftigt, hat sich mir damals zum ersten Mal aufgedrängt, und die Arbeit entsprang der Hoffnung, dass ich wenigstens bei einigen Zeitgenossen offenes Ohr finden würde."[13]

Die Redaktion der *Arbeiter-Zeitung* war damit wenig zufrieden:

> „So Leid es uns tut, Herr Professor: Aber unsere Fragen sind unbeantwortet geblieben. [...] Da werden Sie sich gefallen lassen müssen, dass man auch Ihre späteren Lehren unter der Berücksichtigung dieser Arbeit von 1940 überprüft."

Die Sache war für Lorenz in der Tat noch lange nicht ausgestanden. Immerhin wurde er in der Auseinandersetzung von seinen treuen Schülern unterstützt. So griff der Wildbiologe Antal Festetics jene Lorenz-Kritiker an, „die sich in dieser Feierstunde aus Neid, aus Unzufriedenheit über die eigene Unfähigkeit oder gar, weil sie sich dabei ‚interessant' vorkommen, den ausländischen Dreckschleudern anschließen. Jenen, die glauben, mit aus dem Zusammenhang gerissenen und falsch kommentierten, mehr als dreißig Jahre alten Zitatfragmenten angeblich rassenideologischer Tönung einen der größten Mahner und Humanisten unserer Zeit anschwärzen zu müssen."[14]

Was aber sagte Niko Tinbergen, dem gemeinsam mit Lorenz und von Frisch der Nobelpreis zugesprochen worden war? Der niederländische Verhaltensforscher, der ab Oktober 1942 fast zwei Jahre lang in einem NS-Lager in den Niederlanden interniert gewesen war, weil er gemeinsam mit Kollegen gegen die Entlassung von jüdischen Professoren demonstriert hatte, war danach als Widerstandskämpfer in den Untergrund gegangen.[15] Tatsächlich bat Tinbergen nun seinen österreichischen Kollegen schriftlich, von dessen Äußerungen aus der NS-Zeit Abstand zu nehmen; ein Antwortbrief von Lorenz blieb jedoch aus.[16]

Bald darauf, am 8. November 1973, stellte er sich in Altenberg einem niederländischen Fernsehteam. Das damals geführte Gespräch mit dem Journalisten Jules Huf ist das einzige uns bekannte Interview, in dem Lorenz tatsächlich kritisch mit seiner Vergangenheit konfrontiert wurde. Dabei geriet er offenbar unter starken Druck – zumindest berichteten später die *New York Times* und das US-Magazin *Newsweek*, dass der Preisträger bei diesem Gespräch mehrmals die Gesichtsfarbe gewechselt habe.[17]

Ähnlich wie die *Arbeiter-Zeitung* konfrontierte auch Huf den Verhaltensforscher mit einigen Zitaten aus seiner Arbeit von 1940, so auch mit der Passage: „Der rassische Gedanke als Grundlage unserer Staatsform hat schon unendlich viel in dieser Richtung geleistet." Huf setzte nach: „Was und in welcher Richtung? Wieso dieses Kompliment für den Staat?", worauf Lorenz wie folgt antwortete:

„Dieses Kompliment? Ein relativ leeres Kompliment, das darauf zielt, dass ich gehört werde von denen. Dass ich gehört werden wollte, war völlig naiv und dumm, das gestehe ich. Aber ich würde die Sprache des Teufels wählen, wenn ich damit glaube, etwas Teuflisches abbiegen zu können. Und meine Hoffnung damals war, wie ich schon gesagt habe, die Rassenverfolgung in die Verfolgung der eigenen Domestikationserscheinungen von ihrer geliebten nordischen Rasse, die gar keine Rasse ist, umzubiegen."[18]

Der niederländische Journalist, viele Jahre lang ein Vertrauter von Simon Wiesenthal, sprach Lorenz aber auch darauf an, dass dieser – damals wie heute – „über sozial minderwertiges Menschenmaterial" rede.

Huf: „Es gibt doch kein minderwertiges Menschenmaterial."
Lorenz: „Doch."
Huf: „Ein Mensch ist doch niemals minderwertig."
Lorenz: „Das würde ich leugnen. Ein Mensch mit ethischen Verfallserscheinungen, deren es heute enorm viele gibt [...], ist tatsächlich wertphilosophisch nicht dasselbe wie ein vollwertiger anständiger Mensch. Es gibt gute und böse Menschen, das steht schon in der Bibel, und das ist nicht wahr, dass die gleich gut sind."[19]

Lorenz reagierte ähnlich, als er von Jules Huf mit dem Ausdruck „Parasit (des Volksganzen)" konfrontiert wurde. Ob diese Formulierung für einen Menschen nicht beleidigend sei? Konrad Lorenz bejahte umgehend: „Selbstverständlich ist das eine Beleidigung. Und er verdient sie." Daraufhin nannte er gleich ein Beispiel, was seiner Meinung nach ein „sozialer Parasit“ sei. Er sprach von einer Baufirma, die in Niederösterreich mehr Straßen baue als notwendig und dafür auch einen Bürgermeister besteche. Lorenz: „Eine solche Firma ist ein Parasit am Volksganzen. Und selbstverständlich ist ein Mensch, der asozial ist, ein Parasit.“ Damit kam der Verhaltensforscher noch einmal auf seinen vielerorts kritisierten Aufsatz zurück und erklärte, was er im NS-Staat unter Verwendung der Metapher vom „Krebsgeschwür“ zu sagen „gewagt“ habe:

> „Den Fremdrassigen, den merk ich ja. Und das infiltrierende Wachstum, das dem Krebswachstum so ähnlich ist, ist dann, wenn ich nicht bemerke, wenn ich ihn als Brut behandle. Und in Wirklichkeit ist das ein Mann, der von den noch ethischen Menschen parasitisch lebt. Und das gilt es hinten und vorn.“[20]

Wenig später stellte Huf unvermittelt die Frage, weshalb Lorenz der NSDAP beigetreten sei. Die Antwort kannte kein Wenn und Aber: „Ich kann Ihnen schwarz auf weiß versichern, dass ich nicht in der NSDAP war. Eine ganze Reihe von Freunden von mir, hoch geehrte Professoren usw. waren in der NSDAP.“ Nur in zwei Punkten machte der 70-Jährige gegenüber Huf gewisse Zugeständnisse: Zum Begriff „Ausmerzen“ meinte er, dass das gar nichts heiße – „Selektion heißt Auswahl. Ausmerzen ist ein Terminus, von dem ich abrücke, ganz sicher“.[21] Und generell gestand er ein, „dass es ein dummes Unterfangen war, zu glauben, dass man diese Leute bessern kann. Das war völlig naiv.“[22]

Mutmaßlich in Kenntnis dieses Interviews schrieb Simon Wiesenthal am 22. November 1973 einen offenen Brief an Konrad Lorenz, in dem er indirekt an diesen appellierte, die Teilnahme an den Feierlichkeiten in Stockholm abzusagen und den Preis zurückzulegen: Er habe sich, so Wiesenthal, zunächst „absichtlich aus der Diskussion um den Nobelpreis, mit dem

Sie bedacht wurden, herausgehalten, um die Reaktionen in diesem Zusammenhang zu studieren". Er kenne nun seine Antwort und diese missfalle ihm. Die Hauptbegründung seines Vorwurfs: Die von Lorenz propagierte Ausmerzung „ethisch Minderwertiger" artete „in die Ausmerzung ‚*ethnisch*' Minderwertiger aus und führte zu Millionen unschuldiger Opfer. Ihr Artikel kann nicht anders als eine geistige Hilfe für das damalige Regime aufgefasst werden."[23] Der Nobelpreis sei aber an Menschen verliehen worden, „die unter dem physischen und psychischen Druck der Unmenschlichkeit standen – von Ossietzky bis Solschenizyn". Wiesenthals Schlussfolgerung war an Schärfe kaum zu überbieten: „Der Nobelpreis darf durch die Verleihung an Sie, der einst zu den Thesen einer unbarmherzigen Diktatur stand, nicht entwertet werden."[24]

Auch in diesem Fall zog es Lorenz vor, nicht zu antworten. Wohl aber schickte er einen Brief an Herbert Steiner, den damaligen Leiter des Dokumentationsarchivs des österreichischen Widerstands. Darin betonte er unter anderem, dass er der Theorie der Herrenrasse niemals beigepflichtet habe, und zwar „aus guten wissenschaftlichen Gründen". Er leugne nicht, dass er sich seinerzeit die Hoffnung gemacht habe, die neuen Machthaber würden vernünftigen eugenischen Gedanken zugänglich sein. Der naive Versuch, ihnen solche nahezubringen, sei damals und bisher seine einzige politische Naivität gewesen. Sie sei unverzeihlich und er schäme sich ihrer.[25]

Ob es nun der Appell Wiesenthals war, die Bitte von Tinbergen oder doch der erhebliche Druck der Zeitungen und Magazine – jedenfalls gab Lorenz unmittelbar vor seiner Abreise nach Stockholm am 7. Dezember 1973 in Wien eine Erklärung gegenüber der Österreichischen Presseagentur APA ab. Darin war nun erstmals von tiefem Bedauern die Rede, auch wenn er sich wieder auf vorsätzliche Fehldeutungen seiner Gegner berief. In jener Presseerklärung hieß es nämlich, dass er „bei allem Verständnis für die Kritik“ dennoch deutlich sagen müsse, dass seine „Ausführungen von damals missverstanden, zum Teil sogar stark entstellt“ worden seien. Aber immerhin:

> „Wenn ich domestikationsbedingte genetische Veränderungen auch heute noch für höchst gefährlich halte, bedauere ich rückblickend doch zutiefst, dass ich mich überhaupt jemals der Terminologie der Zeit bedient hatte, die in der Folge zum Werkzeug so schrecklicher Zielsetzungen geworden ist. Viele andere hochanständige Wissenschaftler haben wie ich kurze Zeit Gutes vom Nationalsozialismus erhofft und haben sich bald davon mit dem gleichen Entsetzen abgewendet, wie ich es tat. Wer mich jener Ideologie bezichtigt, möge sich durch die Lektüre meiner Bücher über meine wirklichen Anschauungen informieren. Die gesamte wissenschaftliche Forschung meines Lebens diente dem sicherlich humanitären Ziel der Selbsterkenntnis des Menschen.“[26]

Die Ehrung für sein Lebenswerk drohte in der schwedischen Hauptstadt zum Spießrutenlauf zu werden. Lorenz, der mit seiner Frau nach Stockholm gereist war, wurde für die Zeit seines Aufenthalts ein Sicherheitswachebeamter zur Seite gestellt, aus Angst vor Demonstrationen gegen den Österreicher.[27] Am Tag vor der festlichen Zeremonie – traditionell am Lucia-Tag, dem 10. Dezember – lud er mit Niko Tinbergen zu einer internationalen Pressekonferenz, um seinen Kritikern vor Ort den Wind aus den Segeln zu nehmen. Lorenz wiederholte dort seine Beteuerungen, dass es ihm Leid tue, dem Nationalsozialismus eine Zeit lang positive Seiten abgewonnen zu haben. Er sei jetzt anderer Meinung, was die Nazis betreffe. Er bedaure zutiefst, damals angenommen zu haben, dass die NS-Doktrin im Dienste der Wahrheit gezügelt werden könne. „Und diese Doktrin war falsch.“ Tinbergen verteidigte Lorenz bei der Pressekonferenz ebenfalls – vor allem damit, dass sie schon vor 1938 Freunde gewesen seien.[28]

Nach diesem Auftritt schienen zumindest für die Zeit des Aufenthalts in Schweden alle Wogen geglättet: Der Präsident des Nobelpreis-Komitees, Professor Börje Cronholm, hielt die feierliche Festansprache auf die drei Laureaten für Medizin und Physiologie. Als die Rede auf den Österreicher kam, wurde Cronholm besonders poetisch – und spielte zugleich auf Konrad Lorenz' wohl bekanntestes Buch „Er redete mit dem Vieh, den Vögeln und den Fischen" an, das in der englischen Übersetzung „King Solomon's Ring" heißt:

> „Einer alten Fabel nach besaß König Salomo einen Zauberring, der ihm die Kraft verlieh, die Sprache der Tiere zu verstehen. Sie, Konrad Lorenz, sind der Erbe König Salomos insofern, als Sie in der Lage sind, Informationen zu entziffern, welche Tiere unter sich vermitteln, und Sie können tierisches Verhalten deuten."[29]

Lorenz sprach in seiner Dankesrede über „Analogy as a Source of Knowledge"[30] – und nicht über ein wertphilosophisches Problem, wie er ursprünglich überlegt hatte. Davon hatte ihm Professor Bengt Gustavsen, einer der Angehörigen des Nobel-Komitees, in möglicherweise politisch motivierter Voraussicht abgeraten. Er habe „ziemlich kurz" gesprochen, schrieb Lorenz später an Otto Koehler, „um Niko nicht zeitlich zu bedrängen, der nach mir drankam". Nicht ohne Stolz berichtete er dem Freund:

> „Zum ersten Mal in der Geschichte des Nobelpreises hat der König einer Nobelvorlesung zugehört, nämlich unserer. Es waren drei Hörsäle mit TV angeschlossen, und es waren lauter junge Leute da, und alle waren begeistert."[31]

Im selben Brief gibt Lorenz auch eine humorvolle Schilderung seiner Erlebnisse und Eindrücke während des Aufenthalts in Schweden:

„Stockholm war unbeschreiblich schön, auch ästhetisch, und die Nobel-Leute sind in der Tat ein nobler Verein und von unglaublich großer Gescheitheit. Der Allergescheiteste ist der bärenhafte Bengt Gustavsen, der Redakteur des Nobel-Organes. Alle zusammen verdienen das Vertrauen der wissenschaftlichen Welt, das sich darin ausdrückt, wie stolz ein jeder ist, der den Nobelpreis kriegt. Eindrucksvoll war die Lucia-Feier der Medizinstudenten, 600 blonde Kerle im eleganten Frack, die mit Nikolomützen am Kopf und je einer dicken Zigarre in der Hand 4-stimmige Chöre von unglaublicher Schönheit singen. Sie haben mich zum Ehrenmitglied der Stockholmer Medizinstudentenvereinigung gemacht, was mich sehr gerührt hat."[32]

Trotz der festlichen Atmosphäre beschäftigte ihn aber nach wie vor die internationale Kritik an seinen Veröffentlichungen und seinem Verhalten während des Dritten Reichs: Die „Angeiferungen" hätten endlich aufgehört, berichtete er Koehler: „[S]chon während ich in Stockholm war, haben auch die linksradikalen Zeitungen umgeschwenkt bzw. sind still geworden." Man habe ihm zudem „von höchst berufener Stelle angeraten", nach seinem offiziellen Brief an die Austria Presse Agentur „keine Geifer-wegwischenden Schriebe" mehr von sich zu geben: „Jede Erklärung wird, wenn einer übel will, ja doch in ihr Gegenteil verdreht und hat nur negative Wirkungen, weil sie als Entschuldigung ausgelegt wird."[33] Damit war für Lorenz die Sache zumindest kurzfristig ausgestanden. Der mit 5. Januar 1974 datierte Brief erreichte seinen Adressaten allerdings nicht mehr: Otto Koehler starb zwei Tage später in Freiburg.

In der Diskussion um die „braune" Vergangenheit anlässlich der Verleihung des Nobelpreises waren allerdings einige Fragen offen geblieben: Hatte sich das Stockholmer Gremium bei der Wahl bloß auf die unzweifelhaften wissenschaftlichen Meriten der Kandidaten konzentriert? Oder hatte die politische Vorgeschichte der Ausgezeichneten bei den Diskussionen doch eine Rolle gespielt? Hätte das Komitee womöglich von der Wahl Lorenz' abgesehen, wenn es mehr von seiner Vergangenheit gewusst hätte?

Man kann davon ausgehen, dass das Nobelkomitee zumindest von Lorenz' Artikel aus dem Jahr 1940 Kenntnis hatte. Denn ein Jahr zuvor hatte der US-amerikanische Psychiater Leon Eisenberg in der renommierten Wissenschaftszeitschrift *Science* einen kritischen Artikel publiziert, in dem ausführlich aus diesem Beitrag zitiert worden war, wenn auch mit einem wesentlichen Übersetzungsfehler.[34] Außerdem gab es noch den begründeten Verdacht, dass Lorenz aktiver Nationalsozialist gewesen war.[35] Mehr war zu dieser Zeit allem Anschein nach noch nicht bekannt. Und auch in den österreichischen und deutschen Medien beschränkte man sich lediglich darauf, aus einem einzigen Artikel von Lorenz aus der NS-Zeit zu zitieren und nicht weiter nachzufragen, ob es möglicherweise nicht auch noch andere Texte gibt.

Wie tief Lorenz tatsächlich in den Nationalsozialismus verstrickt war, wurde in den öffentlichen Diskussionen des Jahres 1973 nicht beantwortet. Die Debatte blieb, mit ganz wenigen Ausnahmen, an der Oberfläche. In gewisser Weise könnte man sagen, dass damals mehr kommentiert als recherchiert wurde. Und obwohl man heute unvergleichlich mehr darüber weiß, was Konrad Lorenz zwischen 1938 und 1945 dachte und schrieb und woran er in jenen Jahren forschte, sind immer noch viele Fragen unbeantwortet geblieben.

2.
Die prägende Welt des Konrad Lorenz

Altenberg 1903 bis 1930

> Mein Entschluss war folgender: Man sorge für das neugeborene Kind in gleicher Weise wie für jedes andere normale Kind; kein Brutofen, keine sonstigen, außerordentlichen Maßregeln! Das Neugeborene muss imstande sein, das extrauterine Leben zu ertragen, oder es stirbt besser.“

Das sind die Zeilen eines Vaters, der sich nach mehr als dreißig Jahren an die Geburt seines Sohnes erinnert. Dieser Vater hatte strenge Maximen: „Ohne ein gewisses Maß von Lebenskraft sollen vorzeitig geborene Kinder das Leben lieber nicht versuchen wollen.“[1]

So dachte und schrieb Adolf Lorenz (1854-1946), ein international renommierter Orthopäde und Mitbegründer des Faches. Sein zweiter, spät geborener Sohn, der am 7. November 1903 zur Welt kam, wurde auf den Namen Konrad Zacharias getauft, nach seinem aus Vorarlberg stammenden Großvater mütterlicherseits. Mutter Emma Lorenz (1862-1938) war die Tochter des Präsidenten der Literaten-Gesellschaft Concordia und Chefredakteurs der *Presse*, Zacharias Konrad Lecher. Dieser hatte in Wien Medizin studiert, war aber 1848 aus politischen Gründen von der Universität verwiesen worden und deshalb in den Journalismus gewechselt. Der 1829 in Dornbirn geborene Lecher war mit der Schriftstellerin Louise von Schwarzer verheiratet. Er ließ sich in der kleinen, rund zwanzig Kilometer nordwestlich von Wien gelegenen Gemeinde Altenberg an der Donau nieder, die Jahrzehnte später durch seinen Enkel weit über Österreich hinaus Berühmtheit erlangen sollte. Weil Zacharias Konrad Lecher im Altenberger Anwesen viele Tiere hielt, darunter „sogar eine zahme Hyäne, die er auf den Bummel mitnahm", meinte Margarethe Lorenz, dass ihr Mann die Tierliebe vom Großvater geerbt habe.[2]

Im Hause Lecher in Altenberg verkehrte die junge Literatenszene des späten 19. Jahrhunderts:[3] neben Schriftstellern wie Peter Rosegger und Karl Schönherr auch der jugendliche angehende Dichter Richard Engländer, der später als Peter Altenberg zu einem der wichtigsten Autoren des Wiener Fin de Siècle wurde und seinen neuen Namen dem Ort verdankte.[4] Auch Adolf Lorenz, der aus eher bescheidenen Verhältnissen stammte – sein Vater verdingte sich als Sattlermeister und Gastwirt in Weidenau[5] im damaligen Österreichisch-Schlesien –, fand in jenen Jahren als Hauslehrer Zugang zur bürgerlichen Wiener Gesellschaft. Als Kind hatte er die Hilfe eines Onkels, des Abtes des Benediktiner-Stiftes St. Paul in Kärnten, benötigt, um aus dem sozialen Milieu seiner Familie ausbrechen zu können. Er übersiedelte nach Kärnten, wo er die Stiftsschule in St. Paul absolvierte. Während des Medizinstudiums in Wien musste Adolf Lorenz seinen Lebensunterhalt selbst verdienen – eben als Hauslehrer, wie bei den Töchtern des Ehepaars Lecher. Nach seiner Promotion zum Doktor der gesamten Heilkunde verschaffte er sich als orthopädischer Chirurg bald aber auch den gebührenden Respekt in Gesellschaft und Familie des *Presse*-Chefredakteurs.[6] So stand der Eheschließung mit dessen Tochter Emma am 5. Oktober 1884 nichts mehr im Weg. Adolf Lorenz war im Begriff, ein anerkannter und damit auch materiell gut situierter Orthopäde zu werden.

Tatsächlich wurde er später durch seine medizinische Entwicklung, die unblutige Behebung angeborener Hüftgelenkverrenkungen, zu einem angesehenen und sehr wohlhabenden Mann. Diese wissenschaftliche Hauptleistung von Adolf Lorenz verdankte ihre Entstehung einer kreativen Mischung von Eingebung und Notwendigkeit: Die besondere Empfindlichkeit des Chirurgen gegenüber dem damals gebräuchlichen Desinfektionsmittel Karbolsäure machte ihm die Ausführung „nasser", also blutiger, Operationen unmöglich. Er sann auf Abhilfe und etablierte die so genannte „trockene Chirurgie".[7]

Eine wissenschaftliche Veröffentlichung über die angeborenen Hüftgelenkverrenkungen und ihre unblutige Behandlung verschaffte Adolf Lorenz 1896 sogar den Ruf in die USA. Hier heilte er unter anderem einen besonders schweren Fall bei der Tochter des amerikanischen Fleischkönigs J. Ogden Armour in Chicago. Allein dafür soll er die damals sehr beachtliche Summe von US-Dollar 200.000,– erhalten haben. Die Heilung weiterer prominenter Patienten, wie etwa eines Kindes des ägyptischen Königs, brachte ihm neben großem Ansehen auch viel Geld ein.[8] In den USA behandelte der so schnell reich gewordene Arzt aber auch viel Menschen umsonst und gründete den „Dr.-Lorenz-Fonds", der für arme Kinder in Wien erhebliche Summen aufbrachte.

Seinem Wohlstand wollte der in seiner Kindheit nicht gerade verwöhnte Mediziner auch nach außen hin Ausdruck verleihen. Im Jahr der Geburt von Konrad Lorenz wurde ein monumental wirkender Prunkbau auf einem parkähnlichen Grundstück in Altenberg fertig gestellt. Er diente der Familie als Sommerresidenz und wurde von bösen Zungen als Mittelding zwischen Spielsalon und Kaltwasserheilanstalt bezeichnet.[9]

Obwohl selbst ein Emporkömmling, passte der Orthopädie-Professor gut ins Bild des k. u. k. Bürgertums.[10] Er war musisch gebildet, er förderte die Künste und ergänzte sich gut mit seiner Frau Emma, die ihm trotz allen Wohlstandes in der Wiener Stadtpraxis als Assistentin zur Hand ging.[11] Adolf Lorenz pflegte den Lebensstil der patriarchalen Bourgeoisie und ebenso seinen Ruf als Starmediziner, der nur um Haaresbreite den Nobelpreis versäumte.

„Am Anfang hat man geglaubt, ich bin ein Myom", hieß es einleitend oft, wenn Konrad Lorenz über sich und sein Leben erzählte.[12] Tatsächlich kündigte sich die Geburt des Kindes auf ungewöhnliche Weise an. Die erste Diagnose lautete auf eine gutartige Geschwulst der Gebärmutterwand, eben: ein Myom. Bald jedoch wurde der behandelnde Arzt Professor Chrobak, seines Zeichens auch Geburtshelfer im Kaiserhaus, von der werdenden Mutter Emma Lorenz auf die Eigenbewegungen der „gutartigen Geschwulst" hingewiesen. Der international erfolgreiche Vater weilte gerade in Chicago, als er von der Schwangerschaft erfuhr. Er nahm die Nachricht zunächst stolz auf – ehe ihn ernste Zweifel packten: Er machte sich Gedanken über die Gefahren einer so späten Schwangerschaft. Emma Lorenz war damals 42, er selbst 49 Jahre alt. In seiner 1937 veröffentlichten Autobiografie schildert Adolf Lorenz im Rückblick recht unverblümt seine Bedenken:

> „Ein Gynäkologe sagte mir, dass unter solchen Umständen eine frühzeitige Geburt oder gar ein Abortus zu befürchten sei. Nach meinem Urteil war ein Abortus vorzuziehen; denn frühzeitig geborene Kinder bleiben immer ein fragwürdiges Geschenk für ihre Eltern. So genannte Siebenmonatskinder leiden häufig an der so genannten spastischen Paralyse [...]. Viel schlimmer als die körperliche Krüppelhaftigkeit infolge spastischer Gelenkskontrakturen ist die mangelhafte Entwicklung der Intelligenz solcher Kinder, welche häufig Idioten bleiben."[13]

Die Befürchtungen verdichteten sich, als Emma Lorenz knapp vor der Geburt eine Embolie erlitt. Die Entbindung fand dann allerdings ohne Zwischenfall statt. „Aber wohl selten ist ein Kind unter so bedenklichen Auspizien zur Welt gekommen", bemerkte Bruder Albert Lorenz mehr als ein halbes Jahrhundert später. „Alle beobachteten mit Misstrauen und Antipathie das Ereignis. Was zum Vorschein kam, war ein 3 kg schwerer fester Bub, der sofort nach der Geburt gründlichst auf alle angeborenen Fehler untersucht und von allen Seiten beschnuppert wurde."[14]

Aus Alberts pointierten Memoiren „Wenn der Vater mit dem Sohne" stammen auch die eindrucksvollsten Schilderungen seiner Kindheit und der seines Bruders Konrad:

> „Die frühesten Erinnerungen an meinen Vater sind keineswegs rosenrot und himmelblau, wie man es so oft von ersten kindlichen Eindrücken liest, sondern vorwiegend drohende, schreckhafte. Lorenz war kein Kinderpsychologe, der mit einem kleinen Buben umzugehen verstand. Als ich zum ersten Male die Deckenbilder der Sixtinischen Kapelle sah, da wusste ich, so war mein frühester Eindruck von Adolf Lorenz: [...] eine gewaltige, unbedingte Macht, deren Wille höchstes Gesetz war, ein gefährlicher, launischer Gott, den man durch Unterwürfigkeit vielleicht günstig stimmen konnte. [...]"

Albert Lorenz erinnert sich, dass sein Vater am Erstgeborenen erst langsam lernen musste, „wie man mit einem Kind umgeht [...]; und als er das Erlernte 18 Jahre später bei seinem zweiten Sohn gebraucht hätte, da hatte er es schon wieder vergessen."[15] Darüber hinaus habe seine Mutter „beim Erscheinen des kleinen Prinzen" schlagartig ihre ganze Lebensweise geändert:

> „Mama gab ihre Tätigkeit in der Wiener Praxis auf und übersiedelte nach Altenberg, um sich ganz Konrads Pflege zu widmen, unterstützt von einem Kometenschweif von Kinderfrauen, Windelwascherinnen und Erzieherinnen. Der Bub hat

eine prächtige Kindheit gehabt, prächtiger als ich, der ich noch als verhältnismäßig armer Leute Kind geboren wurde."[16]

Die ganze Umgebung konzentrierte sich auf den Nachzügler, und der war sich seiner Wirkung wohl bewusst. Angeblich ließ er sogar noch als Student, wenn er abends zu Bett ging und sich seiner Kleidung entledigte, diese auf dem Weg ins Schlafzimmer einfach auf den Boden fallen – im berechtigten Vertrauen, dass seine Kinderfrau Resi Führinger sich schon darum kümmern werde.[17] Resi Führinger war es auch, die durch ihre sorgsame Hand Konrad Lorenz' Tierhaltung erst möglich machte.

Tatsächlich begann Konrad schon sehr früh damit, verschiedene Tiere zu halten und zu beobachten. Seine Eltern, besonders die Mutter, ermöglichten ihm diesbezüglich alles, was irgendwie noch erträglich war. Er bekam alle einschlägigen Bücher und mit zwölf Jahren bereits sein erstes Mikroskop. Spielzeug besaß er in größten Mengen. Bald zeigte sich auch die physikalische Begabung des kleinen Konrad: In einem Kinderphysikkurs, den sein Onkel Ernst Lecher, Erfinder der Lecher'schen Drähte[18], abhielt, erwies er sich – obwohl der Jüngste – als der bei weitem Beste. Nichts aber war ihm wichtiger als seine Tiere.[19]

Der junge Lorenz besuchte das Schottengymnasium, ein elitäres, humanistisch ausgerichtetes Stifts-Gymnasium in Wien, wo er 1922 mit Auszeichnung maturierte. Das Schottengymnasium gilt nicht nur als Prestige- und Eliteschule, sondern kommt fast schon einer Bruderschaft gleich. Die Absolventen, gleich welchen Jahrgangs, pflegen einander mit dem vertrauten „Du" anzusprechen.[20] Der seinerzeitige Direktor und Subprior des Schottenstiftes, Vinzenz Blaha, verfasste für Konrad Lorenz noch zwanzig Jahre nach dem Schulabschluss ein Empfehlungsschreiben, als dieser sich für den Posten als Direktor des Schönbrunner Tiergartens bewarb.[21]

Lorenz' Lehrer für Naturgeschichte, wie der Biologie-Unterricht damals genannt wurde, war der Benediktinermönch Philipp Heberdey. Dieser brachte ihm die Grundgedanken von Darwinismus, Evolution und natürlicher Auslese näher.[22] Heberdey hinterließ bei seinem Schüler nachhaltigen Eindruck, auch wenn Lorenz angeblich schon im zarten Alter von sechs Jahren durch Wilhelm Bölsches Buch „Die Schöpfungstage"[23] erstmals an der Lehre Darwins Gefallen gefunden hatte: Lorenz blieb jedenfalls zeit seines Lebens Darwinist.

Eine erhebliche Rolle in seiner geistigen Entwicklung dürfte sein unkonventioneller Zugang zur Religion gespielt haben. Die Familie Lorenz war römisch-katholisch und hatte in der Kirche des benachbarten St. Andrä/Wördern sogar einen für alle sichtbaren Ehrenstuhl. Der verpflichtende Sonntags-Gottesdienst war dem Vater aber ein Dorn im Auge, da der Kirchgang die Wochenendplanung der Familie störte. Er sah nicht ein, dass er etwa den Zeitpunkt des sonntäglichen Ausrittes mit seinem Sohn nach dem Hochamt richten sollte. Und so schwor Adolf Lorenz, dass er sein nächstes Kind nicht katholisch erziehen lassen wolle. Tatsächlich – und trotz seiner eigenen Schulzeit im kärntnerischen Benediktinerkloster St. Paul – blieb er seinem Schwur treu. Er beschloss, gemeinsam mit seinem zehnjährigen Sohn Konrad Protestant zu werden. Wie es der Zufall wollte, landete Adolf Lorenz ausgerechnet bei den Protestanten mit dem strengsten Bekenntnis, den Calvinisten. Damit war Konrad Lorenz während seiner Gymnasialzeit der sonntäglichen Mess-Pflicht enthoben. Ein zweiter Vorteil bestand, zumindest in den Augen seines Bruders, darin, dass Konrad bei den Calvinisten wesentlich intensiver über Altes und Neues Testament unterrichtet wurde, als das bei Katholiken allgemein üblich ist.[24] Die Fähigkeit, aus der Bibel auswendig zu zitieren, kam Konrad Lorenz später in einigen seiner wissenschaftlichen Aufsätze durchaus zupass, wenn ihm auch mangelnde Genauigkeit in den Zitaten zum Teil heftige Kritik einbrachte.[25] Lorenz' Verhältnis zu Religion und christlichen Kirchen blieb zeit seines Lebens ambivalent: Anlässlich seiner Hochzeit 1927 trat er aus der Kirche aus, 1934 begehrte er wegen des Schulbesuches der Kinder wieder Eintritt. Sieben Jahre später zog er dann mit einem gemeinsamen Austritts-Schreiben für seine Familie endgültig den Schlussstrich.

Konrad Lorenz war ein gehorsamer Sohn, und als solcher war er stets bemüht, Ärger von seinem Vater fernzuhalten und diesen nicht zu enttäuschen. Oft versuchte er ernsthaft, den väterlichen Wünschen gerecht zu werden, ehe er seinen eigenen Willen durchsetzte. So untersagte Adolf Lorenz seinem Sohn das Studium der Zoologie. Er wollte um jeden Preis, dass der Junior Medizin studiert. Allenfalls nach dem Abschluss des Medizinstudiums könne man über Zoologie als zweites Fach reden.

So inskribierte Konrad Lorenz auf Wunsch des Vaters nach der Matura 1922 an der Columbia University in New York Medizin. Angeblich wollte Adolf Lorenz damit die Beziehung des Sohnes zu dessen drei Jahre älterer Gefährtin Margarethe Gebhardt auf die Probe stellen. Mit Gretl, der Tochter eines Gärtnereibesitzers aus dem benachbarten St. Andrä/Wördern, war Konrad seit frühester Kindheit eng befreundet. Dem Vater war diese frühe Bindung offenbar nicht ganz geheuer, und so hoffte er, dass die Beziehung schon allein aufgrund der Entfernung abkühlen werde. Den jungen Lorenz hielt es in New York allerdings nicht lange. Zum einen belastete ihn die Trennung von Gretl, zum anderen litt das Studium unter seinen mangelhaften Englischkenntnissen: Er legte an der Columbia University keine einzige Prüfung ab. Stattdessen verbrachte er viel Zeit auf Long Island, wo er fischte und die verschiedensten Meerestiere einsammelte. Und so lernte Lorenz bei seinen Studien in New

York eher zufällig Thomas Hunt Morgan kennen, den Begründer der modernen Genetik. Morgan war angeblich der Einzige, der alle von Lorenz eingesammelten Tiere auf Anhieb zweifelsfrei bestimmen konnte. Später erzählte Konrad Lorenz stolz, dass er das erste Chromosom, das er sah, durch Morgans Mikroskop gesehen habe.[26] Bereits nach einem halben Jahr, im Januar 1923, kehrte er nach Österreich zurück. Später führte er bei keiner seiner zahlreichen Stellenbewerbungen den Aufenthalt in New York an.

In Wien setzte Konrad Lorenz sein Medizinstudium fort. Schnell wurde er zum Lieblingsstudenten von Ferdinand Hochstetter (1861-1954), dem Vorstand des Zweiten Anatomischen Institutes, der mit Adolf Lorenz eng befreundet war. Im Dezember 1928 promovierte Lorenz zum Doktor der Medizin. Damit war der Wunsch seines Vaters erfüllt. Dafür hatte sich der Sohn im Jahr zuvor über die Einwände von Adolf Lorenz hinweggesetzt und Margarethe Gebhardt geheiratet. Noch vor der Promotion kam im Oktober 1928 das erste Kind der beiden, Sohn Thomas, zur Welt. Zwei Jahre später wurde Tochter Agnes geboren.

Es war Konrad Lorenz stets ein großes Anliegen, den hohen Ansprüchen seines Vaters gerecht zu werden. Auch nach dessen Tod 1946 soll er noch oft gemeint haben, dass sein Vater die eine oder andere Sache so wie er gesehen hätte, und der sei ja um einiges gescheiter gewesen als er selbst. Obwohl er mit seinem Medizinstudium dem Wunsch des Vaters entsprochen hatte und erst danach seiner eigentlichen Neigung, der Zoologie, nachgegangen war, sollte Vater Adolf den beruflichen Werdegang seines Sohnes später trocken kommentieren:

> „Mein jüngerer Sohn Konrad […] war zuerst Doktor der Medizin geworden; da er zur ärztlichen Praxis keine Neigung zeigte, fügte er nach langwierigem Studium dem medizini-

schen Doktorat das philosophische hinzu. Heute ist er Privatdozent an der philosophischen Fakultät in Wien [...]. Durch die sorgfältige Beobachtung seiner in voller Freiheit lebenden Vögel hat sich Konrad als Tierpsychologe in den interessierten Kreisen einen Namen gemacht. Ich selbst gehöre leider nicht zu diesen."[27]

Adolf Lorenz war eine vielschichtige Persönlichkeit. Er war überzeugter Österreicher, zählte den sozialdemokratischen Wiener Bürgermeister Karl Seitz zu seinen Freunden, zeigte sich sozial sehr engagiert, war aber wie die führenden Funktionäre der Sozialdemokraten auch von der großdeutschen Idee beseelt. Der Deutsch-Nationalismus von Vater Lorenz lässt sich gut mit einer Anekdote illustrieren, die dieser selbst und sein älterer Sohn Albert jeweils auf ihre Weise schildern:

1935 wurde im Geburtsort von Adolf Lorenz zu seinen Ehren eine Gedenktafel enthüllt. Selbstironisch, aber nicht ohne Stolz schildert der Vater, mittlerweile auch Ehrenbürger von Chicago und Newark, die Festzeremonie im schlesischen Weidenau:

„Dort sollte ich am 18. August 1935 im 82. Jahre meines Lebens, also jedenfalls nicht zu früh, zur ewigen Ruhe bestattet werden, erfreulicherweise aber nur ‚in effigie'. Ich sollte auch nur eingemauert werden, und zwar nicht in eine Gruft, sondern in die Vorderfront des Hauses meiner Kindheit."[28]

Der geehrte Wissenschaftler erinnert sich in vielen Details an die etwas schrullige Feier in Weidenau. Von einer etwaigen Verstimmung und einem abrupten Ende der Veranstaltung ist in seinen Erinnerungen aber keine Rede. Anders hat der in politischen Fragen bedächtigere Sohn Albert die Denkmalsenthüllung im Gedächtnis. Schon im Vorfeld der Feierlichkeiten hatte er, wie zuvor auch der ortsansässige Bezirkshauptmann, seinen Vater gebeten, von politischen Äußerungen Abstand zu nehmen: „Papa, erinnere dich an den Bezirkshauptmann! Bedenke, wir sind hier im Ausland, im umstrittenen Grenzgebiet, um Gottes Willen keine politische Anspielung!“[29]

Die Dankesrede für das in Stein gemeißelte Konterfei erfolgte zunächst auch ohne Zwischenfall, bis sich Adolf Lorenz zu dem Satz hinreißen ließ: „Und eines Tages wird der steinerne Mann da unten herabblicken auf ein freies deutsches Weidenau!“ Sofort packte der Sohn den Vater und verfrachtete ihn so schnell wie möglich in sein Auto, um die Heimreise anzutreten. Erst als sie die österreichische Grenze in Nikolsburg passiert hatten, atmete Albert Lorenz erleichtert auf.[30]

Zur eingangs zitierten Passage aus den Lebenserinnerungen von Adolf Lorenz über den Umgang mit Frühgeborenen sollten noch weitere Teile dieser Schrift angeführt werden, um die gesellschaftspolitische Sozialisierung seines Sohnes zu illustrieren. Von einigen Zeitgenossen wurde das 1937 erschienene Buch angeblich als ausgesprochenes „Nazibuch“ angesehen.[31] Diese Einschätzung ist zwar zweifellos übertrieben, im Kapitel „Hilfe für die Krüppel“ macht sich Lorenz senior allerdings doch befremdliche und eindeutig eugenische Gedanken über Spastiker und deren „Wegsperren“ vor der Gesellschaft:

> „Als Kinder sind diese Patienten oft die Lieblinge der Eltern. Später werden sie diesen und schließlich sich selber zur Last. Zur Zeit der Pubertät zeigen sie oft verbrecherische Neigungen. [...] Alles Üble, was den Krüppeln nachgesagt wird, sie seien heimtückisch, verschlagen, rachsüchtig usw., bezieht sich ausschließlich auf die Spastiker. [...] Nur durch die Sterilisierung weiblicher und männlicher Idioten sowie aller Geistesgestörten, Gewohnheitsverbrecher, Trinker könnte die Gesellschaft einigermaßen geschützt werden. Allerdings kann man die Spastiker nicht ganz aus der Welt schaffen, solange es intrauterine Erkrankungen des Gehirns gibt. Solche Individuen müssten nicht

> nur sterilisiert, sondern zum Schutze der Gesellschaft auch interniert werden."[32]

Adolf Lorenz stand mit seiner Auffassung zu dieser Zeit alles andere als alleine da, und sie war beileibe nicht nur in rechten Kreisen zu vernehmen. Julius Tandler etwa, Vorstand des I. Anatomie-Instituts der Universität Wien, sozialpolitisch engagierter Stadtrat im roten Wien der Zwischenkriegszeit und bis in die Gegenwart einer der (allerdings parteiungebundenen) Helden der österreichischen Sozialdemokratie, formulierte bereits in einem im Februar 1923 gehaltenen Vortrag:

> „Welchen Aufwand übrigens die Staaten für vollkommen lebensunwertes Leben leisten müssen, ist zum Beispiel daraus zu ersehen, dass die 30.000 Vollidioten Deutschlands diesen Staat 2 Milliarden Friedensmark kosten. Bei der Kenntnis solcher Zahlen gewinnt das Problem der Vernichtung lebensunwerten Lebens im Interesse der Erhaltung lebenswerten Lebens an Aktualität und Bedeutung. Gewiss, es sind ethische, es sind humanitäre oder fälschlich humanitäre Gründe, welche dagegen sprechen, aber schließlich und endlich wird auch die Idee, dass man lebensunwertes Leben opfern müsse, um lebenswertes zu erhalten, immer mehr und mehr ins Volksbewusstsein dringen."[33]

In den meisten anderen europäischen Ländern sowie in den USA wurden seit der Jahrhundertwende eugenische Maßnahmen diskutiert und zum Teil auch umgesetzt. Das NS-Gesetz zur Verhinderung erbkranken Nachwuchses vom 14. Juli 1933 war zwar das radikalste seiner Art, doch auch in Skandinavien wurden Mitte der Dreißigerjahre eugenische Sterilisationsgesetze beschlossen, die dort auf Sozialdemokraten zurückgingen.[34] Adolf Lorenz jedenfalls beurteilte das deutsche Gesetz, das im Gegensatz zu den Sterilisationsgesetzen anderer Länder auch gegen den Willen der Betroffenen und Angehörigen vollstreckt wurde, allem Anschein nach als gelungen:

„Deutschland ist auf dem rechten Wege, sich der sozialen Last der Idioten und Geistesgestörten auf die einzig mögliche und vom sozialen Standpunkte höchst wünschenswerte, jedenfalls nicht unethische Art zu entledigen.“[35]

Im Mai 1937 hielt er einen Vortrag zu dieser Thematik, der nach der nationalsozialistischen Machtübernahme als Aufsatz abgedruckt wurde. Darin plädiert der damals 84-Jährige nach einer ausführlichen Klassifikation von „Krüppeln“ für die Sterilisierung insbesondere der männlichen unter diesen, denn „[a]ls Operation ist die Sterilisierung beim Manne völlig bedeutungslos und nicht gefährlicher als das Rasieren“.[36] Maßnahmen dieser Art täten Not, zumal „die menschliche Gesellschaft“ das Recht habe, „sich gegen unverantwortliche Narren und Halbnarren zu schützen. Die Ermordung vollwertiger Menschen durch Irrsinnige ist leider an der Tagesordnung, die Wiener Universität hat entsetzliche Fälle zu beklagen“.[37] Am Ende dieser Abhandlung, in der es um Sterilisierung erblich schwer belasteter Geistesgestörter geht, heißt es:

„Aber zum wahren Paradies, welches unsere Erde sein könnte und sein sollte, wird dies erst dann werden, wenn alle Unverantwortlichen – also alle Gehirnkrüppel mit oder ohne Deformität – zum Schutze der gegenwärtigen Generation interniert und zum Schutze künftiger Generationen auch sterilisiert und dadurch verhindert werden, fortzeugend Böses zu gebären.“[38]

Diese Textpassagen machen deutlich, was Konrad Lorenz meinte, als er später einmal sagte: „Ich bin durch Vererbung von Eugenik besessen.“[39]

3.
Eine Forscherkarriere mit Hindernissen

Wien 1930 bis 1937

Ich mache gegenwärtig (ganz ohne Spaß!) die ernstesten Seelenkämpfe meines bisherigen Lebens durch, von denen ich Ihnen als einem wirklichen Freund einiges vorweinen muss, was ich sonst gar nicht so leicht tue!"

Sorgenvoll wandte sich Konrad Lorenz Anfang März 1934 an den renommierten deutschen Ornithologen Erwin Stresemann (1889-1972), der seit den späten Zwanzigerjahren einer seiner wichtigsten Mentoren war. Der Grund dafür: „Ich erwäge nämlich ernstlich, die Anatomie endgültig zu verlassen!"[1] Den jungen Wissenschaftler, seit fast drei Jahren Universitätsassistent am Institut für Anatomie in Wien, hatte ein Ultimatum seines neuen Vorgesetzten, Professor Eduard Pernkopf (1888-1955), in eine tiefe Krise gestürzt.[2]

Der Namensgeber des heute berühmt-berüchtigten Pernkopf-Atlas[3] hatte ihm untersagt, seinen tierpsychologischen Forschungen weiter nachzugehen. Während Pernkopfs Vorgänger Ferdinand Hochstetter diesen Arbeiten viel Interesse entgegengebracht und Lorenz aufgefordert hatte, die Zeit, die er am anatomischen Institut erübrigen konnte, darauf zu verwenden, untersagte Pernkopf nun alles, was nicht zum eigentlichen Fach Anatomie gehörte.[4] Das führte zur verzweifelten Lage des jungen, aufstrebenden Forschers, dessen Herz eindeutig nicht für die Medizin schlug:

„Wenn ich bei der Anatomie bliebe, wäre es ja wirklich so, wie

> wenn eine Lumme [nordischer Meeresvogel; die Autoren] versuchen wollte, sich als Specht durch Baumbearbeitung fortzubringen. Es wäre lächerlich, leugnen zu wollen, dass ich als Anatom nie glücklich, ja nicht einmal erfolgreich sein würde!"[5]

Wenige Tage später antwortete Stresemann und bestärkte Lorenz in seinen Neigungen:

> „Angesichts der neuen Sachlage kann die Entscheidung für Sie nicht zweifelhaft sein. Sie müssen die Anatomie aufgeben. Ihre Begabung für das Gebiet der Tierpsychologie ist an Ihnen ein so hervorstechender Wesenszug, dass es einer Autotomie [Abwurf von meist später nachwachsenden Gliedern bei Tieren wie dem Schwanz der Eidechse; die Autoren] (und noch dazu einer biologisch schädlichen!) gleichkäme, wenn Sie sich nun einschüchtern lassen und ‚vernunftgemäß', statt triebhaft handeln wollten. Bei wem das Triebhafte noch so stark ausgeprägt ist wie bei Ihnen, der sollte herzlich froh über diesen Finger Gottes sein. Stürzen Sie sich unbesorgt wie eine junge Lumme ins Wasser; schwimmen werden Sie schon können. Wenn es Ihnen irgendwie eine Erleichterung bedeutet, so wälzen Sie ruhig ein Gutteil der Verantwortung auf mich ab, ich trage es *gern.*"[6]

Lorenz hatte 1923 am Institut von Hochstetter Medizin zu studieren begonnen. Im Vergleich zur I. Anatomie unter Julius Tandler war die II. Anatomie bereits seit der Jahrhundertwende und auch unter Ferdinand Hochstetter ein Hort für deutschnationale und völkisch gesinnte Studenten. Schon lange vor 1938 galt das Institut als Knotenpunkt und Sammlungsort der antisemitischen Schlägertrupps an der Wiener Universität. Die Institutsassistenten mussten zuweilen die ärgsten Hitzköpfe etwas zurückhalten, um zumindest den Anschein akademischer Umgangsformen zu wahren.[7] Bereits ab dem Wintersemester 1926/27 war Lorenz dort als Demonstrator *ex propriis* – also „aus eigenen Mitteln", d.h. unbezahlt – tätig. Schon zuvor hatte er in der I. Prosektur der II. Anatomie zuerst über Amphibienherzen und dann über die Schädel von Knochenfischen gearbeitet.[8] Im Dezember 1928 promovierte Konrad Lorenz zum Doktor der Medizin.

Nach Abschluss des Medizinstudiums wollte sich der frisch gebackene Dr. med. endlich voll auf die von ihm bevorzugte Zoologie konzentrieren, die in jener Zeit noch unter dem Einfluss von Berthold Hatschek (1854-1941) und Carl Grobben (1854-1945) stand und vor allem anatomisch und morphologisch ausgerichtet war.[9] Die umstrittene Gründung einer Lehrkanzel für Tierphysiologie im Jahr 1929, die mit Paul Krüger (1886-1964) besetzt wurde, brachte eine gewisse Erneuerung der akademischen Zoologie. Lorenz' Bezugsperson war der Zoologie-Ordinarius Jan Versluys (1873-1939), der an der II. Zoologischen Lehrkanzel unterrichtete. Im Nebenfach hatte er Paläontologie bei dem Paläobiologen Othenio Abel (1875-1946) inskribiert. Nicht genug damit, besuchte Lorenz auch am Psychologischen Institut bei dessen Vorstand Karl Bühler (1879-1963) Vorlesungen und Seminare und war an einer Arbeitsgemeinschaft des Psychologischen Institutes mit der Psychiatrie beteiligt.[10] Tierpsychologie gab es an der Wiener Universität damals in Ansätzen nur bei Bühler. Dieses Fach war gewissermaßen ein Privatvergnügen von Konrad Lorenz, der deshalb seit den späten Zwanzigerjahren seine wichtigsten wissenschaftlichen Ansprechpartner in Deutschland hatte.

Schon während seines Medizinstudiums hatte Lorenz Tiere gehalten und Beobachtungen durchgeführt und im Oktober 1927 seine erste wissenschaftliche Arbeit „Beobachtungen an Dohlen" im *Journal für Ornithologie* veröffentlicht.[11] An dieser Publikation waren sein engster Freund seit Kindertagen, Bernhard Hellmann, und Lorenz' spätere Frau, Margarethe Gebhardt, insofern beteiligt, als sie die Aufzeichnungen von Konrad

Lorenz über seine Dohlen-Beobachtungen kurzerhand abtippten und ohne sein Wissen an den berühmten Berliner Zoologen Oskar Heinroth (1871-1945) schickten.[12] Der Direktor des Berliner Aquariums und Leiter der angesehenen Vogelwarte Rossitten in Ostpreußen war durch sein mehrbändiges Standardwerk „Die Vögel Mitteleuropas“ zum Vorbild einer ganzen Generation von Ornithologen geworden. Heinroth empfahl eine Veröffentlichung von Lorenz' Untersuchung im *Journal für Ornithologie.* Dadurch wurde wiederum Erwin Stresemann, der Doyen der deutschen Vogelkunde und Herausgeber der Zeitschrift, auf den jungen Wiener Wissenschaftler aufmerksam. Stresemann war zu dieser Zeit der einflussreichste deutsche Ornithologe mit besten Kontakten im In- und Ausland. Von dieser Zeit an entwickelte sich ein enger Briefkontakt zwischen Konrad Lorenz und dem von ihm hoch geschätzten Stresemann, etwas später auch mit Oskar Heinroth.

Bernhard Hellmann, der das Manuskript eingeschickt hatte, war schon Schulfreund von Konrad Lorenz gewesen; später, als sich der Medizinstudent als erfolgreicher Motorradrennfahrer und Draufgänger versuchte, wurde er sein wichtigster Gefährte. Die beiden Freunde waren exakt zur gleichen Stunde in Wien geboren und teilten viele Interessen, so auch die Erforschung der Tierwelt. Hellmann war Jude und musste deshalb vor den Nazis fliehen. 1940 wurden er und seine Mutter in Holland gefasst und später im Konzentrationslager ermordet.[13]

Bereits während des Studiums hatte Lorenz sich bemüht, in Altenberg ein Institut zu gründen. Eine ausgedehnte Tierhaltung gab es ja dort schon seit seinen Kindheitstagen. In den eigens dafür angelegten Teichen wimmelte es von verschiedenen Entenarten und anderen Wasservögeln, und im Dachboden seines Elternhauses hatte Lorenz eine beachtliche Dohlenkolonie angesiedelt. Dazu kamen unzählige heimische und importierte Fischarten. Anfang der Dreißigerjahre wollte Lorenz aus seiner privaten Menagerie die „Ornithologische Versuchsstation Altenberg" machen. Als Trägerorganisationen sollten die Wiener Zoologisch-Botanische Gesellschaft und die Deutsche Ornithologische Gesellschaft fungieren, deren Vorsitzender Oskar Heinroth war.

Durch seine guten Kontakte zu Heinroth und Stresemann schaffte es Lorenz, die Tagung der Deutschen Ornithologischen Gesellschaft 1932 nach Wien zu bringen. In der Hoffnung auf finanzielle Unterstützung organisierte er eine Besichtigung seiner Altenberger Versuchsstation durch die internationalen Größen des Faches. Selbst der anfangs skeptische Vater Adolf Lorenz soll beeindruckt gewesen sein, als Seine Majestät Ferdinand I., der Ex-Zar von Bulgarien, in der Lorenz-Villa eintraf. Ferdinand I. war passionierter Vogelkundler und Schutzpatron der Deutschen Ornithologischen Gesellschaft. Die Blüte der Versuchsstation Altenberg war jedoch nur von kurzer Dauer. Bald blieben die Unterstützungen aus Deutschland aus. Auch die Zoologisch-Botanische Gesellschaft war finanziell nicht in der Lage, wesentliche Beiträge zu leisten. Ungeachtet dessen promovierte Konrad Lorenz am 1. Dezember 1933 mit einer Arbeit über den Vogelflug[14] zum Doktor der Zoologie.

Die Familie Lorenz befand sich zu dieser Zeit in einer prekären finanziellen Situation. Der ehemals sehr wohlhabende Vater Adolf Lorenz hatte den Großteil seines Vermögens in eine Kriegsanleihe investiert, die 1918 wertlos geworden war. Den Rest des Geldes verlor er durch die Hyperinflation nach dem Ersten Weltkrieg und beim New Yorker Börsenkrach von 1929.[15] Sein Sohn bezog zwar seit Oktober 1931 ein Gehalt als außerordentlicher Universitätsassistent am II. Anatomischen Institut bei Hochstetter, doch brauchte er sein bescheidenes Gehalt fast restlos für die Erhaltung des Tierbestandes auf. Die mittlerweile vierköpfige Jungfamilie blieb daher im Familienanwesen in Altenberg oder wohnte in der elterlichen Wohnung in der Rathausstraße.

Für den Lebensunterhalt sorgte Margarethe Lorenz durch ihre Arbeit als Ärztin. Aber auch sie konnte sich nicht auf ein geregeltes Einkommen verlassen und arbeitete oft ohne Bezahlung. Lorenz war eigentlich auf die Stelle an der Anatomie angewiesen, doch ging ihm das Ultimatum Pernkopfs 1934 dann doch zu weit. Vom Rat Stresemanns ermutigt, suchte Lorenz nun nach einer Anstellung, die auch seinen tierpsychologischen Interessen entgegenkommen würde. Er beschloss, den Vorstand des Psychologischen Institutes, Karl Bühler, zu kontaktieren, um ihm die bezahlte Mitarbeit eines jungen Tierpsychologen schmackhaft zu machen. Bühler sei für die Zoologen zwar immer „der böse Feind" gewesen, aber für eine psychologische Karriere doch unerlässlich, schrieb Lorenz über sein Vorhaben an Stresemann. Bei einem Kammermusikabend sei es dann zu einem zufälligen Treffen gekommen: „[W]er sitzt neben mir? Der Bühler! Wenn das nicht ein Wink des Schicksals war, nachher weiß ich nicht! Nach 10 Minuten hatte *er* schon gefragt, warum ich mich nicht habilitiere." Bühler sei von der Idee begeistert gewesen, dass „ein psychologischer Biologe eine Benehmenslehre lesen" würde.[16]

Neben der Unterstützung Bühlers war Lorenz jene der Zoologievorstände Versluys und Krüger sicher. Lorenz sah nun endlich einen guten Grund, die Arbeit in der Anatomie aufzugeben, wenngleich eine bezahlte Anstellung bei Bühler noch in weiter Ferne lag. Er überlegte sich, anstelle der Enten billigere Versuchstiere zu halten – und kam so letztlich aus finanziellen Erwägungen auf Graugänse, deren Eier er gratis vom Neusiedlersee beziehen konnte.[17] In ähnlicher Weise wie

Stresemann teilte Konrad Lorenz sich auch Oskar Heinroth mit. Er berichtete, dass er das Anatomische Institut verlassen würde und dass ihm Bühler gewisse Perspektiven eröffnet hätte – „obwohl die Aussicht auf eine bezahlte Stelle dort eine Frage von einer ganzen Reihe von Jahren ist".[18]

Daraufhin reichte Lorenz seine umfangreiche Kumpan-Arbeit[19] als Habilitationsschrift ein. Auf der Basis seiner eigenen Beobachtungen erläuterte er in dieser fast 200-seitigen Arbeit die wichtigsten Grundlagen für die so genannte „Prägung"[20] und beschrieb in allen Variationen den Artgenossen „als auslösendes Moment sozialer Verhaltensweisen" bei Vögeln. Der Wahrnehmungspsychologe und erste Assistent von Karl Bühler, Egon Brunswik, hatte die Arbeit aus psychologischer Perspektive gegengelesen und für etliche Verbesserungen am Text gesorgt.[21]

Doch die Habilitation wurde ein schwierigeres Unterfangen, als er ursprünglich angenommen hatte. Sein erster Antrag im Frühjahr 1934 wurde abgelehnt. Die Habilitationskommission – und dabei insbesondere der Prodekan und Professor für Altphilologie, Richard Meister – kritisierte, dass Lorenz nur tierpsychologische Arbeiten eingereicht habe, die neue Tierpsychologie aber kein Fach für sich sei. Daher müsse er sich für Zoologie habilitieren und solle noch eine rein zoologische, am besten sogar anatomische Arbeit nachreichen. Enttäuscht berichtet er Erwin Stresemann:

> „Also meine Habilitation ist bereits ins Wasser gefallen, wenn auch hoffentlich nur vorläufig. […] Ich muss also jetzt Hals über Kopf die Hirnnervensache fertig machen, was mir *stink*fad ist. […] Ein Gutes hat die Sache jedenfalls gehabt, nämlich, dass ich endlich mit den Psychologen in Kontakt gekommen bin bzw. von ihnen zur Kenntnis genommen wurde. Auch die Psychiater beginnen sich für die Erscheinungen der Prägung zu inter-

essieren. Sie glauben, es könnte beim Menschen auch Ähnliches geben, was ich nicht für ausgeschlossen halte. Nur bräuchte ich, um klar zu sehen, eine Serie von 6 männl. und 6 weibl. Kaspar Hausers, die mir kaum zugestanden werden werden!"[22]

Im Oktober 1935 verließ Lorenz die Anatomie endgültig und begann am II. Zoologischen Institut bei Versluys zu arbeiten. Der ihm sehr geneigte Institutsvorstand ermöglichte es, dass Lorenz einen eigenen Arbeitsplatz bekam, wo er seine Untersuchungen fortsetzen und Aquarien für seine Fischbeobachtungen aufstellen konnte. Bezahlung gab es jedoch keine. In Briefen bezeichnete Lorenz die verheerende Finanzsituation sarkastisch als „Zeitmangel im Portemonnaie"[23]. Immer wieder schilderte er im Jahr 1936 Freunden und Weggefährten seine Notlage:

> „Sonst geht es uns sehr gut, nur finanziell sind wir schlecht dran wie überhaupt noch nie. Die Greterl verliert Ende Oktober ihre Stelle, es ist noch ganz unsicher, ob sie überhaupt in absehbarer Zeit eine neue und bezahlte kriegt, wenn nicht, weiß ich nicht, wovon ich die Viecher weiter füttern soll."[24]

Im März 1936 beschäftigte sich die Habilitationskommission der philosophischen Fakultät unter dem Vorsitz von Dekan Egon Schweidler abermals mit dem Habilitationsgesuch von Konrad Lorenz. Dieser hatte mittlerweile die „Hirnnervensache" wie gefordert als rein anatomische Arbeit fertig gestellt und unter dem Titel „Über eine eigentümliche Verbindung branchialer Hirnnerven bei Cypselus apus [der Turmschwalbe; die Autoren]" veröffentlicht – seine einzige am II. Anatomischen Institut zu Ende geführte vergleichend anatomische Arbeit.[25] Diesmal wurde das Ansuchen von Professor Jan Versluys dem Professorenkollegium vorgetragen, dem unter anderem auch der Botaniker Fritz Knoll (1883-1981), Karl Bühler und der Altphilologe Richard Meister angehörten. Schließlich wurde der Antrag einstimmig angenommen – der Habilitation stand nun nichts mehr im Weg. Lorenz selbst merkte schon bei seinem Habilitationsvortrag, dass ihm das Professorenkollegium diesmal mehr zugetan war als bei seinem ersten Versuch. Er selbst jedenfalls war sehr zufrieden und schrieb deshalb voll Zuversicht an seinen deutschen Mentor Stresemann:

> „Meine Prüfungskommission war über mein geniales Kolloquium und meinen Probevortrag [...] so begeistert, dass sie einstimmig beschloss, ein spezielles Memorandum an die Fakultät zu richten, worin die besondere wissenschaftliche Höhe etc. etc. meiner Leistungen betont wird. Es sollte also von Rechts wegen alles in Butter sein. Ich will aber zur Sicherheit einmal Versluys ins Ministerium hetzen, um nachzufragen, warum, wann und ob. Er tut es sicher und genießt an höchster Stelle höchstes Ansehen."[26]

Ehe Konrad Lorenz schließlich seine Lehrbefugnis für das Fach „Zoologie mit besonderer Berücksichtigung der vergleichenden Anatomie und Tierpsychologie"[27] erhielt, verging einige Zeit: Das Ministerium zögerte die Bestätigung der Habilitation bis zum 19. Februar 1937 hinaus, sodass Lorenz im Oktober 1936 berichten musste, dass er erst im nächsten Sommersemester an der Universität werde lesen können. Und weiter: „Es wäre alles wunderschön, wenn wir ein bisserl mehr Geld hätten, ich habe aber eben eine ganze Serie von populärwissenschaftlichen Zeitungsartikeln losgelassen, was ganz schön Geld einbringt, aber viel Zeit frisst."[28]

Lorenz war damals tatsächlich intensiv mit populärwissenschaftlichen Darstellungen seiner Forschungen beschäftigt, und zwar sowohl für Zeitungen wie auch in volkstümlichen Vorträgen an der Universität Wien und an der Volkshochschule Urania in Wien. Dort hielt Lorenz seinen ersten populärwissenschaftlichen Kurs[29] ab, und zwar im Wintersemester 1935/36 zum Thema „Denken und fühlen die Tiere? Eine

Einführung in die Ergebnisse und Probleme moderner Tierpsychologie". Den damaligen Ankündigungen der Urania ist außerdem zu entnehmen, dass der Kurs vom 3. Oktober 1935 bis zum 23. Jänner 1936 stattfand und „in anschaulicher und leicht fasslicher Weise das Verhalten der Tiere und seine Gesetzlichkeiten dem Verständnis des Tierfreundes" näher brachte. Außerdem wurde die „Tierschutzgesetzgebung vom tierpsychologischen Standpunkt aus beleuchtet". Ein Jahr später referierte Lorenz dann über „Tiergeschichten. Einführung in die Tierpsychologie. (Mit Lichtbildern)". Im Urania-Programm hieß es dazu:

> „Der Kurs soll an Hand leicht fasslicher Beobachtungsbeispiele auch dem Fernerstehenden einen Einblick in tierisches Seelenleben verschaffen. Theoretisches wird tunlichst vermieden, durch wahre und nicht vermenschlichend missgedeutete Tiergeschichten soll ein Bild von dem eigentlichen Wesen des Tieres entworfen werden."

Jeweils in unmittelbarem Anschluss an diese beiden Kurse – im Februar und März 1936 und 1937 – hielt Lorenz im Rahmen der Volkstümlichen Universitätskurse der Universität Wien zwei kürzere Vortragsreihen ab.[30] Im Jahr 1936 referierte er über „Das Gesellschafts- und Familienleben der Tiere". Auf Betreiben eines Hörers wurde er von Hans Leitmeier, dem damaligen Sekretär dieser Kurse, eingeladen, auch im Jahr darauf einen Kurs abzuhalten, diesmal zum Thema „Die instinktmäßigen Grundlagen tierischen und menschlichen Gesellschaftslebens". Lorenz hatte über diese Einladung eine sehr große Freude – „nicht nur wegen des Honorars!!".[31]

Nach den Kursen gab Konrad Lorenz immer wieder populärwissenschaftliche Einzelvorträge an der Urania, so über „Das Liebeswerben der Tiere" (14. Juni 1937) oder über „Die Vogelliebhaberei und ihre Berechtigung" (29. Oktober 1937). Das

Interessante dabei ist, dass er diese Vorträge und Kurse zwar in erster Linie aus ökonomischen Gründen abhielt, sie für die Etablierung der Vergleichenden Verhaltensforschung dennoch von nicht zu unterschätzender Bedeutung waren:[32] Der Lorenz-Schüler Otto Koenig schöpfte daraus seine Motivation, nach 1945 ein eigenes Institut zu gründen. Und: Der Tierpsychologe hat in diesen Vorträgen schon einige seiner späteren Behauptungen vorweggenommen – etwa die der Vergleichbarkeit von tierischem und menschlichem Verhalten.

Ähnliches gilt für seine populärwissenschaftlichen Zeitungsartikel, auch wenn Lorenz sie nach eigenen Aussagen ebenfalls deshalb verfasste, um „einige Futtergelder zu verdienen".[33] Dennoch enthalten auch diese Artikel zum Teil bereits Themen, die Lorenz dann Jahre später – etwa in seinen wissenschaftlichen Aufsätzen zur Erkenntnistheorie – ausarbeiten sollte: So nahm er im Artikel „Sinne, die wir nicht besitzen", der am 11. August 1935 im *Neuen Wiener Tagblatt* erschien, bereits jene Unterschiede in den Wahrnehmungsapparaten bei Tieren und Menschen vorweg, die er später unter Berufung auf Kant philosophisch deutete.[34] Und im Artikel „Dumme Gans" (im *Neuen Wiener Tagblatt* vom 8. Dezember 1937) erzählte er erstmals in aller Ausführlichkeit von einer späteren ethologischen Berühmtheit, dem Gänseküken „Martina".[35] Aus der Zeit dazwischen sind zumindest vier weitere Artikel bekannt, die ebenfalls überzeugende populäre Darstellungen der akademisch damals so gut wie gar nicht institutionalisierten Tierpsychologie leisteten.[36]

Ein wichtiger Anstoß dafür, dass Lorenz seine Erkenntnisse früh für eine breitere Öffentlichkeit aufzubereiten begann, war im Übrigen bereits vor dieser Zeit von seinem Mentor Oskar Heinroth gekommen. Schon in seinem ersten Brief 1930 hat ihm der deutsche Gründervater der Verhaltensforschung[37] geraten, sich einer weniger gestelzten wissenschaftlichen Schreibweise zu befleißigen. Und im zweiten Brief vom 14. Oktober 1930 meinte Heinroth: „Es steht ja nichts im Wege, dass man eine Sache wissenschaftlich in einer Fachzeitschrift veröffentlicht und sie außerdem nachher in volkstümlicher Art kundgibt.“[38] Lorenz scheint diese Reihenfolge manchmal ein wenig umgekehrt zu haben.

Seine erste, zweistündige Vorlesung an der Universität Wien hielt Lorenz dann im Sommersemester 1937. Sie trug den Titel „Tierisches Verhalten als Gegenstand vergleichender Forschung“. Im darauf folgenden Wintersemester las Lorenz über „Taxis und Instinkthandlung“. Neben seiner akademischen Karriere war Lorenz in jenen Jahren auch um ein anderes „Standbein“ bemüht: Seit 1934 bewarb er sich um den Posten als Direktor des Tiergartens Schönbrunn. Grund für seine diesbezüglichen Bemühungen: Der damalige Tiergartendirektor Otto Antonius (1885-1945), ein enger Bekannter von Konrad Lorenz und langjähriger Förderer seiner Arbeiten, war 1934 wegen illegaler NSDAP-Mitgliedschaft vom Dienst suspendiert worden.[39] Lorenz zeigte sich über diese Maßnahme zunächst ungehalten, wie einem Brief an Oskar Heinroth aus dem April 1934 zu entnehmen ist:

> „Seitdem ich gestern die ersten zwei Seiten dieses Briefes schrieb, hat sich was ereignet, was mir sowohl aus altru- als aus egoistischen Gründen sehr gegen den Strich gegangen ist: Antonius wurde Knall und Fall aus irgendwelchen politischen Gründen seines Amtes enthoben. Er war mir immer ein treuer Freund und Förderer, dessen Absetzung ich sehr zu beklagen haben werde. Weiß Gott, wer sein Nachfolger wird.“[40]

Unmittelbar danach bewarb er sich jedoch erstmals selbst um Antonius' Posten – „für den Fall, dass die Stelle des Leiters des Tiergartens Schönbrunn frei werden sollte“.[41] Was Lorenz damals noch nicht wissen konnte: Antonius blieb bis zu seiner Wiedereinsetzung 1937 in seiner Dienstwohnung im Tiergarten und stand ständig in engem Kontakt mit seinem ehemaligen Oberaufseher Josef Raab, der die Geschäfte interimistisch weiterführte.[42]

Neben der Dozentur hatte es der Tiergarten Schönbrunn dem jungen Gelehrten nun am meisten angetan. Immer wieder unterrichtete er Erwin Stresemann in Berlin über die Lage:

> „Bitte halten Sie mir für Schönbrunn alle Daumen. […] Obwohl ich Antonius wirklich aufrichtig alles Gute wünsche (und dementsprechend, um ihn nicht zu schädigen, sogar mögliche Protektionen unbenützt lassen muss), kann ich nicht umhin, von Schönbrunn zu träumen! Herrgott, das wäre etwas! Ich glaube übrigens, dass wenn Antonius doch gehen müssen sollte, meine Chancen ganz gut wären."[43]

Im August 1935 versuchte Konrad Lorenz auf Umwegen, im Zoo an Einfluss zu gewinnen. Er bat das Bundesministerium für Handel und Verkehr um Erlaubnis, im Tiergarten Schönbrunn tierpsychologische Versuche durchführen zu dürfen. Dafür wäre er „sehr gerne bereit, als Volontär sowohl administrative als insbesondere die gesamte wissenschaftliche Arbeit" auf sich zu nehmen. „Natürlich nur innerhalb der dem jeweiligen Leiter des Gartens zulässig erscheinenden Grenzen."[44] Dieses Ansuchen wurde von Lorenz mit einer Fülle von eindrucksvollen Empfehlungen versehen. Für seine wissenschaftliche und praktische Befähigung gab er folgende Referenzen an: Prof. Julian Huxley, Leiter des Zoologischen Gartens in London und Bruder des Schriftstellers Aldous Huxley, Prof. Jan Versluys, Vorstand des II. Zoologischen Institutes der Universität Wien, Prof. Karl Bühler, Vorstand des Psychologischen Institutes der Universität Wien, Prof. Jan Verwey, Direktor der Zoologischen Station in Hoek van Holland, Prof. Wallace

Craig, Maine University, und Prof. Jakob Baron von Uexküll, Vorstand des Institutes für Umweltforschung der Hamburger Universität.

In einer Stellungnahme der Schlosshauptmannschaft hieß es dazu, dass man gegen die Durchführung von Versuchen nichts einzuwenden hätte. Auf das Angebot von Lorenz, als Volontär administrative oder wissenschaftliche Arbeit für den Tiergarten zu leisten, wollte man aber nicht eingehen: „Auf solche Dienste wird gerne verzichtet, weil es nicht angeht, dass ein Außenstehender auf die Leitung des Tiergartens irgendeinen Einfluss nimmt. Solche Dienste bringen, wie die Erfahrung lehrt, zumeist nur Verdruss und führen schließlich zur gänzlichen Lösung des Verhältnisses", hieß es in der Begründung der Schlosshauptmannschaft.[45]

Ein Jahr später bewarb sich Lorenz abermals um die Leitung des Tiergartens Schönbrunn. In einem Schreiben an „Seine Exzellenz, den Herrn Bundesminister Fritz Stockinger" schilderte er seine praktischen Erfahrungen in der Tierhaltung und seine wissenschaftliche Qualifikation. Er machte darauf aufmerksam, dass er sich bereits seit dem Frühjahr 1934 um diesen Posten beworben habe. Und ganz im Sinne der gegenwärtigen Regierung bezeichnete er sich selbst als treuen Österreicher:

> „Seine [des Antragstellers] einwandfreie österreichische Gesinnung wird nicht nur durch seine Mitgliedschaft in der vaterländischen Front, sondern auch durch die beiliegenden Befürwortungen erwiesen. Dass er treu in diesem Sinne in jedem zukünftigen Betätigungsfeld wirken werde, glaubt er daher nicht erst versichern zu müssen."[46]

Der Bewerbung legte Lorenz diesmal auch ein Empfehlungsschreiben seines ehemaligen Direktors im Wiener Schottengymnasium, Vinzenz Blaha, bei. Dieser schilderte Lorenz „als äußerst strebsamen, gewissenhaften und vaterländisch treuen

Mann und Wissenschaftler“. Weitere Empfehlungsschreiben stammten abermals von Julian Huxley, Jan Versluys und Karl Bühler. Er machte diesmal aber auch von einer besonders prominenten Protektion Gebrauch: Am 26. August 1936 erging ein Brief aus dem Büro des Bundeskanzlers Kurt Schuschnigg an das zuständige Büro des Bundesministers für Handel und Verkehr. Darin heißt es:

> „Der Herr Bundeskanzler wurde von Kardinal Erzbischof Dr. Theodor Innitzer auf das Gesuch des Dr. Konrad Lorenz, der sich um die Leiterstelle im Tiergarten Schönbrunn bewirbt, aufmerksam gemacht und um Verwendung gebeten. Hierauf beehrt sich das Bureau des Bundeskanzlers mit dem Ersuchen um geeignete weitere Verfügung besonders aufmerksam zu machen.“[47]

Das Handelsministerium blieb von Ansuchen und Intervention jedoch unbeeindruckt und gab die Auskunft, das Ansuchen könne „vorläufig nicht in meritorische Behandlung gezogen werden, weil der Posten des Leiters des Tiergartens durch den vom Dienste enthobenen Regierungsoberbaurat Prof. Dr. Antonius besetzt ist.“[48]

Im Februar 1937 wurde der nunmehr geduldete Nationalsozialist Antonius wieder als Tiergartendirektor eingesetzt.[49] Lorenz war darüber alles andere als enttäuscht:

> „Antonius ist seit wenigen Tagen (7) wieder im Amte und dermaßen gut aufgelegt und tatenfroh, dass es eine Freude ist, ihn zu sehen. Ich habe eine große Freude darüber, zumal es in letzter Zeit gefährlich schien, dass ein gut angeschriebener Vollidiot die Stelle kriegte, was wegen vollständiger Unmöglichkeit einer Zusammenarbeit ein großer Schlag für mich gewesen wäre, ganz abgesehen von persönlichen Beziehungen zu Antonius.“[50]

4.
Verbindungen ins Deutsche Reich

Unterstützungen aus Berlin bis 1938

„Wir sind alle noch leicht besoffen von den Ereignissen der letzten 14 Tage, es ist absolut unvorstellbar, dass es nur *so wenige* Tage sind! Sie können sich keine blasse Vorstellung davon machen, welche Begeisterung hier herrschte und selbst jetzt noch herrscht, in welcher Ausnahms- und Festesstimmung selbst so unpolitische Menschen wie wir sind! Wie ich in Berlin so oft sagte: Man muss 5 Jahre lang unter der Regierung der schwarzen Schweinehunde gestanden haben, um ein ‚Deutschland Erwache' in seinem Inneren mit der vollen Intensität zu erleben. Ich glaube, wir Österreicher sind die aufrichtigsten und überzeugtesten Nationalsozialisten überhaupt! Man muss im Grunde genommen den Herren Schuschnigg und Konsorten dankbar sein, denn ohne ihre unbeabsichtigte Hilfe wären die faulen und ihrem Nationalcharakter nach besonders meckerbereiten Österreicher lange nicht so schnell, gründlich und nachhaltig zu Hitler bekehrt worden. Und das sind sie jetzt wirklich und zweifellos!"[1]

Der Brief von Konrad Lorenz, aus dem diese Textpassage stammt, blieb unbeantwortet. Er war am 26. März 1938 an Erwin Stresemann, Berlin, geschrieben worden. Der großbürgerliche preußische Gelehrte dürfte überrascht gewesen sein von so viel blanker Euphorie seines jungen österreichischen Kollegen. Dabei wusste der Ornithologe von Weltrang wahrscheinlich nicht einmal von der vorangegangenen „einwandfreien österreichischen Gesinnung“ und der eineinhalb Jahre vorher erfolgten Intervention Schuschniggs für Lorenz.

Woher kam Konrad Lorenz’ Begeisterung für den „Anschluss“ Österreichs an Hitler-Deutschland? War es wirkliche politische Überzeugung? Oder war es eine Mischung aus Karrierismus, Opportunismus und dem verständlichen Wunsch, endlich für das eigene Leben die nötige materielle Basis zu schaffen? Die berufliche und finanzielle Situation des jungen Forschers war in den Jahren vor dem „Anschluss“ zweifellos schwierig. Lorenz hatte sich 1937 zwar endlich an der Universität Wien als Privatdozent habilitieren können, aber die Aussicht auf eine Professur lag in weiter Ferne. Sein Fach, die Tierpsychologie, war noch nicht etabliert, ja es wurde sogar von Universitäts- und Regierungsseite misstrauisch beäugt. Damit fehlte auch die so dringend benötigte finanzielle Unterstützung.

Lorenz baute deshalb schon seit längerer Zeit seine Kontakte nach Deutschland auf und aus. Deutschland bedeutete für ihn im Gegensatz zu Österreich gleich gesinnte, verständnisvolle Forscher und die Hoffnung auf finanzielle Unterstützung. In Österreich war die Biologie von der Regierung des christlichen Ständestaats hingegen nur geduldet – ganz im Gegensatz zu Deutschland, wo sie durch die Nationalsozialisten eine enorme Aufwertung erfahren hatte: Das Fördervolumen für biologische Forschung der Deutschen Forschungsgemeinschaft (DFG) war in den Jahren 1932 bis 1939 auf das Zehnfache angestiegen.[2] Die Biologie wurde in dieser Zeit vom Nationalsozialismus bewusst in den Dienst genommen, sie bot sich sogar selbst den Machthabern an. Vor allem sollte sie dazu beitragen, die Ideologie und die Politik mit biologischen Kenntnissen zu stützen.[3] So schrieb Arthur Gütt, seines Zeichens Chef des SS-Amtes für Bevölkerungspolitik und Erbgesundheitspflege, im

„Deutschen Biologen-Handbuch" von 1938, dass „die nationalsozialistische Regierung die Erkenntnisse und Feststellungen der wissenschaftlichen Erbbiologie zur Grundlage ihres Handelns gemacht" habe.[4] In Österreich dagegen wurde die Biologie durch das Zusammenspiel von katholischer Kirche und Staat stark beschnitten, wie Konrad Lorenz später selbst schrieb:

> „Der Biologieunterricht wurde in der Mittelschule auf ein lächerliches Minimum verkürzt, Stammesgeschichte durfte nicht erwähnt werden, die Biologie wurde aus dem Medizinstudium *gestrichen* und eine obligate Vorlesung über Weltanschauungslehre, gelesen von einem Jesuitenpater, eingeführt. Unter diesen Umständen wurden begreiflicherweise auch an sich unpolitische Naturforscher aufgerüttelt und zum Ziehen der richtigen politisch-weltanschaulichen Folgerungen veranlasst."

In anderen Worten: „Biologe, Darwinist und Nationalsozialist waren dem österreichischen Unterrichtsministerium eigentlich dasselbe."[5]

Schon Anfang der Dreißigerjahre hatte sich der Biologe für seine Versuche, in Altenberg eine Ornithologische Versuchsstation aufzubauen, um Geld aus Deutschland bemüht – bis auf vereinzelte kleine finanzielle Zuwendungen der Deutschen Ornithologischen Gesellschaft allerdings vergeblich. Dennoch reiste er bei jeder sich bietenden Gelegenheit nach Deutschland, um Vorträge zu halten, einflussreiche Wissenschaftler zu treffen und seine berufliche Weiterentwicklung voranzutreiben. Er vertiefte seine Beziehungen zu den unbestrittenen Größen der deutschen Ornithologie, Erwin Stresemann und Oskar Heinroth, die ihrerseits Lorenz' außergewöhnliches Talent erkannt hatten. Beide förderten den jungen Kollegen nach Kräften: Erwin Stresemann etwa lud ihn 1934 zur Internationalen Ornithologentagung nach Oxford ein. Dort knüpfte Lorenz auch Kontakt zu anderen international renommierten Zoologen wie dem britischen „Biologenpapst" Julian Huxley, der Lorenz ebenfalls immer wieder unterstützen sollte.

Mitte der Dreißigerjahre war sein Ansehen in Deutschland bereits sehr hoch, was auch dadurch zum Ausdruck kam, dass ihn Jakob Baron von Uexküll (1864-1944) als Nachfolger im Auge hatte. Uexküll war Vorstand des Instituts für Umweltforschung in Hamburg und Begründer der so genannten Kulturbiologie, mit der er zu einem Vorläufer der Verhaltensforschung und der Soziobiologie wurde.[6] Auch Lorenz hatte einige seiner Konzepte schon sehr früh übernommen. Seine umfangreiche Abhandlung über den „Kumpan in der Umwelt des Vogels" hatte Lorenz als Zeichen der Ehrerweisung dem Umweltforscher zum siebzigsten Geburtstag gewidmet. Nun hatte sich Uexküll an Lorenz gewandt, ob dieser prinzipiell geneigt wäre, seine Nachfolge anzutreten. Lorenz fühlte sich tief geehrt. Er bezweifelte jedoch, ob die „maßgeblichen Führer" der Kaiser-Wilhelm-Gesellschaft (KWG) zur Förderung der Wissenschaften – der Vorläuferorganisation der heutigen Max-Planck-Gesellschaft (MPG) in Deutschland – mit diesem Schritt einverstanden wären, wie er Oskar Heinroth schrieb.[7] Dieser antwortete umgehend, dass er sich bereits über die Voraussetzungen für die Berufung eines Österreichers auf einen deutschen Lehrstuhl informiert hätte, und fügte hinzu: „Natürlich kommt es auf Ihre politische Einstellung an."[8]

Kurz darauf reiste Lorenz nach Berlin, um am Kaiser-Wilhelm-Institut (KWI) für Biologie einen Vortrag mit dem Titel „Zur Kritik der Begriffsbildung des Instinktes" zu halten und von ihm gedrehte Filme über bestimmte Verhaltensweisen bei verschiedenen Vogelarten vorzuführen. Dort lernte er den Physiologen Erich von Holst (1908-1962) und den Biologen Max

Hartmann (1876-1962) kennen, die für die weitere Karriere von Konrad Lorenz noch von großer Bedeutung sein sollten. Lorenz besuchte auch das Uexküll'sche Institut für Umweltforschung in Hamburg, aus der erhofften Professur wurde jedoch nichts.

Ebenfalls im Frühjahr 1936 wurde in Berlin „unter Mitwirkung der Behörden und Vertretern interessierter Kreise", wie es im Sitzungsbericht heißt, die Deutsche Gesellschaft für Tierpsychologie gegründet.[9] Gründungsvorsitzender war Professor Carl Kronacher vom Institut für Tierzüchtung und Haustiergenetik der Universität Berlin, einer seiner Forschungsschwerpunkte war die Zwillingsforschung am Rind.[10] Die beiden erklärten Hauptziele der Gesellschaft waren „die Erforschung der Psyche der Tiere und die praktische Auswertung tierpsychologischer Erkenntnisse". Im Beirat der neu gegründeten Gesellschaft saßen neben verdienten Zoologen auch Vertreter des Reichsjagdamtes und verschiedener Ministerien, darunter die für das Heereshundewesen zuständigen Referenten Regierungsrat Brückner und Major Most vom Reichskriegsministerium, Ministerialrat Giese vom Reichsinnenministerium, Oberregierungsrat Weiß und Ministerialdirektor Seyffert vom Reichsministerium für Landwirtschaft sowie Regierungsrat Thomalla vom Reichsministerium für Volksaufklärung und Propaganda. Das einzige österreichische Mitglied im Gründungsbeirat war Konrad Lorenz, der im darauf folgenden Jahr neben Carl Kronacher und dem Königsberger Zoologen Otto Koehler auch Herausgeber der neu gegründeten *Zeitschrift für Tierpsychologie* wurde.[11] Später folgte dann Otto Antonius als Herausgeber Carl Kronacher nach, der 1938 starb.

Da es sich um die weltweit erste Zeitschrift dieser Art handelte, wurde ihr Erscheinen nicht nur in im Deutschen Reich mit Interesse verfolgt. Der junge niederländische Verhaltensforscher Niko Tinbergen (1907-1988), der im Frühjahr 1937 gerade als Gastforscher bei Lorenz in Altenberg gewesen war, schilderte in einem Brief an seinen Landsmann und Kollegen Bierens de Haan seinen Eindruck von der neuen Zeitschrift:

„Die erste Nummer der *Zeitschrift für Tierpsychologie* habe ich natürlich auch gesehen. Ich finde, dass sie vielversprechend aussieht; der Rundbrief war in so einem wüsten Nazi-Geist gehalten, dass ich keine Lust hatte, mich damit zu beschäftigen."

Dennoch meinte er, dass sie besser als nichts sei,[12] und beschloss, sie für sein Institut in Leiden zu abonnieren. Bereits in der zweiten Ausgabe veröffentlichte er gemeinsam mit Konrad Lorenz den richtungsweisenden Artikel „Taxis und Instinkthandlung in der Eirollbewegung der Graugans".[13]

Im Rahmen der Frühjahrstagung der Deutschen Gesellschaft für Tierpsychologie hielt Konrad Lorenz im Februar 1937 abermals einen Vortrag vor den Mitgliedern der Kaiser-Wilhelm-Gesellschaft. Schon vor dieser Reise nach Berlin hatte es offenbar Gespräche zwischen Lorenz und KWG-Verantwortlichen über die Unterstützung der Forschungen von Lorenz in Altenberg gegeben.[14] Diese Aussichten dürften sich in Berlin konkretisiert haben, denn Lorenz war zuversichtlich, die Gelder bewilligt zu bekommen. In einem Brief vom Februar 1937 schilderte er seinem Mentor Heinroth bereits die Vorbereitungen zur Institutsgründung:

„Wir arbeiten wie die Gerazten an der Entrümpelung der für die KWG in Aussicht genommenen Teile des Hauses und mit dem Rufe ‚Kampf dem Verderb!' streichen wir Fensterläden, putzen Käfige und kehren Mist weg. Wir investieren schwer in den Eindruck der reinlichen Tüchtigkeit, den wir trügerischerweise in Prof. Glum erwecken wollen."[15]

Doch die Förderung durch die Kaiser-Wilhelm-Gesellschaft entwickelte sich nicht wie geplant. Ende des Jahres 1937 wurde das „Institut Lorenz“ in einer Senatssitzung der KWG zwar noch grundsätzlich gutgeheißen und beschlossen. Man plante, es administrativ an das Kaiser-Wilhelm-Institut (KWI) für Biologie in Berlin-Dahlem anzugliedern und Lorenz für etwa drei Viertel des Jahres auf „Forschungsurlaub“ nach Altenberg zu schicken. Ungelöst blieb jedoch die Devisenfrage. Kurz darauf lehnte die KWG den Antrag ab. Hauptgrund dafür dürften die damaligen Wirtschaftssanktionen des Deutschen Reiches gegen Österreich gewesen sein, wie die so genannte 1000-Mark-Sperre. Der einflussreiche Biologe Fritz von Wettstein (1895-1945), 1. Direktor des KWI für Biologie in Berlin, erklärte, dass keine rechte Möglichkeit bestünde, Lorenz zu helfen, da seine Arbeiten nur in seinem Heimatort Altenberg ordentlich durchgeführt werden könnten:

> „Ein Verpflanzen seiner Arbeit ins Deutsche Reich wäre aus sachlichen Gründen nicht zweckmäßig. So hat die Kaiser-Wilhelm-Gesellschaft direkt keine Möglichkeit, ihm in Österreich zu helfen.“[16]

Wie aus seinen Briefen hervorgeht, muss Lorenz während seines Berlinaufenthaltes im Frühjahr 1937 auch den Biologen Walter Greite, den Leiter des Referats für Biologie und Medizin der Deutschen Forschungsgemeinschaft (damals auch „Notgemeinschaft der deutschen Wissenschaft“) getroffen haben. Lorenz hatte Greite bereits vor seiner Abfahrt nach Berlin kontaktiert, um sich über Unterstützungsmöglichkeiten durch die DFG zu informieren. In Berlin wurden dann offenbar noch die Details für den Antrag besprochen.[17] Umgekehrt wurde Konrad Lorenz zu dieser Zeit als DFG-Gutachter tätig. Er war von Referatsleiter Greite im Frühling 1937 diesbezüglich angesprochen worden.[18] Kurz darauf verließ Greite, der in München u. a. bei Karl von Frisch studiert hatte, jedoch die Deutsche Forschungsgemeinschaft und übersiedelte als SS-Hauptsturmführer ins Reichssicherheitshauptamt.[19] Die Verbindung zum SS-Mann blieb jedoch aufrecht – und Lorenz sollte sie auch noch zu nützen wissen (siehe Kapitel 5).

Unmittelbar nach Ende der Tagung stellte Lorenz einen Antrag auf finanzielle Unterstützung an die DFG. Bei seinem eingereichten Projekt handelte es sich um „eine genaue Untersuchung bestimmter, durch Erbkoordination festgelegter Bewegungsweisen bei Wirbeltieren". Trotz seiner guten Kontakte wurde Lorenz' erster DFG-Antrag abgelehnt. Anscheinend wurden in einem Gutachten sowohl seine „arische Abstammung" als auch seine ideologische Zuverlässigkeit in Frage gestellt. Dieses Gutachten ist im DFG-Akt von Konrad Lorenz nicht verzeichnet, aber in Form einer handschriftlichen Notiz auf einem Brief Stresemanns vermerkt. Es stammte von Professor Othenio Abel, jenem Wiener Paläobiologen, bei dem Lorenz im Nebenfach studiert hatte. Abel war wegen seiner illegalen Mitgliedschaft bei der NSDAP 1934 an der Universität Wien vorzeitig pensioniert worden, ehe man ihn als ordentlichen Professor nach Göttingen berief.

Als Lorenz über Stresemann von der noch inoffiziellen Ablehnung seines Antrages erfuhr, kontaktierte er sofort seinen mächtigen Gewährsmann bei der DFG, den aus Österreich gebürtigen Freiherrn Fritz von Wettstein, um die näheren Gründe für die Ablehnung zu erfahren. Dieser erzählte ihm von Abels Gutachten. In einem Brief an Erwin Stresemann beschrieb Lorenz den Gutachter als einen erbitterten persönlichen Feind, der ihn nur deshalb ablehne, weil er aus dem Umfeld Ferdinand Hochstetters komme. Hochstetter habe nämlich wiederholt Abels „wackelige Hypothesengebäude in sehr ernüchternder Weise öffentlich blamiert". Auch Lorenz' Ernennung zum Dozenten sei durch Abel mehrfach erfolgreich behindert worden. Im Anschluss schilderte er seinen gemeinsam mit Fritz von Wettstein gefassten Plan, sich für Abels Vorgehensweise zu revanchieren:

„Wir haben beschlossen, in *größerem* Stil etwas dagegen zu unternehmen, dass ein so weibisch boshafter und zugleich durchaus nicht an die Wahrheit sich bindender Mensch als Referent in so todundleben-entscheidenden Angelegenheiten funktioniert. [...] Von der weibischen Wut dieses Schurken darf meine Lebensaufgabe nicht umgeschmissen werden. [...] Übrigens ist das Verbrechen, in einer so verantwortungsvollen Situation eine noch dazu durch *nichts* berechtigte, rein weibisch persönliche Feindschaft sprechen zu lassen, objektiv todeswürdig! Übrigens muss betont werden, dass A. über mich *nicht das Geringste* weiß, sohin oder sohin, dass also *jede* Äußerung von ihm von vornherein unwahr ist! Dass es so ein Schwein überhaupt gibt, ist selbst dem illusionslosen Tierpsychologen wirklich neu!“[20]

Nach der noch inoffiziellen Ablehnung versuchte Lorenz alles, um die DFG zu einem Umdenken zu bewegen. Er schickte einen neuen Antrag, weil sein erster angeblich beim Abschied Walter Greites von der DFG verloren gegangen sei. Begleitet wurde das Ansuchen von einem hervorragenden Gutachten Stresemanns, in dem ihn dieser als „bahnbrechenden Forscher von ganz ungewöhnlicher Befähigung“ darstellte.[21] Im Begleitbrief zum neuen Ansuchen schilderte er seine schlimme finanzielle Situation. Unter diesen Umständen könne er daher die bereits begonnenen Untersuchungen nicht mehr fortführen. Seinen Bestand an zum Teil sehr wertvollen Versuchstieren werde er im Fall einer Ablehnung möglichst rasch abgeben müssen. Wie schon zuvor schloss er den Brief aus dem Frühjahr 1937 „mit deutschem Gruße“. Der Antrag wurde abgelehnt – offiziell aus finanziellen Gründen. Man legte Lorenz aber nahe, sich später noch einmal zu bewerben.

So versuchte es der junge Forscher im Dezember 1937 ein

zweites Mal. Das Forschungsthema des Antrags lautete diesmal „Vergleichende und genetische Untersuchungen instinktmäßig angeborener Bewegungswesen bei Vögeln, insbesondere von Anatiden [Entenvögel; die Autoren]". Diesmal unterbreitete Professor Freiherr von Wettstein den Antrag in seinem Namen. Zu dessen Unterstützung waren einige vertrauliche Briefe von Wiener Gelehrten beigelegt, die als „politisch zuverlässig" galten – wie Fritz Knoll (Professor für Botanik), Otto Antonius (Direktor des Tiergartens Schönbrunn), Ferdinand Hochstetter (emeritierter Professor für Anatomie, bei dem Lorenz Assistent gewesen war), Eduard Pernkopf (Hochstetters Nachfolger) und Privatdozent Alexander Pichler, der Lorenz noch von seiner Assistentenzeit an der II. Anatomie her kannte. Von Wettstein erkundigte sich bei den fünf Wissenschaftlern über die Persönlichkeit und den Charakter von Lorenz sowie über seine Einstellungen zu den Problemen der Gegenwart.

Im Begleitbrief zum Antrag bezeichnete Wettstein Lorenz als jenen Forscher, „der auf dem Gebiet der Tierpsychologie nach allen Fachurteilen derzeit im deutschen Sprachgebiet die Führung besitzt". Die Angelegenheit habe die DFG schon einmal beschäftigt und sei eben wegen eines ungünstigen Urteils, bei dem vor allem die politische Gesinnung und die Abstammung von Lorenz in Frage gestellt worden seien, zurückgestellt worden. Wettstein habe sich nun erneut um Klarlegung des Falles bemüht und entsprechende Auskünfte eingeholt. Beigelegt waren Abschriften der Briefe der „ostmärkischen" Gutachter.

Der einflussreiche Botaniker Fritz Knoll, ein überzeugter Nationalsozialist und erster Rektor der Universität Wien nach dem „Anschluss", bezeichnete Lorenz in seinem Schreiben als einen ganz besonders begabten und förderungswürdigen Wissenschaftler. Jedoch sei eine besondere Unterstützung in Österreich schwer möglich, „da hier aus Gründen der Weltanschauung der herrschenden Kreise die Biologie eher unerwünscht als erwünscht ist, und ganz besonders die Richtung, in der Lorenz so trefflich arbeitet".[22] Privatdozent Alexander Pichler, der nach dem „Anschluss" Fakultätsführer des Nationalsozialistischen Deutschen Dozentenbundes werden sollte, kannte Lorenz „von seiner Assistentenzeit am II. Anatomischen Institut als einen Menschen, der abgewandt jeder Politik nur seiner wissenschaftlichen Arbeit lebte". Und weiter:

> „Trotz seiner unpolitischen Einstellung hat er die gegenwärtig in Österreich herrschenden Zustände in keiner Weise gutgeheißen. In letzter Zeit hat Herr Dr. Lorenz mir gegenüber wiederholt sein immer größer werdendes Interesse für den Nationalsozialismus an den Tag gelegt und sich zu seiner Idee positiv geäußert. Soweit ich seine biologischen Studien kenne, sind diese in der Richtung der im Deutschen Reich herrschenden Weltauffassung gelegen."[23]

Auch Hochstetters Nachfolger Eduard Pernkopf – seit 1933 Parteigenosse und nach 1938 Dekan der Medizinischen Fakultät – äußerte sich anscheinend positiv, obwohl er ein Desinteresse Lorenz' an der Politik konstatierte.[24] Otto Antonius, der 1934 wegen illegaler NSDAP-Mitgliedschaft seines Amts enthobene und mittlerweile wieder eingesetzte Direktor des Tiergartens Schönbrunn, geriet in seinem Schreiben hingegen geradezu ins Schwärmen: Im Fall von Lorenz sei es ihm „eine Freude, Auskunft über Menschen geben zu können, die ich schätze und über die ich eigentlich nur Gutes sagen kann". Über Fragen zu aktuellen Zeitproblemen habe er sich mit ihm nie eingehender unterhalten. Er könne aber sagen, dass Lorenz „aus seiner Bewunderung für die neuen Verhältnisse in Deutschland und die Leistungen auf allen Gebieten nie ein

Hehl gemacht hat und ihnen zweifellos durchaus positiv gegenübersteht".[25]

Der Anatom und emeritierte Universitätsprofessor Ferdinand Hochstetter, bei dem Lorenz bis 1934 als Assistent gearbeitet hatte, habe mit ihm alles und so auch recht häufig politische Tagesfragen besprochen:

> „Denn trotzdem wir beide keiner besonderen Partei angehörten, interessierten uns diese Fragen auf das Lebhafteste. Dabei trafen wir uns in der schärfsten Ablehnung des Klerikalismus und alles dessen, was mit ihm zusammenhängt. Auch waren wir stets eines Sinnes darüber, dass das Schicksal von uns Deutschen in Österreich mit dem Schicksal der Deutschen im Reiche auf das Allerengste verknüpft sei und dass wir uns nur mit einer Politik einverstanden erklären konnten, die auf diese Schicksalsverbundenheit vollste Rücksicht nehmen, ja geradezu auf ihr aufgebaut werden würde."[26]

Alle Gutachten aus Österreich stimmten laut Wettstein darin überein, dass die politische Gesinnung von Lorenz in jeder Hinsicht einwandfrei sei. Er sei nicht politisch tätig, habe aber aus seiner Zustimmung zum Nationalsozialismus nie ein Hehl gemacht. Gerade die nationalsozialistischen Kreise würden für Lorenz eintreten, „während er auf der anderen Seite schon durch seine tierpsychologischen Forschungen von der gegenwärtigen Regierung in Österreich nicht gefördert wird". Auch seine „arische Abstammung" sei in Ordnung.

Nun schien es zu klappen: Lorenz wurde auch ein Personalfragebogen zugeschickt, in dem er unter anderem über seine wirtschaftliche Lage Auskunft geben sollte. Darin listete Lorenz auf, dass der Unterhalt für seine Familie mit 200 Schilling monatlich von den Eltern und dem Schwiegervater unterstützt werde, seine Frau bekomme als Sekundarärztin seit November 1937 jeden Monat S 320, er selbst verdiene mit seinen wissenschaftlichen Arbeiten 20 bis 30 Schilling. Dazu komme sein Vermögen, von dem er monatlich 800 bis 900 Schilling abzweige. Die allerdings „stellen den Ertrag der Hälfte des Vermögens meines Vaters dar, das er im Jahre 1934 zu gleichen Teilen an meinen Bruder und mich übertragen hat. Den Betrag von monatlich S 760,– habe ich monatlich als Leibrente an meinen Vater zu bezahlen. Die Einkünfte aus der von meinem Bruder und mir bezahlten Leibrente sind das einzige Einkommen meiner Eltern, da mein Vater vor dem Krieg auf Gehalt und Pension als Universitätsprofessor verzichtet hat."

Lorenz vermerkte auch, dass er aus einem Privatfonds von Prof. Dr. Max Hartmann eine einmalige Zuwendung von RM 500,–[27] erhalten habe. Er gab außerdem an, eine Anstellung an einem Kaiser-Wilhelm-Institut anzustreben. Die Frage, wer bisher die Kosten für den Unterhalt getragen habe, beantwortete er mit „Eltern, Schwiegervater". Seine Einkünfte, so gab er an, wurden nahezu „gänzlich von meiner Forschungsarbeit aufgebraucht", daher „fiel der Unterhalt meiner Familie dem Haushalte des Vaters zur Last." Er habe damals seinen Tierbestand stark einschränken müssen, sich aber nicht entschließen können, „bestimmte unersetzliche und zur Beendigung begonnener Arbeiten unentbehrliche Tiere wegzugeben":

> „Die Erhaltung dieses Bestandes führte während der Zeit von Oktober 1936 bis November 1937, während meine Frau als Ärztin keine bezahlte Stellung hatte, zum Auflaufen beträchtlicher Schulden. Diese sind zwar heute größtenteils getilgt, aber eine Verringerung des Einkommens meines Vaters (teilweises Ausbleiben der von meinem Bruder zu bezahlenden Leibrente) lässt es unmöglich erscheinen, dass er meiner Familie weiterhin die Unterstützung wie bisher (freie Kost, Wohnung, Beleuchtung und Beheizung) zukommen lassen kann. Dies würde der

Fortführung meiner Forschungsarbeiten selbst im derzeitigen äußerst eingeschränkten Ausmaße ein Ende bereiten."[28]

Im Frühjahr 1938, also kurz vor dem „Anschluss", war es endlich so weit: Konrad Lorenz bekam sein Projekt von der Deutschen Forschungsgemeinschaft bewilligt. Er erhielt eine monatliche Beihilfe in der Höhe von RM 125,–.[29] Am 23. Februar 1938 bedankte er sich in einem Schreiben an die DFG und verabschiedete sich „Mit deutschem Gruß!"

5.
Die Euphorie nach dem „Anschluss“

Karrierefortschritte im Dritten Reich

Ich war als Deutschdenkender und Naturwissenschaftler selbstverständlich immer Nationalsozialist und aus weltanschaulichen Gründen erbitterter Feind des schwarzen Regimes (nie gespendet oder geflaggt) und hatte wegen dieser auch aus meinen Arbeiten hervorgehenden Einstellung Schwierigkeiten mit der Erlangung der Dozentur. Ich habe unter Wissenschaftlern und vor allem Studenten eine wirklich erfolgreiche Werbetätigkeit entfaltet, schon lange vor dem Umbruch war es mir gelungen, sozialistischen Studenten die biologische Unmöglichkeit des Marxismus zu beweisen und sie zum Nationalsozialismus zu bekehren. Auf meinen vielen Kongress- und Vortragsreisen habe ich immer und überall mit aller Macht getrachtet, den Lügen der jüdisch-internationalen Presse über die angebliche Beliebtheit Schuschniggs und über die angebliche Vergewaltigung Österreichs durch den Nationalsozialismus mit zwingenden Beweisen entgegenzutreten. Dasselbe habe ich allen ausländischen Arbeitsgästen auf meiner Forschungsstelle in Altenberg gegenüber getan. Schließlich darf ich wohl sagen, dass meine ganze wissenschaftliche Lebensarbeit, in der stammesgeschichtliche, rassenkundliche und sozialpsychologische Fragen im Vordergrund stehen, im Dienste nationalsozialistischen Denkens steht.“[1]

Mit diesen Worten begründete Konrad Lorenz am 28. Juni 1938 im Personalfragebogen den Antrag zur Aufnahme in die

Nationalsozialistische Deutsche Arbeiterpartei. Diesem Antrag legte Lorenz ein Empfehlungsschreiben des kommissarischen Rektors der Universität Wien, Fritz Knoll, bei. Darin bestätigte Knoll seinen Eindruck, „dass der Genannte wissenschaftlich durchaus in jenem Geiste arbeitet, wie ihn der Nationalsozialismus erfordert". Lorenz erscheine ihm darüber hinaus hinsichtlich der von ihm gemachten Äußerungen über seine politische Einstellung vollkommen vertrauenswürdig. In einer weiteren Beurteilung führte Gaudozentenbundführer Arthur Marchet an, dass Lorenz während der Systemzeit zum Protestantismus übergetreten und politisch indifferent gewesen sei. Als positiv vermerkte Marchet, dass Lorenz Mitherausgeber der *Zeitschrift für Tierpsychologie* sei und vom Direktor der Schönbrunner Menagerie Otto Antonius sehr hoch geschätzt werde. Als Antonius während der Systemzeit vom Dienst suspendiert gewesen war, sei Lorenz der einzige Bewerber für die Stelle gewesen, der sich tadellos benommen hätte.[2] Doch nicht überall wurde Lorenz' Beitritt zur NSDAP befürwortet: In der eigenen Familie stieß der Parteieintritt angeblich auf glatte Ablehnung. So etwas gehöre sich für Leute ihres Standes nicht, lautete die einhellige Meinung.[3]

Am Tag nach dem „Anschluss", am 13. März 1938, befahl Adolf Hitler dem Gauleiter der Saarpfalz, Josef Bürckel, eine „freie und geheime Volksabstimmung" für Sonntag, den 10. April zu organisieren. Bei diesem Referendum sollten „alle Deutschen und Österreicher" im Alter von über zwanzig Jahren über den „Anschluss" abstimmen.[4] Am Tag nach der Abstimmung schilderte Lorenz dem väterlichen Freund Erwin Stresemann seine Freude über die Vorgänge in seiner nächsten Umgebung:

> „Wir sind alle schon ganz erschöpft vor lauter dauernder Festesstimmung. Auch die Freude ist nämlich anstrengend. Hier in

Altenberg, und ebenso in den beiden nächsten Orten Greifenstein und Hadersfeld hat es buchstäblich keinen einzigen Wahlberechtigten gegeben, der kein Ja abgegeben hat. So viel Berechtigte, so viel Jastimmen. Dabei war die Wahl wirklich geheim, ich habe, wie ich beim Wählen war, eine Rede gegen das bis dahin häufige Offenwählen gehalten, Bürckel hat unabhängig von mir in Wien dasselbe getan, was mein politisches Lokalprestige hob."[5]

Die offiziellen Meldungen ergaben eine hohe Wahlbeteiligung und mit 99,73 Prozent Ja-Stimmen eine fast uneingeschränkte Befürwortung. Unmittelbar nach der Volksabstimmung vom April ernannte Hitler seinen Wahlkampfchef Bürckel zum Reichskommissar für die Wiedervereinigung Österreichs mit dem Deutschen Reich. Im Zuge seiner Amtshandlungen wurden auch die österreichischen NSDAP-Mitglieder überprüft. Außerdem bearbeitete man die Anträge derjenigen, die behaupteten, sie hätten schon vor dem 11. März 1938 die Bewegung unterstützt. In enger Zusammenarbeit mit dem „Braunen Haus", der Parteizentrale der NSDAP in München, gaben Bürckels Mitarbeiter in den nächsten acht Monaten 207.095 provisorische, grüne Mitgliedskarten aus, eine davon an Konrad Lorenz. Die Zahl der registrierten Parteimitglieder in Österreich betrug ein Jahr später, im März 1939, 221.017 Personen.[6]

Wie für viele Österreicher hatte sich auch für Konrad Lorenz mit dem „Anschluss" offenbar eine Hoffnung erfüllt. Abgesehen von den bereits erwähnten Fördermöglichkeiten durch deutsche Wissenschaftseinrichtungen schien sich auch die Lage an der Universität sehr zu seinen Gunsten zu verbessern. Schon am 22. März 1938 hatte Lorenz euphorisch an Oskar Heinroth berichtet, welche Begeisterung in Österreich herrsche – und dass nun vor allem auch die Wissenschaft hoffen könne:

> „Wir jubeln alle wie kleine Kinder über den Anschluss. Für Wissenschaftler ist es eine Erlösung, nun zu dem großen Deutschland zu gehören statt zu dem verdammten Jesuitengesindel! Sie können sich nicht im Entferntesten eine Vorstellung davon machen, was für eine Festesstimmung in ganz Österreich herrschte und herrscht, vor allem am ersten Tage! Man muss offenbar so richtig unter der schwarzen Sache gelitten haben, um den Wert Hitlers *voll* zu begreifen. Die bereits vollzogenen Umwälzungen auf der Universität sind dermaßen eindeutig zum Guten, dass man geradezu auf eine neue Glanzperiode unserer verstümmelten Fakultäten hoffen kann!!"[7]

Wenig später sprach er sich voll des neuen Tatendrangs in einem Brief an Erwin Stresemann für die Verlegung des 10. Internationalen Ornithologen-Kongresses nach Wien aus: „Bis 1942 wird Altenberg in aller Voraussicht schon oder wieder etwas Herzeigenswertes sein! Ich freue mich außerordentlich über die Aussicht! Hurrah!"[8] Bereits im Mai 1938 sollte die nächste derartige Tagung im französischen Rouen stattfinden. Lorenz erkundigte sich bei Stresemann umgehend nach den nötigen Behördengängen im so genannten „Altreich": „Wie wird es jetzt mit Rouen werden? Ich muss mich ja jetzt zweifellos an irgendeine Berliner Stelle wenden, um Devisen und Ausreisebewilligung. An wenoderwas?"[9] Lorenz konnte dem Ende des Ständestaates ausschließlich positive Seiten abgewinnen und dachte nur mehr an die Zukunft:

> „Man reiche mir Studenten! Ich habe eben die von mir sachlich geschätzte Frau Dr. M. Holzapfel (Schweiz), die nach Altenberg arbeiten kommen wollte, wegen jüdischer Abstammung abweisen müssen. Wenn Sie also irgendwelche biologisch denkenden und persönlich in engen Verbande vertragbaren (!) jungen Leute haben, die hier was zu arbeiten hätten, so machen Sie sie schonend darauf aufmerksam!"[10]

Die erste berufliche Verbesserung erfuhr seine Familie jedoch durch eine Beförderung von Margarethe Lorenz:

> „Die Greterl sehe ich kaum je, sie ist im Brigittaspital durch Hinausschmiss polnischer Juden zur kommissarischen Leiterin der Kinderabteilung aufgerückt und wird vielleicht dort Primararzt auf Dauer werden, was für sie eine prächtige Stellung wäre."[11]

Nimmt man seine Briefe als Maßstab, muss sich Lorenz im Frühjahr 1938 wochenlang auf einer Woge der Euphorie bewegt haben. Mit dem „Anschluss" Österreichs schien ihm nun alles möglich, was bis 1938 oft so schwierig und mit vielen kleinen Niederlagen verbunden gewesen war. Manches, was er in jenen Tagen für seine wissenschaftliche Zukunft ersann, klingt allerdings eher realitätsfern, wie etwa die Nachfolge Karl Bühlers am Psychologischen Institut. Neuerlich war es Erwin Stresemann, dem Lorenz seine Überlegungen anvertraute:

> „Es ist der Ordinarius für Psychologie, Prof. Bühler, nicht nur gegangen, sondern heftig eingesperrt, warum ist nicht klar, sicher ist, dass er bezüglich der Abstammung seiner volljüdischen Frau beschönigend gelogen hat, vielleicht hat er Devisen geschoben, er hatte Rockefellergelder. Außerdem war er vorher hintereinander so intensiv rot und schwarz, je nach dem Zug der Zeit, dass das allein genügend Erklärung ist. Jedenfalls kommt er nicht wieder. Nun ist mein alter Freund Pg. Dozent Dr. Alfred Prinz Auersperg, der Psychiater (Beachte die ungewöhnliche Zusammenstellung von Titeln!), zum Kommissarischen Leiter eines anderen bis dahin jüdischen Institutes ernannt worden, der Neurologischen, und wird das wahrscheinlich bleiben. Er ist ein sehr bekannter Psychiater, wurde bei einem Haar Ordinarius in Innsbruck, als ihm ein schwärzlicher Mann in die Suppe spuckte, der aber nicht ganz schwarz genug zum Wiederhinausgeschmissenwerden ist."[12]

Lorenz meinte in diesem Brief weiter, dass Auersperg in seiner neuen Position die Tradition des Bühler-Institutes im Bereich Wahrnehmungspsychologie fortsetzen wolle. Dazu gehöre aber, dass ein Mann ins Institut komme, dessen wissenschaftliche Tätigkeit sich mit dem von Auersperg geplanten Forschungsschwerpunkt nicht überschneide, sondern diesen ergänze. Und das solle nach dessen Meinung er, Lorenz, sein.

„Ich war zunächst über den Vorschlag beträchtlich platt, muss aber nach genauerer Überlegung objektiv und unverschämt sagen, dass die Idee sachlich viel für sich hat", schilderte Lorenz seine Reaktion. Vor allem aber glaubte er, dass seine Vorlesung weltanschaulich willkommen sein würde – „so willkommen, wie sie bisher unwillkommen war". Lorenz' einzige Bedenken betrafen die erwartete Förderung seines Altenberger Institutes durch die Kaiser-Wilhelm-Gesellschaft. Er war besorgt, dass die Verantwortlichen glauben könnten, er bringe neben der Leitung des Psychologie-Institutes zu wenig Zeit dafür auf.[13]

Dennoch konnte er aus seiner Begeisterung über die Idee, die Nachfolge seines Förderers und wichtigen Lehrers Karl Bühler antreten zu können, kein Hehl machen. Das von ihm und Auersperg geplante Doppelinstitut mit einem Psychiater und Neurologen auf der einen und einem Zoologen auf der anderen Seite könnte die Human-Psychologie „tot drücken" und etwas Neues an ihre Stelle treten lassen, war er überzeugt:

> „Vor allem etwas wirklich ‚arteigenes' Deutsches, denn ich muss (im strengsten Vertrauen) sagen, dass die Humanpsychologie auch in ihren heutigen deutschen Vertretern immer noch für den Kenner merklich von dem Gedankengut der jüdischdaherredenden und wortschwelgenden Judengrößen durchsetzt ist. Einer der wenigen Fälle, wo ich das Schädlingstum der Juden uneingeschränkt anerkenne. Es gibt raffsüchtige und un-

soziale Arier genug, aber durch Vielreden Wissenschaft zu Quatsch zu machen, das bringen wirklich nur jüdische Humanpsychologen zustand."[14]

Möglicherweise dachte Lorenz dabei an Karl Bühlers Frau Charlotte, die die engste Mitarbeiterin des Psychologen am Institut gewesen war. Die international renommierte Kinderpsychologin flüchtete unmittelbar nach der Machtübernahme durch die Nationalsozialisten nach England. Charlotte Bühler war Jüdin; außerdem habe sie „kommunistische Propaganda" betrieben, wie es in einem Bericht der NSDAP-Ortsgruppe Krottenbach hieß. Schon bald nach dem „Anschluss" war bei Karl Bühler eine Hausdurchsuchung durchgeführt und belastendes Material gefunden worden. Bühler wurde am 23. März 1938 verhaftet. Nach sechs Wochen wurde er wieder freigelassen, da man seinen Angaben Glauben schenkte, von den „Umtrieben seiner Frau" nichts gewusst zu haben.[15] Am 21. Mai 1938, kurz nach seiner Entlassung, verfasste Bühler einen Lebenslauf, in dem er versuchte, sich vor dem NS-Regime politisch zu rechtfertigen. Er sei unpolitisch gewesen und habe sich nicht politisch betätigt. Unter seinen Mitarbeitern seien aber eine Reihe aktiver Nationalsozialisten gewesen, die er sogar geschützt habe. Namentlich führte Bühler als einen dieser Mitarbeiter Konrad Lorenz an.[16] Karl Bühler selbst konnte bald nach seiner Entlassung ebenfalls nach England fliehen und emigrierte noch 1939 gemeinsam mit seiner Frau in die USA.[17]

Neben dem Ehepaar Bühler fielen der „administrativen Umgestaltung" der Universität Wien im März und April 1938 weitere 262 Hochschullehrer aus rassistischen oder politischen Gründen zum Opfer und wurden entlassen. An großen Fakultäten bedeutete das einen Verlust von bis etwa der Hälfte aller Dozenten und Professoren. Dennoch ging der Umwandlungsprozess der österreichischen Universitäten und Hochschulen in nationalsozialistische Institutionen rasch und reibungslos vonstatten.[18] Bereits am 15. März 1938, drei Tage nach dem „Anschluss“, begrüßten die neu eingesetzten Wiener Rektoren Adolf Hitler im Hotel Imperial.[19] Und noch am gleichen Tag schickte der neue, kommissarische Rektor Fritz Knoll, der im Jahr zuvor noch einer von Lorenz' Gutachtern gewesen war, der NS-Biologie-Zeitschrift *Der Biologe* einen Text mit dem Titel „Wir kehren heim“. Darin heißt es:

> „Wir deutschen Österreicher kehren heim ins Deutsche Reich. Wir haben uns danach gesehnt seit unsere Jugend, und zu allen Zeiten haben wir dafür gekämpft. Nun sind unsere sehnsüchtigen Wünsche erfüllt worden. Wir hatten uns immer als Glieder des geistigen deutschen Reiches gefühlt und für dieses emsig und bewusst gearbeitet. Das genügt uns aber nicht. Wir haben deshalb durch viele Jahre gerufen: ‚Ein Volk, ein Reich!' – Nun sind die Grenzen gefallen, Großdeutschland ist Wirklichkeit geworden. Wir hatten das Werk vorbereitet, zuletzt im schwersten Kampf, und Adolf Hitler hat es vollendet. Voll Freude und Dankbarkeit rufen wir nun hinaus: ‚Ein Volk, ein Reich, ein Führer!'
>
> Jetzt wollen wir frisch an die Arbeit gehen. Unser neues Deutsches Reich muss rasch in sich vollendet werden. Unser Wissen von der Natur und vom Leben soll uns dabei helfen. Wir österreichischen Biologen treten nun an, und wir richten uns nach den Zielen des nationalsozialistischen Deutschen Reiches. Die Biologie war in Österreich zuletzt nur geduldet. Im Dritten Reich muss sie führend sein: Denn nur dann werden wir das Leben und die Zukunft des deutschen Volkes erfolgreich gestalten können, wenn wir viel vom Leben wissen.
>
> Heil Großdeutschland! Heil Adolf Hitler!“[20]

Der damalige Herausgeber des *Biologen*, der Botaniker Ernst Lehmann, fügte hinzu:

„Wir deutschen Biologen vom alten Reich begrüßen unsere österreichischen Kameraden aufs Herzlichste in unserer Mitte. Wir sind stolz darauf, dass ein Biologe der erste Rektor der Universität Wien im Dritten Reich ist. Wir danken es Fritz Knoll aufrichtig, dass er in schwerster Zeit auf hartumkämpftem Posten ausgehalten hat; wir danken ihm aber besonders, dass er nun auch die Sorge um unseren Deutschen Biologen-Verband mit uns teilen will, dass er unserem Vorstand wie dem Herausgeberkreis unserer Zeitschrift beigetreten ist. Wir heißen ihn mit aufrichtiger Freude willkommen."[21]

Da nun alle bürokratischen Hürden zwischen Österreich und Deutschland gefallen waren, bemühte sich Konrad Lorenz wieder intensiv um die Realisierung seines „Altenberger Institutes" mithilfe der Unterstützung durch die Kaiser-Wilhelm-Gesellschaft. Im Juni 1938 besuchte Fritz von Wettstein, der Direktor des Berliner KWIs für Biologie, den aufstrebenden jüngeren Kollegen in Altenberg. Wettstein teilte Lorenz mit, dass sich der Generaldirektor der Kaiser-Wilhelm-Gesellschaft Ernst Telschow und Staatsminister Schmidt-Schlettow in der jüngsten Senatssitzung für das Projekt ausgesprochen hätten und im Herbst mit den ersten Geldern zu rechnen sei. Die Kaiser-Wilhelm-Gesellschaft sei kein Freund von kleinen Klitschen, berichtete Lorenz über den Besuch Wettsteins.[22] Da das Devisenproblem als Hindernis ausgeräumt sei, solle nun alles in größerem Maßstab in Angriff genommen werden. Unter den neuen, für ihn so vorteilhaften politischen Bedingungen begann er in größeren Dimensionen zu planen: Stellen für je zwei Assistenten und Laboranten hatte er vorgesehen, abseits des Lorenz'schen Privathauses sollte ein eigenes Institutsgebäude errichtet werden. „Da habe ich wie auf einem Wunschzettel vor dem Christkindl alle Wünsche zusammengestellt, die wir so haben, keinen Luxus, aber alle wirklich wesentlichen

Forschungsbehelfe", schrieb Lorenz über seine Vorbereitungen. Besonders erfreulich sei, dass er selbst, „wie auch die prospektiven Assistenten und Laboranten, nicht aus dem Etat und überhaupt nicht von der Kaiser-Wilhelm-Gesellschaft bezahlt werden würden, sondern von der Wiener Universität, d. h. von dem Berliner Unterrichtsministerium aus, Minister Wacker ist schon im Bilde und dafür".[23]

Doch der Traum von einer neuen Zeit mit geradezu grenzenlosen Forschungsmitteln wich bald der ernüchternden Realität. Obwohl die Vorbereitungen für ein Kaiser-Wilhelm-Institut in Altenberg auf Hochtouren liefen, wurden die Entscheidungen immer wieder verschleppt. Im Jänner 1939 lud Nobelpreisträger Carl Bosch, der Präsident der KWG, Konrad Lorenz zu einem Diner ins Wiener Rathaus. Bosch konnte ihm allerdings nichts Neues über das Altenberger Institut berichten, was Lorenz sehr verdross. Ärgerlich berichtete er Oskar Heinroth: „Es wird schon wieder einmal schief gegangen sein. Dafür scheinen die Schangsen auf der Wiener Universität sehr gut zu stehen."[24] Mit dieser Vorhersage sollte Lorenz Recht behalten. Bevor es noch zur tatsächlichen Gründung eines Kaiser-Wilhelm-Instituts in Altenberg kommen konnte, brach der Zweite Weltkrieg aus. Damit rückte die Gründung des Instituts in weite Ferne.

Besser sah es da mit seinen Ambitionen an der Wiener Universität aus, deren Rektor ihm wohlgesonnen war und ihn auch aufforderte, einen Vortrag „an politisch exponierter und wichtiger Stelle im Deutschen Klub zu halten".[25] Dieser Verein war ein Hort prominenter radikaler Deutschnationaler (so genannter „Betont-Nationaler") und Nazi-Sympathisanten in der Zeit des Austrofaschismus gewesen. Nach dem „Anschluss" diente der Klub als Reservoir für führende Positionen u. a. im Verwaltungsbereich des nazistischen Österreich.[26] Ende März

1939 sprach Lorenz also im Deutschen Klub über „Böse und gute Tiere" und betonte dabei die rassehygienische Bedeutung seiner Forschungen. Der Vortrag wurde aber auch öffentlich wahrgenommen: Sowohl der *Völkische Beobachter* als auch das *Neue Wiener Tagblatt* berichteten darüber (siehe Kapitel 6).

Bereits Ende 1938 sollten an der Wiener Zoologie drei Extraordinariate eingerichtet und besetzt werden, wie in einem Bericht der Philosophischen Fakultät vom Juli 1938 zum Wiederaufbau des Unterrichtsfaches Zoologie gefordert worden war. Laut diesem Bericht habe es noch 1925 zwei Zoologie-Ordinariate und fünf beamtete Extraordinariate gegeben, von denen nun nur noch ein einziges Ordinariat übrig war. Dem Mangel wollte man mit drei neuen außerordentlichen Professuren Abhilfe schaffen: Das erste Extraordinariat für Tierpsychologie sollte mit Konrad Lorenz besetzt werden, das zweite für theoretische Biologie mit Ludwig von Bertalanffy, das dritte für vergleichend-anatomische und systematische Zoologie mit Wilhelm Marinelli. An der entscheidenden Kommissionssitzung nahmen auch Rektor Knoll und der Führer des nationalsozialistischen Dozentenbundes, Arthur Marchet, teil.

Während an Lorenz' politischer Gesinnung zu diesem Zeitpunkt kein Zweifel mehr bestand, war die Sache insbesondere bei Marinelli weniger klar. Auch Ludwig von Bertalanffy hatte es mit dem NSDAP-Beitritt nicht ganz so eilig wie Lorenz: Er stellte erst am 20. November 1938 seinen Aufnahmeantrag, in dem er – ähnlich wie Lorenz – darauf hinwies, dass die Richtung seiner Forschungen „dem Sinne des Programms der NS-Bewegung" entspreche. Marchet[27] schätzte ihn wie folgt ein: „Dr. Bertalanffy ist mir schon in der Verbotszeit als Nationalsozialist bekannt gewesen. Er hat trotz seiner ungünstigen materiellen Lage die Bewegung auch durch Spenden unterstützt.“[28]

Auch über den dritten Anwärter für ein Extraordinariat, Wilhelm Marinelli, fertigte Marchet eine Beurteilung an. Er gestand Marinelli zu, dass dieser zwar politisch nicht stärker hervorgetreten sei, aber „nationalsozialistischen Studenten dadurch sehr geholfen hat, dass er zur Zeit der ärgsten Verfolgung schwer belastendes Material an einem ihm bekannten Ort des Institutes versteckte“. Die Ortsgruppenleitung Hamerling im 8. Wiener Gemeindebezirk zeichnete ein ganz anderes Bild Marinellis: Dieser sei ausgesprochen klerikal eingestellt, außerdem fehle ihm die nötige nationalsozialistische Denkweise. Es sei für Marinellis persönliches Umfeld bezeichnend, dass „während der Führerreden und anderer politischer Übertragungen durch den Rundfunk bei der Familie Klavier gespielt wird, ein Umstand, der fast als Provokation angesehen werden kann“. Trotz dieser massiven Einwände der Ortsgruppenleitung wurde aber auch Marinellis Ernennung zum außerordentlichen Professor befürwortet.

Über Konrad Lorenz' Forschungen schließlich hieß es im Bericht des Sitzungsprotokolls:

> „Seit über 6 Jahren hat sich Lorenz auch der Frage der Pathologie und der Verfallserscheinungen von Instinkthandlungen und anderen angeborenen Verhaltungsweisen zugewandt. […] Andererseits aber zeigen die Instinktausfälle an Haustieren häufig weitgehende Parallelen zu gewissen Erscheinungen der sozialen Psychopathologie des Menschen. Parallelen, die sicher nicht nur auf rein äußerlichen Analogien beruhen. In seinem Vortrag auf der 16. Tagung der Deutschen Gesellschaft für Psychologie im Juli 1938 hat Lorenz auf die möglicherweise sehr große rassenhygienische Wichtigkeit einer genaueren Erforschung dieser Erscheinungen hingewiesen. Seine in nächster Zeit in der Zeit-

schrift für angewandte Psychologie erscheinende Arbeit behandelt dasselbe Thema."[29]

Lorenz war zuversichtlich, nun endlich doch eine Professur in Österreich zu erhalten. Er schrieb im Februar 1939 an Stresemann:

„Meine Universitäts-Chancen sind nicht ungünstig, der Extraordinarius wird wohl früher oder später werden. Der Tod Versluys' aber, von dem Sie natürlich gehört haben, ist ein schwerer Schlag für uns alle, vor allem für Marinelli, aber schließlich für mich nicht minder, da ich mit diesem stehe oder sinke. So gerade auf die soeben schiefgegangene KWG hinauf war dieser neue Schlag schwer verträglich. Ich hab ihn außerdem persönlich außerordentlich gern gehabt, er war so eine wundervolle Kombination von Charakter, Weltmann und Organisator. Schad um ihn!"[30]

Jan Versluys war der Vorstand des Zweiten Zoologischen Instituts gewesen, Lorenz hatte ab 1928 bei ihm studiert, und der Professor war immer ein großer Förderer des begabten jungen Forschers gewesen. Noch am 3. November 1938 hatte er für Lorenz einen Antrag auf finanzielle Unterstützung an das Dekanat der Philosophischen Fakultät gestellt:[31] Durch das Zusammentreffen verschiedener Umstände habe der Wissenschaftler zur Zeit nur ein unzulängliches Einkommen: Lorenz selbst beziehe kein Gehalt und seine Frau sei Sekundarärztin mit einem Einkommen von RM 207,– netto. Im Interesse von Unterricht und Forschung an der Wiener Universität sei es dringend notwendig zu verhindern, dass Lorenz gezwungen werde, etwa seinem Beruf als Arzt nachzugehen. Tatsächlich wurde das Ansuchen vom Reichserziehungsministerium bewilligt. Ab Februar 1939 erhielt Lorenz eine monatliche Unterstützung in der Höhe von RM 200,–.

Die Ernennung zum außerordentlichen Professor für Tierpsychologie hingegen verzögerte sich. So suchte Lorenz in der Zwischenzeit um die Lehrbefugnis als Dozent neuer Ordnung an der Universität Wien an. Im Juni 1940 erhielt er die neue Dozentenbestätigung, für Lorenz vor allem materiell eine wichtige Entscheidung: Damit verbunden war der Eintritt in ein Beamtendienstverhältnis samt Jahresgehalt von RM 5200,– zuzüglich einiger Zuschüsse.

Doch was wissen wir über Lorenz' wissenschaftliche Tätigkeit an der Universität Wien in dieser Zeit? Hat er sich auch in Lehre und Forschung den neuen Machtverhältnissen angepasst? Der aus Deutschland stammende Friedrich Schaller war einer der wenigen damaligen Hörer von Konrad Lorenz. Schaller, ab 1967 Vorstand am Zoologischen Institut in Wien, begann im Wintersemester 1939 mit seinem Studium an der Universität Wien. Er schildert die Lehrveranstaltungen des „jungen, drahtigen Zoologie-Dozenten mit saloppem Gestus" als unvergessliches Erlebnis:

> „Wir waren meist nur zu dritt in der Nachmittagsveranstaltung. […] Oft führte uns Lorenz am Ende der Stunde in den Aquariengang des Instituts, droben im Obergeschoß des Ferstel'schen Universitätsgebäudes, wo der Meisteraquarianer A[lois] Stejskal seine prachtvollen Zuchten demonstrierte. Aber vom Zoologischen abgesehen, das wegen seiner unakademischen Sichtweise allein schon genügt hätte, den jungen Adepten in seinen Bann zu ziehen, bot dieser Zoologiedozent noch etwas, was einem humanistisch Schulgebildeten von neunzehn Jahren Einblick und Einsichten eröffnete, die weit hinter das vordergründig Aktuelle zurückführten, ohne zwangsläufig in einem formal geschlossenen ‚letzten' Gedankenbau zu enden."[32]

Am meisten faszinierten Schaller die Thesen des Vergleichenden Verhaltensforschers zur Natur des Menschen: „Im Nachhinein noch spüre ich die Erschütterung über den Grad der rationalen

Aufklärung, die da dem traditionell Hochgebildeten vermittelt wurde."[33] Lorenz ging in seinen Vorlesungen auch auf sein Steckenpferd ein, die Domestikationserscheinungen bei Tieren und Menschen. Schaller war auch im folgenden Sommer 1940 Hörer von Lorenz' insgesamt achter Lehrveranstaltung an der Universität Wien seit 1937[34], einer Vorlesung, die sich mit einer vergleichenden Soziologie der Wirbeltiere befasste:

> „Seine erhellenden Hinweise auf das Domestikationsphänomen, das den Menschen mit seinen artspezifisch ‚verkommenen' Haustieren verbindet, machen mir noch heute verständlich, warum unsere ‚Nachkriegs'-Soziologie dann so verständnislos und erbittert auf diesen Lorenz'schen ‚Biologismus' reagieren musste."[35]

Schaller erinnert sich weiters, dass Lorenz mitunter auf die vorgeschriebene Begrüßung der Studierenden mit „Heil Hitler!" vergessen habe. Politische Agitation habe es in seinen damaligen Vorlesungen nicht gegeben, Lorenz habe aber ideologische Schlussfolgerungen aus seinen wissenschaftlichen Arbeiten gezogen.[36]

Mittlerweile hatte sich die weltpolitische Situation grundlegend geändert: Der Zweite Weltkrieg hatte begonnen. Am 21. September 1939, drei Wochen nach dem Einmarsch der Deutschen Wehrmacht in Polen und der anschließenden Kriegserklärung durch Frankreich und Großbritannien, schilderte Lorenz in einem Brief an Oskar Heinroth seine Gedanken zur politischen Situation:

> „Wir sind in einer den Umständen angemessen guten, das heißt grundsätzlich hoffnungsvollen und zuversichtlichen Stimmung. Es ist mir sicher, dass uns die Engländer nicht mehr von der Landkarte wegradieren können. Dass sie es offensichtlich wirklich wollen, zeigt von einer grenzenlosen Selbstüberschätzung und Unorientiertheit, die ich beim Feinde gerne sehe, weil

> sie zum Fall führt! Ich glaube, diese alten Arteriosklerotiker werden sich wüst in den Finger schneiden. Uns steht zwar eine verlustreiche und harte Zeit bevor, aber dann werden wir reiche und freie Leute sein und nicht mehr von den Gnaden der Westmächte. Ich hege sogar immer noch die leise optimistische Hoffnung, dass die Kerle im letzten Augenblick vor dem *wirklichen* Krieg mit uns doch noch Angst kriegen."[37]

Seine einzige Reaktion auf den Kriegsausbruch sei eine Aufrüstung in medizinischen Kenntnissen gewesen, so Lorenz. Um der Angst entgegenzuwirken, als plötzlich einberufener Arzt seiner Aufgabe völlig ahnungslos gegenüberzustehen, hospitierte er seit Kriegsbeginn im Arbeiter-Unfallkrankenhaus bei Lorenz Böhler, der ersten Stelle zum Erlernen der Wundversorgung. Die Stimmung in Wien beschreibt er als ruhig und friedlich, beruhigt sei er auch über „die allgemeine Wut auf England": Dass „die Insulaner" so sehr gegen die Führung in Deutschland Propaganda machten, führe „auch in den Naziunfreundlichsten Gemütern zu dem Rückschluss, dass die Führung ipso facto ausgezeichnet sein muss, sonst täten sich die Engländer nicht so ärgern!":

> „Ich halte ein innerpolitisches Umschmeißen von Deutschland für völlig ausgeschlossen! Dagegen glaube ich, dass die Westmächte sehr leicht innerlich umschmeißen können, zumal wenn wir unsere bewundernswerte Politik fortsetzen, ihnen in ihrem Lande nichts zu tun und die Drohung des Luftangriffes zurückhalten für den unwahrscheinlichen Fall, dass *sie* damit anfangen. Das muss drüben ungemein begeisterungs-dämpfend wirken, zumal in Frankreich. Mehr als der gegenwärtige Seeräuberkrieg kommt doch aller Wahrscheinlichkeit nicht, und den halten wir meiner aufrichtigsten Überzeugung nach länger aus als die Engländer. Ich bin überaus neugierig auf die nächsten Wochen!"[38]

Rund zwei Monate später, im Dezember 1939, gab sich Lorenz etwas nachdenklicher, wenn er sich auch in zum Teil sehr radikale Äußerungen verstieg:

„Mich selbst ärgert nur rein rassenbiologisch, dass die zwei ersten und besten Germanenvölker der Welt sich gegenseitig schwer beschädigen, während die ganze nicht-weiße, schwarze, gelbe, jüdische und gescheckte Welt händereibend danebensteht und sich freut. Aber eine Verständigung mit den Engländern ist ganz bestimmt erst dann möglich wenn ihr gotteslästerlicher Hochmut einen *gründlichen* Dämpfer bekommen hat. Und den kriegen sie jetzt! Mein Vater murmelt unvermittelt aus tiefem Brüten ‚Die Götterdämmerung des englischen Weltreiches'. Dass die jetzt kommt, glaube ich fest, die Frage [ist] nur, wie viel sie uns noch kostet, aber auch dass wir sie jetzt herbeiführen müssen, bezweifle ich nicht!“[39]

Seine Wünsche für das neue Jahr 1940 verknüpfte Lorenz auch mit einigen politischen Hoffungen:

„Das Jahr 1940 wird ganz sicher einmal einen Frühling bringen und, wie wir hoffen wollen, auch einen guten Frieden. Ganz schief kann es uns unmöglich gehen, und so sicher es Frühling wird, so sicher geht es mit Deutschland früher oder später ganz gewaltig aufwärts. Dass England greisenhaft und Deutschland biologisch jung und aufstrebend ist, steht außer allem Zweifel. Wollen wir hoffen, dass der Aufstieg ohne Rückschläge und Fluktuationen jetzt schon los- bzw. weitergeht.“[40]

Gleich zu Beginn des Jahres 1940 wandte sich Oskar Heinroth seinerseits vertrauensvoll an Lorenz, weil ihm offenbar ein Artikel des Leipziger Ursprachenforschers Georg Schwidetzky über die Entstehungsgeschichte des Menschen schwer im Magen lag:

„Ich möchte Sie nun doch wieder einmal mit den unglücklichen Arbeiten des Leipziger Herrn Schwidetzky behelligen

[…]. Es wäre gut, wenn Sie über die ganze Sache im Bilde wären, da Herr Schwidetzky die Angelegenheit wieder in der Presse ans Tageslicht bringen will. […] Ich hätte daher gern bald Ihr Urteil über das Ganze und alles mit Beilagen wieder zurück. […] In unseren Augen ist Schw. eben ein unbelehrbarer armer Irrer, der von Tieren nichts versteht' […]. Ich meine, solche Leute sind gefährlich und man sollte ihre Ansichten gar nicht erst ins Volk bringen."[41]

Lorenz antwortete umgehend und wusste auch Rat. Er entsann sich seiner guten Kontakte zum Biologen und SS-Hauptsturmführer im Reichssicherheitshauptamt, Walter Greite, den er von der DFG her kannte (siehe Kapitel 4). Greite leitete die Forschungsstätte Biologie in der SS-Forschungs- und Lehrgemeinschaft „Das Ahnenerbe", deren Präsident der Reichsführer SS und Chef der deutschen Polizei, Heinrich Himmler, war.[42] Greite und die Lehr- und Forschungsgemeinschaft „Ahnenerbe" hatten in der Zwischenzeit das Kommando in der NS-Zeitschrift *Der Biologe* übernommen, die ursprünglich als Monatsschrift des Reichsbundes für Biologie vom Botaniker Ernst Lehmann geleitet worden war, der wegen eines Dienststrafverfahrens aus allen Ämtern schied.[43]

Lorenz, seit 1939 auf der Titelseite des *Biologen* als Mitarbeiter angeführt, veröffentlichte darin im Jahr 1940 eine seiner politisch explizitesten Schriften unter dem Titel „Nochmals: Systematik und Entwicklungsgedanke im Unterricht" (siehe Kapitel 6). Den guten Kontakt zum Herausgeber Walter Greite verwendete Lorenz nun, um Schwidetzky – den Heinroth als „armen Irren" bezeichnet hatte – ausschalten zu lassen. Er antwortete Heinroth umgehend auf sein Anliegen:

„Zum armen Irren: Auch ein Lustmörder ist, biologisch betrachtet, ein armer Irrer, der für seine Ausfallsmutationen persönlich nichts kann. *Da er aber fürs Volksganze enorm schädlich*

> *ist, schlachtet man ihn mit Recht!* Ich habe das ganze Paket Schwidetzky an Greite gesandt, der eben sehr mit dem autoritären Verbieten biologischer Schundliteratur beschäftigt ist. Die Art und Weise, wie Schw[idetzy] uns aus Bastarden von Bastarden entstehen lässt (was der für eine Ahnung von der Fruchtbarkeit von Mischlingen hat! Kreuzen Sie mal Pavian mal Gibbon!), ist geradezu Propaganda für Kreuzung von Menschenrassen, Rassenschande en gros. Das wird sofort verboten werden, ebenso die ganze Gesellschaft für Ursprachenforschung. Das Ahnenerbe wird da kurzen Prozess machen. [...] Endlich Vernunft! Greite ist ein guter Mann!"[44]

Bereits im März konnte Oskar Heinroth vom Erfolg der Lorenz'schen Denunziation beim SS-Mann Greite berichten:

> „Die Schwidetzky-Sache wird auf Veranlassung von Greite verboten werden, der ‚Verein' wird sich also in Wohlgefallen auflösen."[45]

6. Exkurs: Der Fluch der Domestikation

Lorenz' Publikationen bis 1940

Sie alle hatten ihre Vertreter zum 16. Kongress der Deutschen Gesellschaft für Psychologie geschickt: das Reichserziehungsministerium, die Wehrmacht, der Reichsdozentenbund, die Reichsjugendführung, das Rassenpolitische Amt der NSDAP, der Reichsarbeitsdienst, die Reichsanstalt für Arbeitsvermittlung und Arbeitslosenversicherung sowie das Amt für Berufserziehung und Betriebsführung in der Deutschen Arbeitsfront.[1] Unter den Rednern des Kongresses, der vom 2. bis 4. Juli 1938 in Bayreuth abgehalten wurde, war auch ein habilitierter Zoologie-Dozent aus dem vor wenigen Monaten „angeschlossenen" Österreich: Konrad Lorenz. Der doch eher ungewöhnliche Auftritt eines Biologen vor diesem illustren Publikum war von Erich Rudolf Jaensch, dem Vorsitzenden der Deutschen Gesellschaft für Psychologie, persönlich eingefädelt worden: Jaentsch, seines Zeichens Professor für psychologische Anthropologie in Marburg und überzeugter Nationalsozialist, war wohl durch die Gesellschaft für Tierpsychologie auf Lorenz aufmerksam geworden, zu deren erster Tagung er selbst im Februar 1937 eingeladen worden war.[2] Dafür revanchierte sich dieser nun bei den Tierpsychologen – und sicherte ihrem Vertreter Lorenz auch gleich eine um ein Drittel verlängerte Redezeit zu. „[D]er brave Mann!", kommentierte Lorenz.[3]

Lorenz sprach in Bayreuth über „Ausfälle im Instinktverhalten von Haustieren"[4] – und zwar unter besonderer Berücksichtigung der sozialpsychologischen Bedeutung dieser „Defekte". Der Tierpsychologe begab sich mit seinem Vortrag auf ein neues Terrain: nicht nur, dass er zum ersten Mal auf einer „richtigen" Psychologentagung vortrug. Erstmals versuchte er auch im großen Stil die Übertragbarkeit seiner tierpsychologischen Erkenntnisse auf die Humanpsychologie herauszustreichen und zugleich die politische Relevanz seiner Forschungen unter Beweis zu stellen.

Interessant an der Vorgeschichte zu diesem Vortrag sind zwei Koinzidenzen: Lorenz' erste briefliche Ankündigung des Vortragsthemas „Domestikationserscheinungen" und das Argument, dass „das auch für die menschliche Sozialpsychologie einigermaßen interessant" sei, finden sich ausgerechnet in jenem bereits in Kapitel 5 zitierten Brief an Oskar Heinroth, den er unmittelbar nach der Machtübernahme der Nationalsozialisten in Österreich geschrieben hatte.[5] Die zweite „politische Zufälligkeit" besteht darin, dass Lorenz unmittelbar vor seiner Abreise der NSDAP beitrat, nämlich am 28. Juni 1938 – man könnte fast meinen als Vorbereitung auf die Tagung in der Stadt Richard Wagners.

Nachzulesen ist Lorenz' Vortrag im Tagungsband des Kongresses; der Titel seines Beitrags „Über Ausfallserscheinungen im Instinktverhalten von Haustieren und ihre sozialpsychologische Bedeutung"[6] nimmt vorweg, worüber Lorenz in den folgenden Jahren bis 1943 wieder und wieder referieren sollte. Der Tierpsychologe beginnt seine Ausführungen mit einer Kritik an Pawlow und dessen „wertzerstörender" Reflexlehre, der er die von ihm vertretene „neuere *deutsche* Tierpsychologie" gegenüberstellte, deren Rückschlüsse vom Tier auf den Menschen – anders als die Pawlow'sche Reflexlehre – eben nicht „auslesefeindlich" wirkten.[7]

Ins Zentrum seiner Ausführungen stellt er dann *„erbliche*

Veränderungen im Systeme der angeborenen arteigenen Verhaltungsweisen, Veränderungen, die beim Tiere im Laufe der Haustierung und beim Menschen im Laufe des Zivilisationsprozesses auftauchen". Und er behauptet, dass diese beiden Vorgänge vom Standpunkt des Biologen aus gesehen „sehr viel Gemeinsames" hätten.[8] Ein Nachweis dieser Gemeinsamkeiten von Mensch und Tier bleibt allerdings nicht nur in dieser Arbeit aus. Lorenz spricht lediglich von der „Ähnlichkeit der biologischen Grundlage", die es „recht glaubhaft" mache, „dass die bis in kleinste Einzelheiten gehenden Parallelen im menschlichen und tierischen Verhalten nicht bloß äußere Analogien sind, sondern auf Ursächlichem beruhen".[9]

Am Beispiel von Tauben, Enten und Gänsen beschreibt Lorenz in der Folge das veränderte Paarungsverhalten bei domestizierten Tieren, um dann mit einer bewährten rhetorischen Floskel zur „Humanpsychologie" überzuleiten: Es sei natürlich „Berufeneren überlassen, die offensichtlichen Parallelen zwischen den hier beschriebenen Ausfallserscheinungen im Instinktverhalten von Haustieren und moralischen Verfallserscheinungen bei überzivilisierten Menschen zu ziehen"[10] – aber dann ist er selbst es, der handgreifliche Analogien herstellt:

> „Würde ich nicht durch fortlaufendes Abschaffen der überzähligen Hausganskreuzungen eine gewisse Selektion unter meinen Gänsen treiben, so wären binnen kurzem die Reinblüter durch die Raumkonkurrenz der hausblütigen Gänse völlig an die Wand gedrückt. Durchaus Analoges gilt mutatis mutandis auch für den Menschen in der Großstadt. Es ist statistisch festgestellt, dass Menschen mit moralischem Schwachsinn eine durchschnittlich sehr viel höhere Fortpflanzungsquote erreichen als Vollwertige."[11]

In der Großstadt müsse daher „die ‚Schmutzkonkurrenz' von Volksgenossen mit einer auch nur ganz wenig verringerten Selektivität im Ansprechen sozialer Reaktionen eine denkbar ungünstige Richtung natürlicher Zuchtwahl zur Folge haben". Und dann gab es auch noch eine Reverenz vor dem einladenden Vorsitzenden der deutschen Gesellschaft für Psychologie:

> „Der im Sinne *Jaenschs invirente* Typus kann also im Wettbewerb mit Vollwertigen nur allzu leicht den Sieg davontragen, man wäre zu dem Fremdwortspiel versucht, zu sagen, invirente Typen seien u. U. gefährlich virulent!"[12]

Dieser invirente bzw. degenerierte Typus drohe „wie Zellen eines malignen Tumors den Volkskörper zu durchdringen"; die nicht degenerierten Menschen müssten dagegen von ihren angeborenen Wertungen Gebrauch machen, um zur Erhaltung der „rassischen Gesundheit und Kraft" diesen Typus auszuschalten.[13] Am Schluss des Vortrags steht schließlich ein Plädoyer für die Forschung an „unseren leichter durchschaubaren Mitgeschöpfen". Nur auf diese Weise könne man „den Unterbau für die Pflege unserer heiligsten rassischen völkischen und menschlichen Erbgüter befestigen".[14]

Dieser achtseitige Text war nur der „stark gekürzte Auszug" einer sehr viel ausführlicheren Darstellung, wie Lorenz auch in einer einleitenden Fußnote anmerkte, und der Auftakt für eine ganze Reihe von Publikationen, die sich um den „Fluch" der Domestikation für Tier und Mensch drehten. Weshalb aber hat sich Lorenz so sehr mit diesen Fragen beschäftigt? Und wie war Lorenz auf dieses Forschungsthema gekommen?

Am Beginn standen gewiss auch wissenschaftliche Gründe: Bereits in seiner 1935 verfassten Arbeit „Der Kumpan in der Umwelt des Vogels" streifte Lorenz die Domestikation von Vögeln – und zwar als Problem bei tiersoziologischen Untersuchungen. Damals plädierte er dafür, „*undomestizierte* Vogelformen" zu verwenden:

„Wenn auch nichts im Wege steht, auch die veränderten Instinkthandlungen von Haustieren zum Gegenstand unserer Untersuchungen zu machen, so möchte ich doch betonen, dass wir bei unserem Forschen jede Fehlerquelle vermeiden müssen [...]. Die Ausfälle von Instinkthandlungen von Haustieren sind eine solche Fehlerquelle."[15]

Tatsächlich spielte die Frage der Domestikation sowohl in der Evolutionslehre Darwins als auch am Beginn der Tierpsychologie in den Zwanziger- und Dreißigerjahre eine wichtige Rolle. Schon Darwin selbst hatte sich eingehend mit dem Phänomen beschäftigt und 1868 das Buch „The Variation of Animals and Plants under Domestication" verfasst, das 1910 in deutscher Übersetzung erschienen war. In der Folge wurden auch im deutschsprachigen Raum eine Reihe von Aufsätzen und Büchern zu dem Thema veröffentlicht – unter anderem auch deshalb, weil der Zoo immer mehr als „Laboratorium" der frühen Tierpsychologie erschlossen wurde: Tatsächlich waren ja etliche Pioniere der wissenschaftlichen Tierbeobachtung wie Julian Huxley in London, Oskar Heinroth in Berlin, Otto Antonius in Wien oder Heini Hediger in der Schweiz Zoodirektoren. Antonius und Hediger haben auch über Fragen der Domestikation geforscht und darüber in der *Zeitschrift für Tierpsychologie* publiziert.[16]

Das Thema lag also gewissermaßen in der Luft. Doch keiner war davon so besessen wie Lorenz – und in gewisser Weise schien er darauf „geprägt" zu sein: Seine lebenslange Vorliebe für die Wildtierform und die Abneigung gegen alles Domestizierte reichte angeblich bis in die frühe Kindheit zurück, als Konrad von seiner Mutter die erste Ente geschenkt bekam: An dieses Ereignis erinnerte sich der knapp 80-jährige Nobelpreisträger in einem Gespräch mit dem österreichischen Wissenschafts-Journalisten Franz Kreuzer, „als ob es gestern gewesen wäre":

„Meine Mutter war verwöhnend, die wollte mir die Ente geben, mein Vater war dagegen, weil er gegen Tierquälerei war. Natürlich hat meine Mutter gesiegt. Und jetzt kommt etwas Interessantes: Ich habe mir unter diesen zehn oder zwölf kleinen Enten die einzige ganz wildfarbene ausgesucht. Warum, weiß ich nicht."

Und er lieferte Franz Kreuzer prompt selbst eine etwas seltsam anmutende Begründung dafür:

„Vielleicht habe ich damals schon gewusst, dass der Mensch domestikationsgefährdet ist. Man kann rückblickend sehr schwer sagen, wann einem eine Erkenntnis das erste Mal gedämmert ist."[17]

Möglicherweise war diese eindeutige Bevorzugung undomestizierter und „wildblütiger" Tiere tatsächlich ein seit frühester Jugend ausgebildeter Charakterzug von Lorenz. Zur Übertragung dieser Wertungen auf die menschliche Gesellschaft, zur Kritik an der Zivilisation und zur Forderung nach Ausschaltung degenerierter Personen kam es allerdings – wie bereits ausgeführt – erst nach 1938, nach dem „Anschluss" Österreichs und Lorenz' Beitritt zur NSDAP. Und zu dieser Zeit traf sich seine Hochschätzung der Wildtierformen aufs Beste mit ganz ähnlichen nationalsozialistischen Vorstellungen, wie der US-amerikanische Biologe Boria Sax gezeigt hat.[18]

Entsprechend fand auch bei seinen Forschungen nach 1938 ein Umschwenken statt: In seinem ersten DFG-Antrag 1937 gab Lorenz an, „instinktmäßig angeborene Bewegungsweisen bei Vögeln, insbesondere von Anatiden" erforschen zu wollen. Lorenz untersuchte dabei vor allem die Balzbewegungen und das Paarungsverhalten bestimmter Schwimmentenarten, aber auch die Eiroll-Bewegung bei Graugänsen.[19] Ab 1939 liefen bei Lorenz dann zwei bewilligte Projekte parallel: jenes über „instinktmäßig angeborene Bewegungsweisen" und ein neues über „Instinktausfälle als Störungsfaktoren arteigenen Verhaltens".[20]

Lorenz' Vortrag in Bayreuth war nur ein erster Schritt in diese Richtung, und „an sich ein Erfolg", wie er an Erwin Stresemann schrieb, „aber [...] die ganz großen Schlager, die gleichzeitig die ganz großen Frechheiten sind", standen da „noch nicht drin".[21] Die standen dafür in seinem Aufsatz „Durch Domestikation verursachte Störungen arteigenen Verhaltens"[22] für die *Zeitschrift für angewandte Psychologie und Charakterkunde* [23], dessen erste Version er bereits im Jänner 1939 abschloss, worüber er Stresemann ebenfalls berichtete:

> „Ich habe knapp vor der Schifahrt ein ganz dickes Ms. an die Zschr. ang. Psychol. losgelassen. [...]. Ich habe mich irrsinnig damit geplagt, mehr als 7 Tage. [...] [Die Arbeit] ist nur vorläufig beim Herausgeber, ich muss sie noch einmal gründlich durchschauen, es stehen so freche Behauptungen drin, dass es fürchterlich wäre, wenn ein ernstlicher Denkfehler wo stehen bliebe."[24]

Die Arbeit sei für ihn insofern aufregend, als es für ihren Erfolg keinen Mittelweg gebe: „Entweder sie wird anerkannt, *dann ist sie eine große Sache*, oder nicht, dann ist sie Pech und Schwefel und *ich lebenslänglich blamiert.*"[25] Dieses Briefzitat macht deutlich, dass sich Lorenz der Tragweite seiner in unverhohlener Nazi-Diktion gehaltenen Äußerungen durchaus bewusst war.

Was waren aber nun die „ganz großen Schlager" und „Frechheiten" dieses von Lorenz-Kritikern am häufigsten zitierten Aufsatzes? Der 80-seitige Text birgt tatsächlich eine radikale Zuspitzung jener Behauptungen, Wertungen und Forderungen, die Lorenz bereits in Bayreuth vorgetragen hatte – auch wenn es „harmlos" beginnt: Einleitend vertritt er abermals die These, dass die Untersuchungen des angeborenen arteigenen Verhaltens von Tieren unmittelbare Rückschlüsse auf den

Menschen zuließen. Das Verhalten von Tieren würde „in den tiefsten Schichten menschlichen Seelenlebens sich abspielende Vorgänge dem Verständnis näher bringen".[26] Neu für Lorenz ist, dass er seine Tier-Mensch-Analogien diesmal zur Verbesserung der seiner Meinung nach degenerierten Gesellschaft anwenden will. Bereits ganz zu Beginn verleiht er seiner Hoffnung Ausdruck, „die Augen des zur Auslese Berufenen auf ganz bestimmte Werte zu lenken, deren Pflege schon deshalb der Auslese vorbehalten bleiben muss, weil sie durch Erziehung und Erworbenes grundsätzlich unbeeinflussbar sind".[27]

Zunächst aber führt der Tierpsychologe auf fast fünfzig Seiten Beobachtungen aus seinem bisherigen Forscherleben an, die seine Argumentation erklären und untermauern sollen. Nach ausführlichen Schilderungen der „Verfallserscheinungen" bei domestizierten Hühnern, Gänsen, Enten und anderen Tieren kommt er dann in Kapitel 7 auf die „Domestikationsfolgen beim zivilisierten Menschen" zu sprechen: Auf sehr suggestive Art stellt Lorenz zunächst Vergleiche zwischen hochgezüchteten Haustieren und dem Großstadtmenschen an, die unter anderem „Mopskopf" und „Hängebauch" teilten. Diesen körperlichen „Minusvarianten" stehe sowohl beim Haustier als auch beim Menschen eine „Vermehrung der Instinkthandlungen der Begattung" gegenüber:

> „Es wäre ein überflüssiger Gemeinplatz, auseinander zu setzen, wie diese Hypertrophie gerade bei den zivilisiertesten Großstadtmenschen die größten und das soziale Verhalten am stärksten störenden Ausmaße erreicht."[28]

Das einzige Gegenmittel, auf das sich die „erbgesunde Menschheit" beim Auftreten solcher Verfallserscheinungen verlassen könne, seien bestimmte angeborene Schemata. „Rassisch verwandte Völker" hätten „rein gefühlsmäßig" einen weitgehend übereinstimmenden „Soll-Typus": „Unser arteigenes Empfinden für Schönheit und Hässlichkeit unserer Artgenossen hängt aufs Engste mit den unsere Rasse bedrohenden domestikationsbedingten Verfallserscheinungen zusammen."[29] Von jenen, die aufgrund körperlicher oder psychischer Verfallserscheinungen diese Bedingungen nicht erfüllten, würden sich die Menschen auf natürliche Weise abgestoßen fühlen:

> „In dem Bibelwort ‚Hütet euch vor den Gezeichneten' äußert sich der gleiche Grundsatz. Solange nun ein Stamm oder ein Volk einen sehr hohen Grad rassischer Einheitlichkeit besitzt, wird die Beurteilung des Individuums nach seinen äußeren Eigenschaften allein möglich und der Rückschluss auf die Vollwertigkeit seiner inneren Verhaltensnormen berechtigt sein."[30]

Ebendies sei aber „leider auch bei den rassisch einheitlichsten europäischen Völkern heute nicht mehr der Fall", bedauert Lorenz. Und er polemisiert gegen jene Länder, die keine entsprechende Rassenpolitik praktizieren:

> „Merkwürdigerweise legen manche Völker, die heute noch den rassischen Gedanken überhaupt ablehnen, rassenbiologische Bestrebungen nach Ausgeglichenheit körperlicher Merkmale als geradezu menschenunwürdig hinstellen und gegen Vermischung mit fremden Rassen nichts einzuwenden haben, den allergrößten Wert auf Rassenreinheit und ellenlange Stammbäume, *wenn es sich nicht um Menschen, sondern um Haustiere handelt*!"[31]

Im Kapitel 8 mit dem Titel „Nutzanwendung" spricht Konrad Lorenz offen aus, worin er die Lösung der von ihm angeführten Probleme sieht, nämlich beim „Rassepfleger". Offen sei nur die Frage, ob die Domestikation tatsächlich zu Schädigungen bzw. Mutationen der Erbsubstanz führe oder nicht – Rassepflege brauchte es in jedem Falle, weil in menschlichen Gesellschaften die natürliche Selektion verloren gegangen sei:

„Sollte es mutationsbegünstigende Faktoren geben, so läge in ihrem Erkennen und Ausschalten *die wichtigste Aufgabe des Rassepflegers überhaupt*; denn das immer von neuem mögliche Auftreten von Menschen mit Ausfällen im arteigenen sozialen Verhalten bildet eine Schädigung für Volk und Rasse, die schwerer ist als die einer Durchmischung mit Fremdrassigen, denn diese ist wenigstens als solche erkennbar und nach einmaliger züchterischer Ausschaltung nicht weiter zu fürchten. Sollte sich dagegen herausstellen, dass unter den Bedingungen der Domestikation keine Häufung von Mutationen stattfindet, sondern nur der Wegfall der natürlichen Auslese die Vergrößerung der Zahl vorhandener Mutanten und die Unausgeglichenheit der Stämme verschuldet, so müsste die Rassenpflege dennoch auf eine noch schärfere Ausmerzung ethisch Minderwertiger bedacht sein, als sie es heute schon ist [...].“[32]

Die Rassenpflege müsse nämlich alle auslesenden Faktoren ersetzen, die im natürlichen Freileben die Auslese besorgen. „Freileben“ heißt, auf die menschliche Gesellschaft übertragen, eine bäuerliche, mit der Natur verbundene Existenzweise. Dort würde „ein kleiner Ausfall irgendeiner sozialen Hemmung“ den Betroffenen tatsächlich noch benachteiligen. Unter den Bedingungen des Großstadtlebens jedoch, „wo Raumkonkurrenz der Artgenossen der einzige auslesende Faktor ist“, würden solche Ausfälle dazu führen, „dass ein sozial minderwertiges Menschenmaterial gerade durch diese Minderwertigkeit instand gesetzt wird, den gesunden Volkskörper zu durchdringen und schließlich zu vernichten“.[33] Und dann folgt abermals der von Lorenz bis ins hohe Alter strapazierte Vergleich sozialer Vorgänge mit einem bösartigen Tumor:

„So wie das gesunde Gewebe die Geschwulst im Allgemeinen ‚als artgleich behandelt‘, d.h. nicht so wie auf einen eingedrungenen leblosen oder lebenden Fremdkörper mit Abwehr- und

> Abgrenzungsreaktionen antwortet und gerade dadurch erst das ‚infiltrierende', d.h. das gesunde Gewebe Zelle für Zelle durchdringende' Wachstum des Tumors ermöglicht, so ‚bemerkt' der gesunde Volkskörper nur zu oft gar nicht, wie er von Verfallselementen durchdrungen wird."[34]

Zum Glück aber sei die „Ausmerzung für den Volksarzt leichter und für den überindividuellen Organismus weniger gefährlich als die Operationen des Chirurgen für den Einzelkörper". Die große technische Schwierigkeit würde in ihrem Erkennen liegen, aber man müsse sich einfach auf das Gefühl verlassen: „Ein guter Mensch in seinem dunklen Drange merkt sehr wohl, ob ein anderer ein Schuft ist oder nicht." Lorenz hat noch einen anderen Ratschlag parat, „der im Munde eines kausalanalytischen Naturforschers vielleicht etwas sonderbar klingt, nämlich de[n], dass wir uns in Bezug auf den anzustrebenden Soll-Typus unseres Volkes auf die im Nicht-Analysierten wurzelnden Reaktionen unserer Besten verlassen sollen".[35] Dass diese von den „Ausfallstypen in gemeinsamer Gegnerschaft" abgelehnt werden, sei indes nicht weiter verwunderlich:

> „Die Unbeliebtheit der sich eine Auslese ‚auf Anständigkeit' anmaßenden Menschen wird dann sehr verständlich, wenn man sich vor Augen hält, dass sie eine biologische Rolle übernehmen, die in der Vorzeit der Menschheit von feindlichen Außenfaktoren gespielt wurde."[36]

Nach dem Wegfall dieser Selektionskräfte im zivilisierten Leben müsse diese Rolle nun von irgendeiner menschlichen Körperschaft übernommen werden, wenn die Menschheit nicht mangels auslesender Faktoren an ihren domestikationsbedingten Verfallserscheinungen zugrunde gehen sollte. In dieser Richtung aber habe der „rassische Gedanke als Grundlage unserer Staatsform schon unendlich viel [...] geleistet":

„Die nordische Bewegung ist seit jeher gefühlsmäßig gegen die ‚Verhaustierung' des Menschen gerichtet gewesen, alle ihre Ideale sind solche, die durch die hier dargelegten biologischen Folgen der Zivilisation und Domestikation zerstört werden würden, sie kämpft für eine Entwicklungsrichtung, die derjenigen, in der sich die heutige zivilisierte Großstadtmenschheit bewegt, gerade entgegengesetzt ist."[37]

Zusammenfassend betont Lorenz erneut die „dringende Notwendigkeit strengster Selektion zur Ausmerzung der mit Verfallserscheinungen im arteigenen sozialen Verhalten behafteten Gesellschaftselemente". Und zum Schluss wirbt er nochmals um Verständnis für diejenigen, die die von ihm vorgeschlagenen Maßnahmen umzusetzen haben:

„Die wirksamste rassenpflegerische Maßnahme ist daher wenigstens vorläufig sicher die möglichste Unterstützung der natürlichen Abwehrkräfte, wir müssen – und dürfen – uns hier auf die gesunden Gefühle unserer Besten verlassen und ihnen die Gedeihen oder Verderben unseres Volkes bestimmende Auslese anvertrauen. Versagt diese Auslese, misslingt die Ausmerzung der mit Ausfällen behafteten Elemente, so durchdringen diese den Volkskörper in biologisch ganz analoger Weise und aus ebenso analogen Ursachen wie die Zellen einer bösartigen Geschwulst den gesunden Körper durchdringen und mit ihm schließlich auch sich selbst zugrunde richten."[38]

Wann Lorenz die Arbeit an der Endversion seines 1940 erschienenen Aufsatzes beendete, ist nicht bekannt. Klar ist, dass seine zentralen rassenpolitischen Aussagen eine wissenschaftliche Legitimation für die am 14. Juli 1933 beschlossenen NS-Gesetze „zur Verhinderung erbkranken Nachwuchses" und „gegen gefährliche Gewohnheitsverbrecher" sowie des Gesetzes „zum Schutz der Erbgesundheit des deutschen Volkes" (eines der „Nürnberger Gesetze" vom 18. Oktober 1935) waren.

Seine Aussagen beziehen sich zumindest indirekt auf heftige Proteste der Kirche gegen diese Gesetze – und verteidigen die unbeliebten Maßnahmen der Nationalsozialisten. Sein Artikel ist aber auch eine Rechtfertigung der so genannten T4-Aktion, die im Oktober 1939 von Hitler angeordnet wurde und die bisherige Praxis der (Zwangs-)Sterilisationen ablöste: Am selben Tag, an dem die deutsche Wehrmacht Polen überfiel, wurden Reichsleiter Philipp Bouhler und Dr. med. Karl Brandt von Hitler „unter Verantwortung beauftragt, die Befugnisse namentlich zu bestimmender Ärzte so zu erweitern, dass nach menschlichem Ermessen unheilbar Kranken bei kritischster Beurteilung ihres Krankheitszustandes der Gnadentod gewährt werden kann". Und damit begann das große „Ausmerzen" – zunächst von Behinderten und „Asozialen", bald aber auch von Juden, von Sinti und Roma, von Homosexuellen, von politischen Gegnern und vielen anderen –, das von den Nationalsozialisten verharmlosend als „Euthanasie" bezeichnet wurde.[39] Lorenz hat in seinem Artikel aus dem Jahr 1940 nicht das Geringste dagegen einzuwenden gehabt.

Was aber lässt sich über die öffentliche Wirkung seiner einschlägigen Erkenntnisse und Vorschläge sagen? Erreichte er damit nur seine Fachkollegen oder wurde er möglicherweise auch von der Politik und der Öffentlichkeit wahrgenommen? Es scheint, dass Lorenz auch nach 1938 versucht hat, ein breites Publikum für seine Behauptungen zu finden. Neben dem Vortrag in Bayreuth und noch vor der Publikation in der *Zeitschrift für angewandte Psychologie und Charakter* hielt Lorenz zumindest zwei öffentliche Vorträge über das Thema „Domestikation", was ihm in diesem Zusammenhang allem Anschein nach ohnehin lieber war:

> „Im mündlichen Vortrag getraue ich mich jedermann von der an Sicherheit grenzenden Wahrscheinlichkeit meiner Behaup-

tungen zu überzeugen, aber in kaltem Druck nehmen sich die Dinge anders aus."[40]

Knapp drei Monate nach seinem Auftritt in Bayreuth erhielt Lorenz im ostpreußischen Königsberg eine zweite Gelegenheit zur „Überzeugungsarbeit": Am 28. September 1938 referierte er vor der Physikalisch-Ökonomischen-Gesellschaft über den „Zerfall angeborener Verhaltensweisen bei Haustieren und seine sozialpsychologische Bedeutung". Resonanz fand der Vortrag zumindest in der Fachzeitschrift *Der Biologe*, die eine ausführliche Zusammenfassung publizierte. Das Resümee des Berichterstatters lautete wie folgt:

„Wir müssen bescheiden einsehen, dass in der Natur für den Menschen durchaus keine Sondergesetze gelten, und in dieser Einsicht den ernsten Versuch machen, aus der Erforschung des Instinktlebens unserer einfacheren und darum leichter zu durchschauenden Mitgeschöpfe jenes Wissen zu schöpfen, dessen wir zu Erhaltung und Pflege eines der wichtigsten und edelsten Güter unserer Rasse bedürfen."[41]

Im März 1939 hatte Lorenz dann doch noch einmal die Gelegenheit zum „Vorsingen": Im politisch einflussreichen „Deutschen Klub" in Wien hielt er auf Vermittlung des Rektors der Universität Wien, Fritz Knoll, einen Vortrag „Über Böse und gute Tiere" (siehe Kapitel 5), über den auch die Tageszeitungen im Detail berichteten. So hieß es im *Neuen Wiener Tagblatt* in einem Artikel mit dem Titel „In der Tierseele spiegelt sich der Mensch", dass der moderne Tierpsychologe die biologischen Gesetze der Tierwelt immer auch studiere, „um wertvolle Aufschlüsse für den Menschen selbst zu erhalten."[42] Und darüber gebe es keinen Zweifel, wie der Autor des Berichts, Fritz Stüber[43], meint:

„Auf Grund der bisherigen wissenschaftlichen Ergebnisse der Tierbiologie ist es keine Frage, dass Domestikation rassenmäßige Verfallserscheinungen bedingt. Daraus ergeben sich aber auch für den Menschen wertvolle Rückschlüsse. Der Nationalsozialismus verwertet diese praktisch, indem er durch Sport, körperliches Training usw. für den modernen Stadtmenschen jene natürlichen Auswahlbedingungen ersetzt, die am vorzüglichsten die Natur mit ihrem fortwährenden Daseinskampf ausbildet."[44]

Etwas anders – und noch umfangreicher – fiel die Berichterstattung im *Völkischen Beobachter*[45] unter dem Titel „Degeneration verdirbt den Charakter" aus:

„Kürzlich sprach Dozent *Lorenz* im Deutschen Klub ‚über böse und gute Tiere'. In volkstümlicher Weise, die zeigte, dass das dem Wort ‚volkstümlich' anhaftende Odium durchaus nicht unvermeidbar ist, stellte er wissenschaftlich einwandfrei und doch ohne fachliche Vorbildung verständlich die wesentlichen Punkte heraus und gestaltete den Vortrag zu einem interessanten Abend."[46]

Der Titel des Vortrages, „Über böse und gute Tiere", habe zunächst verwirrend gewirkt, berichtete der Journalist, doch habe sich sofort gezeigt, dass damit auch der Mensch gemeint sei. Schließlich seien ja die Erkenntnisse der modernen Tierpsychologie nur Hilfsdienst bei der Erforschung der menschlichen Natur und „von unschätzbarem Wert für das große Problem unserer Weltanschauung: der Rasse." Die Folgerungen seien klar: „So steht man als Mensch und Angehöriger eines Volkes, das um Raum und Brot ringen muss, vor eindeutigen Aufgaben." Die Rassepflege dürfe sich daher nicht allein auf das äußere Bild und seine Veredelung erstrecken, sie müsse auch auf die Charaktergestaltung größten Einfluss nehmen:

„Das ist eine Aufgabe, vor der *jeder Einzelne* steht, denn nur in der unentwegten Hingabe an der Formung des Idealbildes, der sich kein Volksgenosse entziehen darf, können die Schäden ausgemerzt werden, die durch *unnatürliche Lebensbedingungen* am Volkskörper hervorgerufen werden."[47]

Ein anderer Vortrag von Lorenz zu diesem Thema blieb im Planungsstadium, da die für 21. bis 23. September 1939 angesetzte dritte Tagung der Deutschen Gesellschaft für Tierpsychologie wegen des Kriegsausbruchs verschoben werden musste. Dennoch ist das Programm aufschlussreich, weist es doch gleich drei Vorträge von Konrad Lorenz aus: Im Rahmen des wissenschaftlichen Teils der Tagung sollte er zum einen gemeinsam mit Josef Effertz, dem Geschäftsführer der Gesellschaft, über „Beispiele der angewandten Tierpsychologie und ihre Auswertung für die Tierzucht und Tierhaltung" sprechen, zum anderen über „Das sogenannte angeborene Schema". Bereits für den Abend des ersten Tages war ein öffentlicher Vortrag von Lorenz in Verbindung mit dem NS-Deutschen Volksbildungswerk[48] Leipzig vorgesehen. Der Titel: „Aufstieg und Verfall bei Mensch und Tier" (mit Lichtbildern).[49]

Zur weiteren Popularisierung der Domestikationsideen von Konrad Lorenz haben aber auch Zeitungsartikel beigetragen, die ohne Anlass über seine Forschungen berichteten. So veröffentlichte *Das Reich*, eine international ausgerichtete Wochenzeitung mit stark propagandistischem Charakter, Ende 1941 unter dem Titel „Der asoziale Mensch" einen Artikel über Konrad Lorenz' Forschungen. In dem Bericht wurde einmal mehr sein Vergleich von „Schädlingen an der Gemeinschaft eines Volkes mit der Krebskrankheit, mit einer wuchernden und zerstörenden Geschwulst" zitiert.[50] Dieser tödlichen Krankheit würde ein Bild vom asozialen Menschen entsprechen, wie es kürzlich der Psychologe Konrad Lorenz gezeichnet habe, heißt es in dem Bericht. Wie ein Krebsgeschwür hätten sich die „Asozialen" im Milieu der Großstadt vermehrt, ausgebreitet und als konkurrenzfähig erwiesen. Das biologische Verständnis solle nun helfen, den Kampf gegen die „Asozialen“ zu gewinnen. Dem Autor des Berichtes war bewusst, worauf Lorenz noch hinauswollte:

> „Man verfügt bisher nicht über ein sehr großes Forschungsinstitut dieser Art. Es genügt zwar, um bereits die Richtung der ‚Entwicklung nach oben‘ zu erkennen, aber man muss sich, wie Lorenz betont, ‚auf die Reaktionen unserer Besten‘, also auf nicht-analysierte Erkenntnisse verlassen. Denn die Störungen zu erkennen, die sich bei den angeborenen Schemata des Menschen zeigen, ist sehr schwierig. Aber in der Richtung liegen die Wege klar.“[51]

Der politisch exponierteste Artikel von Lorenz aus dieser Zeit war neben dem Domestikations-Aufsatz der 1940 in der Zeitschrift *Der Biologe* erschienene Text „Nochmals: Systematik und Entwicklungslehre im Unterricht“.[52] Er bezog sich auf einen Artikel von Ferdinand Roßner, Professor an einer Lehrerinnenbildungsanstalt in Hannover, der unter dem Titel „Systematik und Entwicklungsgedanke im Unterricht“ die Wichtigkeit der Systematik zum Verständnis der Rassenkunde betont und ausführlich die „kopernikanische Tat“ des Nationalsozialismus in Bezug auf Blut- und Rassenlehre erläutert hatte.[53]

Konrad Lorenz schienen diese Ausführungen nicht ganz ausreichend. In seiner Replik behauptete er, dass der Unterricht in Evolutionstheorie mit der „wahren Rassentheorie“ in Einklang stehe.[54] Man müsse davon ausgehen, dass die Unveränderlichkeit der Rasse reine Fiktion sei. Grundsätzlich täte ein rassenpolitischer Optimismus Not:

> „Im Besonderen hängt gegenwärtig die große Entscheidung wohl von der Frage ab, ob wir bestimmte, durch den Mangel einer natürlichen Auslese entstehende Verfallserscheinungen an Volk und Menschheit rechtzeitig bekämpfen lernen oder nicht.

Gerade in diesem Rennen um Sein oder Nichtsein sind wir Deutschen allen anderen Kulturvölkern um tausend Schritte voraus."[55]

Einmal mehr warnte Lorenz vor der Degeneration und vor dem seiner Meinung nach durch das Großstadtleben verursachten rassischen und moralischen Verfall.

„Wir müssen diese Folgerungen hier deshalb besprechen, weil die gewaltige Verantwortung, die sie uns aufbürden, offensichtlich den leichtfertigen Leugnern des Entwicklungsgedankens in keiner Weise bewusst ist. Auf der einen Seite winken schwindelnd hohe Ziele aufartender Höherentwicklung, von deren Höhe wir uns vielleicht grundsätzlich genau so wenig eine Vorstellung machen können, wie etwa irgendein theromorphes Reptil, das irgendwo in unserer Ahnentafel steht, die Gedankengänge *Kants* begriffen haben könnte. Auf der anderen Seite und leider in weit greifbarerer Nähe lauern Degeneration, durch das Großstadtleben verursachter rassischer und moralischer Verfall, Geburtenrückgang, Karzinom und Weltkapitalismus und unzählige andere volksfeindliche Kräfte. Beides verlangt aktivste Stellungnahme, verlangt *Taten* von uns, für beides aber muss derjenige blind bleiben, der an die Unveränderlichkeit der Rasse als ‚festes Formgesetz alles Lebendigen' glaubt."[56]

Es folgen Ausführungen über „den Wert des Entwicklungsgedankens in der weltanschaulichen Schulung", obwohl Lorenz eingestand, „dafür auch nicht ganz der richtige Mann" zu sein. Aber: „Immerhin habe ich Gelegenheit gehabt, den Entwicklungsgedanken sehr vielen, sehr verschiedenen und zum Teil auch sehr widerspenstigen Ohren zu predigen." Er wolle hier nur ganz schlicht seine eigenen Erfahrungen über die Beziehungen zwischen Entwicklungsgedanken und nationalsozialistischer Weltanschauung wiedergeben, und zwar aus seiner ständestaatlich geprägten Perspektive:

„Die paar Jahre katholischen Regimes waren uns allen sehr gesund! Man muss in der damaligen Zeit die typischen Argumente der Gegner gehört haben, um die grundsätzliche und ursächliche Verflochtenheit von Nationalsozialismus und Entwicklungsgedanken voll zu erfassen."[57]

Und Lorenz konnte in diese Verflochtenheit sogar ein christliches Gebot integrieren:

„Der wesentlichste ethische Wahrheitsgehalt des Christentums ist und bleibt der Satz ‚Du sollst deinen Nächsten lieben wie dich selbst', und gerade dieses Gebot ist die wichtigste und unabweislichste Folgerung des Entwicklungsgedankens: Da uns Rasse und Volk alles, der Einzelmensch so gut wie nichts ist, ist dieses Gebot für uns eine ganz selbstverständliche Forderung. Und wenn es für uns ein ethisches Gebot gibt: ‚Du sollst die Zukunft deines Volkes lieben über alles', so ersetzen wir dabei nur die höchste Auswirkung unseres seiner Schöpfung immanenten Schöpfers für das, was die Christen ‚Gott' nennen."[58]

Lorenz entsprach damit ganz und gar einem der Leitsprüche der Nationalsozialisten, nämlich: „Der Einzelne ist nichts, die Gemeinschaft ist alles." Angesichts solcher Textstellen scheint es unverständlich, wie Paul Leyhausen – ab 1941 Lorenz' Schüler – rückblickend über Lorenz schreiben konnte, dass solche Sprüche „ihm, dem Individualisten, ein Gräuel" gewesen seien. Und der Zeitzeuge Leyhausen meinte weiter über Lorenz' Haltung in dieser Zeit: „Das war alles nicht die Einstellung eines ‚Nazi'."[59] Seine Ausführungen im *Biologen* beendete Lorenz jedenfalls mit einem begeisterten Plädoyer für die Verbreitung des Darwinismus als Grundlage der nationalsozialistischen Weltanschauung:

„Zum Schluss sei noch einem nur zu oft *gehörten* Einwand begegnet: Niemand sage mir, die Erkenntnisse, deren Verbreitung ich hier anstrebe, seien ‚wissenschaftlich' und es sei unmöglich,

> sie in die breite Massen unseres Volkes zu tragen! Wenn es der Kirche möglich war, die verwickeltesten und unverständlichsten und noch dazu volksfremden Mythen bis ins letzte Bauernhaus zu tragen, so können wir doch unmöglich an der Aufgabe verzweifeln, die wenigen handgreiflichen Tatsachen ebenso weit zu verbreiten, von denen jedes aufgeweckte und unvoreingenommene Schulkind durch den einfachsten Anschauungsunterricht überzeugt werden kann. Noch weniger sage man, die Verbreitung dieser Tatsachenkenntnisse sei nicht wichtig. Durch sie wird die natürlichste und deshalb die verlässlichste Untermauerung für unserer Weltanschauung geschaffen!"[60]

Zusammenfassend lässt sich sagen, dass Lorenz die meisten seiner Behauptungen zum „Fluch der Domestikation" natürlich nicht nur aus seinen Forschungen ableitete. Sie gehen eindeutig auch auf den damaligen „Zeitgeist" zurück. Der Verhaltensforscher, der in seinen Artikeln und Vorträgen den „Menschen der Großstadt" als Inbegriff des „entarteten Typus" ansah, bewegte sich im Fahrwasser jener konservativ-faschistischen Kulturkritik, die damals prominente Intellektuelle wie Oswald Spengler oder Werner Sombart vertraten. Der französische Soziologe Pierre Bourdieu hat diesen Diskurs in seiner Analyse der Rhetorik Martin Heideggers, eines der führenden Exponenten dieses Denkens, folgendermaßen benannt:

> „Das ideologische Ausschlachten der Sehnsucht nach ländlicher Natur und das Unbehagen an der städtischen Kultur und Zivilisation beruht auf der stillschweigenden Gleichsetzung der Rückkehr zur Natur mit der Rückkehr zum Naturrecht, eine Gleichsetzung, die unterschiedlich vollzogen werden kann: in der Restaurierung der an die bäuerliche Welt gebundenen mystifizierten Verhältnisse patriarchalischen oder paternalistischen Typs, aber auch brutaler in der Berufung auf Unterschiede und

Triebe, die vorgeblich der Natur (und spezieller der animalischen Natur) universell eingeschrieben sind."[61]

Konrad Lorenz war eindeutig ein Propagandist der zweiten Version dieser Rückkehr. Für die Auseinandersetzung mit seinen Domestikations-Aufsätzen aus diesen Jahren gilt mit entsprechenden Abänderungen, was Bourdieu über Heideggers Schriften aus der NS-Zeit formuliert hat: Die Trennung von politischer und wissenschaftlicher Lektüre ist aufzugeben, zumal sich die Arbeiten gerade durch ihre Doppeldeutigkeiten auszeichnen. Im Fall von Lorenz vor allem durch die gut versteckten Übergänge zwischen tierpsychologischen Erkenntnissen, ideologischen Behauptungen und politischen Forderungen.

Lorenz selbst war damit auch ein typischer Exponent dessen, was im Nationalsozialismus als „politische Biologie" bezeichnet wurde. Er selbst verwischte in seinen Artikeln die Grenzen zwischen Biologie und Politik, zwischen Wissenschaft und Ideologie, und er hat seine „Erkenntnisse" dafür benützt, den nationalsozialistischen Entscheidungsträgern Hinweise zur Durchführung ihres rassenpolitischen Programms zu geben. Und er hat dieses Programm wissenschaftlich legitimiert.

7.
Am Lehrstuhl Immanuel Kants

Königsberg 1940 bis 1941

Der Erinnerung an Königsberg gewidmet sowie meinen Königsberger Freunden, vor allem Otto Koehler und Eduard Baumgarten." So lautet die Widmung des Buches „Die Rückseite des Spiegels", des erkenntnistheoretisch bedeutsamsten Werks von Konrad Lorenz, das er 1973 unmittelbar vor der Nobelpreisverleihung fertig stellte.[1] Die gedanklichen Grundlagen für dieses Werk wurden einige Jahrzehnte vorher in Königsberg – dem heutigen Kaliningrad – gelegt, mitten im Zweiten Weltkrieg. Lorenz' Aufenthalt in der damaligen Hauptstadt Ostpreußens markiert einen Höhepunkt in seiner Karriere. Das erste und einzige Mal in seinem Leben hatte er eine richtige Universitätsprofessur[2] inne – und das am halben Lehrstuhl von Immanuel Kant, der von 1724 bis 1804 in Königsberg gelebt und die Stadt auch zeit seines Lebens nie verlassen hatte.

Lorenz verbrachte nur gut ein Jahr in Königsberg, und zwar von Anfang September 1940 bis zum 20. Oktober 1941, als er zur Wehrmacht eingezogen wurde. Dennoch war diese kurze Zeitspanne eine der kreativsten seines Lebens: Der Professor für Psychologie arbeitete an der Albertus-Universität eng mit dem Philosophen Eduard Baumgarten zusammen. Diese intensive interdisziplinäre Kooperation über die „zwei Kulturen" der Geistes- und Naturwissenschaften hinweg führte vor allem auf Lorenz' Seite zu innovativen Arbeiten: Hier wurde jene evolutionäre Erkenntnistheorie vorweggenommen, mit der ein

Kreis von Lorenz-Schülern in den Siebziger- und Achtzigerjahren internationale Bekanntheit erlangte.

Mehr als drei Jahrzehnte nach seinem Königsberger Jahr meinte der Verhaltensforscher in einem Interview für das US-Nachrichtenmagazin *Newsweek*: „Der Krieg und Politik berührten uns in Königsberg so gut wie gar nicht."[3] Auch die Erinnerungen einiger Zeitzeugen scheinen diese Aussage zu untermauern.[4]

Wie aber war möglich, dass ein Wiener Universitätsdozent für „Zoologie mit besonderer Berücksichtigung der vergleichenden Anatomie und Tierpsychologie" gleich bei seiner ersten Berufung auf einem Lehrstuhl für Psychologie und noch dazu auf jenem von Immanuel Kant landete? War es einfach Zufall und eine Auszeichnung für Lorenz' außergewöhnliche wissenschaftliche Leistungen? Oder spielten gewisse politische Vorleistungen – seine hoch ideologischen Publikationen und seine Parteimitgliedschaft – dabei auch eine Rolle?

Seine Sicht der Berufung hat der Verhaltensforscher nicht nur einmal zum Besten gegeben – vielleicht auch deshalb, weil die von ihm erzählte und von seinen Schülern und Biografen gerne wiederholte Anekdote[5] mit den politischen Zeitläufen nicht allzu viel zu tun hatte. Demnach hatte der Philosoph Eduard Baumgarten (1898-1982) eine Professur in Königsberg erhalten, sich aber „vor dem Schlagschatten Immanuel Kants" (Lorenz) gefürchtet. Baumgarten habe Lorenz' Kollegen, den Göttinger Physiologen Erich von Holst, getroffen, und zwar in einem Kammerorchester, wo der Philosoph die Geige und der Physiologe aushilfsweise die Bratsche spielte. Lorenz:

> „Und da fragte der Baumgarten den Holst: ‚Sagen Sie, kennen Sie nicht einen Psychologen biologischer Prägung, der sich fürs Apriori [also für die Erkenntnistheorie Immanuel Kants; die Autoren] interessiert?' Und von Holst antwortete: ‚Sie werden

lachen, so einen singulären Vogel kenne ich, nämlich den Lorenz in Altenberg.' [...] Und sie brachten es fertig, mich nach Königsberg zu bringen."[6]

Weil die Geschichte so gut und unverfänglich klingt, findet sie sich fast wortwörtlich in allen Lorenz-Biografien – mit leichten Ausschmückungen zwar, aber im Kern immer gleichlautend.

Tatsächlich war die Angelegenheit wohl etwas komplizierter: Unmittelbar nach dem „Anschluss" Österreichs ans Dritte Reich im März 1938 begann sich zwischen der Universität Wien und der Albertus Universität in Königsberg ein eigentümliches Postenkarussell zu drehen. Hauptverantwortlich dafür zeichneten zwei Männer: Heinrich Harmjanz und Friedrich Plattner. Der in Königsberg habilitierte Volkskundler und SS-(Ahnenerbe-)Mann Harmjanz galt als mächtiger personalpolitischer Drahtzieher im Berliner Reichsministerium für Wissenschaft, Erziehung und Volksbildung. Er hatte insbesondere im Bereich der Geisteswissenschaften unumschränkt das Sagen.

Sein Pendant in Wien war Friedrich Plattner, ein in Innsbruck habilitierter Mediziner, der 1936 eine Professur für Physiologie in Königsberg erhalten hatte. Plattner wurde nach dem „Anschluss" Staatskommissär der Abteilung IV des Wiener Ministeriums für innere und kulturelle Angelegenheiten und nahm nach 1938 als berüchtigt „harter Nazifizierer"[7] entscheidenden Einfluss auf die Postenbesetzungen an der Wiener Universität. Plattner dürfte Lorenz zumindest über die nationalsozialistische Zeitschrift *Der Biologe* gekannt haben, die, wie bereits erwähnt, ab 1939 vom SS-Ahnenerbe herausgegeben wurde – unter Mitwirkung von 24 Fachleuten, zu denen auch „Dr. Lorenz, Wien" und „Minister Prof. Dr. Plattner, Wien" gehörten.

Der Austausch zwischen der „ostmärkischen" und der ostpreußischen Universität begann, als die Lehrkanzel für Psychologie, die aufgrund der Entlassung von Karl Bühler frei geworden war (und für die sich auch Konrad Lorenz interessiert hatte, siehe Kapitel 5), mit dem überzeugten Nationalsozialisten Gunther Ipsen besetzt wurde. Der gebürtige Innsbrucker hatte bis 1938 in Königsberg gelehrt und wurde mit Wirkung vom 1. April 1939 zum ordentlichen Professor für Philosophie und Volkslehre sowie zum Direktor des Psychologischen Instituts der Universität Wien ernannt.[8] In unmittelbarem Zusammenhang mit der Berufung Ipsens nach Wien erfolgte eine zweite Neubesetzung: Auch der Philosoph Arnold Gehlen, bis dahin ebenfalls Professor in Königsberg, kam an die Alma Mater Rudolphina, um die Nachfolge des Philosophieprofessors Robert Reininger anzutreten, der 1939 emeritiert worden war.[9]

Da man in Wien zwei Ordinariate – zum Teil gegen den Widerstand der Fakultät – mit Wissenschaftlern aus Königsberg besetzt hatte, waren an der Albertus-Universität zwei Professuren vakant. Zur Nachfolge Gehlens wurde nach einigem Hin und Her[10] der Göttinger Philosophie-Dozent Eduard Baumgarten bestellt, ein Neffe des berühmten deutschen Soziologen Max Weber. Baumgarten, Fachmann für den US-amerikanischen Pragmatismus, eine von John Dewey und William James mitbegründete sozialphilosophische Denkrichtung, war für die Nachfolge von Ipsen an die erste Stelle gesetzt worden. So bekam er auch die Verantwortung übertragen, sich für die Besetzung des zweiten Lehrstuhls nach einem geeigneten Psychologen umzusehen.

Im Frühjahr 1940 traf Baumgarten tatsächlich den Physiologen Erich von Holst in Göttingen, konfrontierte ihn mit seinem „Besetzungsproblem" – und von Holst nannte wirklich Konrad Lorenz, laut Baumgarten mit den Worten: „Sind Sie mit Blindheit geschlagen?"[11] Der Philosoph war bereits im

Frühjahr 1939 im Rahmen einer Lehrveranstaltung auf Arbeiten von Konrad Lorenz gestoßen und hatte über ihn sogar schon referiert. Baumgarten kontaktierte daraufhin den Königsberger Zoologen Otto Koehler. Dieser kannte Lorenz bereits seit einigen Jahren und zeigte sich begeistert über diese Idee. Auch der Dekan der Philosophischen Fakultät sagte Unterstützung für den unkonventionellen Berufungsvorschlag zu, worauf Baumgarten den völlig überraschten Lorenz kontaktierte und ihn im Sommer 1940 in Altenberg besuchte. Zuvor hatte er noch bei Heinrich Harmjanz im Berliner Ministerium die Zustimmung für seinen Plan eingeholt, das Philosophische Institut der Universität in zwei Abteilungen zu führen: dem Philosophischen Seminar (Abteilung I) und dem Institut für vergleichende Psychologie (Abteilung II).[12]

Nach Verhandlungen mit Harmjanz am 30. August 1940 in Berlin erhielt Lorenz von diesem ein Schreiben, in dem der Verhaltensforscher ersucht wurde, „vom 3. Trimester 1940 ab den, durch das Ausscheiden des Professors Dr. Ipsen in der Philosophischen Fakultät der Universität Königsberg frei gewordenen, Lehrstuhl für Psychologie vertretungsweise wahrzunehmen".[13] Im Eignungsbericht von Harmjanz heißt es lakonisch:

> „Dozent Dr. Konrad Lorenz ist zugleich Mediziner und Psychologe. Er ist international bekannt durch seine Forschungen, besonders auf dem Gebiet der Tierpsychologie. Ich halte ihn für die Ernennung zum ordentlichen Professor für geeignet und würdig."[14]

Am 25. Februar 1941 wurde Lorenz schließlich mit Wirkung vom 1. Januar offiziell zum ordentlichen Professor ernannt, „mit der Verpflichtung, die Psychologie in Vorlesungen und Übungen zu vertreten". Gleichzeitig übertrug man ihm die Leitung des Psychologischen Instituts der Universität Königsberg.[15]

Hätte Lorenz diese ordentliche und renommierte Professur auch ohne politische Vorleistungen erhalten? Eduard Baumgarten meinte – vierzig Jahre später –, dass bei Lorenz' Berufung die Frage „Parteimitglied oder nicht?" keine Rolle gespielt habe:

> „Ich kann mich nicht erinnern, dass wir bei meinem Besuch in Altenberg auch nur am Rande diese Frage berührt hätten. Wir sprachen sofort miteinander über die sachlichen Aufgaben und Ziele des neuen, gemeinsam zu gründenden Instituts [...]. Ob Ministerialrat Harmjanz in Berlin bei den Berufungsverhandlungen Lorenz über Parteizugehörigkeit usw. befragt hat, weiß ich nicht. Ich weiß nur, dass an einer etwaigen negativen Antwort Harmjanz die Berufung nicht hätte scheitern lassen; er war viel zu stark sachlich an dem Königsberger Plan als solchem interessiert; und in Formalien war er alles andere als ein Pedant."[16]

Erstberufungen von Nicht-Parteigenossen wie jene Hans-Georg Gadamers, der 1938 zum Professor für Philosophie in Leipzig ernannt worden war, zählten ab Ende der Dreißigerjahre allerdings zur absoluten Ausnahme in der nationalsozialistischen Personalpolitik. Wie sehr für den engagierten Nationalsozialisten Harmjanz[17] fachliche Qualitäten ausschlaggebend waren, muss offen bleiben. Aus Lorenz' Berufungsakten geht jedenfalls hervor, dass alle Tätigkeiten für die Partei genau registriert wurden – so seine Mitgliedsnummer (6,170.554) und das Datum des Parteieintritts (28. Juni 1938). Außerdem findet sich unter der Rubrik „Ämter in der Partei" der Vermerk, dass er „Mitarbeiter des Rassenpolitischen Amtes mit Redeerlaubnis" sei. Wie und wann ihm dieses „Privileg" zuteil wurde, ist unbekannt. Wie sich aus den bürokratischen Briefwechseln ersehen lässt, wurde aber auch nachgefragt, ob Lorenz den Eid auf den Führer abgelegt habe – was von der Universität Wien prompt bestätigt wurde.[18]

Baumgartens Idee, den verwaisten Lehrstuhl mit Lorenz zu besetzen, war gewiss nicht politisch, sondern rein wissenschaftlich motiviert. Ob Lorenz aber ohne seine politischen Vorleistungen und Kontakte (NSDAP-Mitgliedschaft, Mitarbeit an den Zeitschriften *Der Biologe* und *Zeitschrift für Tierpsychologie*, einschlägige psychologische Publikationen mit NS-Ideologie und dem Hinweis auf die praktische Verwertbarkeit seiner Forschungen) berufen worden wäre, scheint fraglich.

An der Universität Königsberg wurde Lorenz' Berufung entgegen anders lautenden Behauptungen[19] von der Fakultät anscheinend gutgeheißen. So gab zumindest der Philosoph Eduard Baumgarten an, im September 1940 diesbezüglich ein Schriftstück verfasst zu haben, das vom Dekan Ziesemer ausdrücklich befürwortet worden sei.[20] Andere deutschsprachige Humanpsychologen dürften weniger begeistert gewesen sein. Wirksam wurde der Widerstand der Humanpsychologen gegen den tierpsychologischen Kuckuck, den man ihnen da ins Nest setzte, allerdings erst nach 1945 (siehe Kapitel 10).

Konrad Lorenz traf wenige Tage nach den Verhandlungen mit Harmjanz Anfang September 1940 in Königsberg ein. Mit dabei hatte er mehrere Kisten mit lebenden Enten, die im Königsberger Zoo untergebracht wurden. Zum Gepäck zählten außerdem Milchkannen voll Cichliden (Buntbarschen), für die er in den rasch ausgeräumten Zimmern des Philosophischen Instituts Aquarien errichtete.[21] Einen Monat später berichtete Lorenz in einem Brief an Erwin Stresemann von den Fortschritten seiner Arbeiten an der neuen Wirkungsstätte:

> „Meine erste Entensendung ist schon ohne Verlust hier eingewöhnt, Haltungsbedingungen erstklassig, ich habe schon neue Mandarinenten *gekauft*, was doch sicher ein Symptom für Enten-Optimismus ist. […] Für Sondergehege und Züchten steht

mir der Garten des Zoologischen Institutes zur Verfügung, in dem ich auch Kleinvogelvolieren bauen darf. [...] Wie Sie sehen, bin ich tüchtig bis zur Unkenntlichkeit. [...] Ich werde hier alle Gewässer, Schlossteich, Oberteich, Hammerteich und noch weitere öffentliche Anlagen, die nur dünn beschwant (höcker) sind, allmählich mit Graugänsen ‚überziehen', Wege zur Stadtverwaltung sind leicht gangbar."[22]

Was war das für eine Stadt, fast 1000 Kilometer nordöstlich von Wien, in die es Konrad Lorenz verschlagen hat? Aufgrund ihrer exponierten Lage galt die Provinz Ostpreußen als der nordöstliche Eckpfeiler Großdeutschlands und seine Hauptstadt Königsberg als die „äußerste Hochburg des Deutschtums am Baltischen Meer". In den Dreißigerjahren des 20. Jahrhunderts zählte die Stadt mehr als 300.000 Einwohner und war ein traditionsreiches kulturelles und geistiges Zentrum: Die Albertus-Universität bestand schon fast 400 Jahre lang, als Lorenz einer ihrer Professoren wurde. Ihr größter Gelehrter war ohne Zweifel der Philosoph Immanuel Kant, ab 1780 als Professor in Königsberg tätig.

Immanuel Kant wurde gemeinsam mit Nikolaus Kopernikus, einem anderen großen Wissenschaftler des „deutschen Ostens", Anfang der Vierzigerjahre eine besondere Ehrung zuteil: Die Aula wurde durch beider Büsten geschmückt, zwischen ihnen befand sich ein Standbild Adolf Hitlers. „Damit kommt der Wille der Universität zum Ausdruck, in der nationalsozialistischen Weltanschauung einen geistigen Umbruch zu begreifen, wie er nur der Tat eines Kopernikus und eines Kant entsprechen konnte. Dieser Dreiheit soll die Arbeit der Albertina verpflichtet sein", schrieb ein Universitätshistoriker in diesen Jahren.[23] Die Albertus-Universität, an der Lorenz nun seine Professur antrat, war also nicht irgendeine deutsche Hochschule. Tatsächlich stand sie im Ruf einer besonders politisierten Universität, wie auch im Hochschulführer des Jahres 1940/41 offen eingestanden wurde:

> „Wir wollen es doch einmal ganz klar aussprechen. Manchem Studenten hat man gesagt: ‚Studiere bloß nicht in Königsberg! Dort gibt's nur Dienst in den Kameradschaften. Dort musst du nur Politik treiben und kannst deine Wissenschaft an den Nagel hängen! Dort spricht man nur von Antreten, von Marschieren, von Pflicht und Zwang, von Einsatz und politischer Erziehung!' – Ja, meine Kameraden, wir leben aber auch in der Stadt eines Kant und seines Imperativs!"[24]

Vom Ruf dieser Universität berichtete auch Paul Leyhausen, der als 25-jähriger Student 1941 nach Königsberg kam, dort eng mit Lorenz zusammenarbeitete und darüber zwei Berichte verfasste, die das Bild eines unpolitischen Forschers zeichnen.[25] Sich selbst nahm Leyhausen von der universitären Politisierung zwar aus – seinen Professor als Teil des Lehrkörpers aber nicht unbedingt:

> „Damals sagte man in Studentenkreisen, es gebe drei Universitäten im Reich, auf denen man dem Druck des NS-Studentenbundes ganz besonders ausgesetzt sei: Bonn, Erlangen und Königsberg. In Bonn, meiner Heimatstadt, hatte ich mein Studium begonnen. Königsberg war dagegen eine liberale Oase. Der politische Einfluss war innerhalb der Universität im Alltagsbetrieb der Naturwissenschaften zumindest für die älteren Semester kaum spürbar. Für Erstsemester wie auch den Lehrkörper mag das anders ausgesehen haben, ich hatte da kaum einen Einblick."[26]

Hat nun dieses spezifische Königsberger Klima Lorenz in seiner Lehr- und Forschungstätigkeit beeinflusst? Wurde er mit seinen Arbeiten noch „ideologischer", als er es ohnehin schon war? Oder hat er mit der Professur sein Ziel erreicht und konnte sich nun wieder ganz der Wissenschaft widmen?

Das Jahr in Königsberg war zweifellos eines der produktivsten des frisch gebackenen Professors. Er hatte einerseits Lehrveranstaltungen zu entwickeln, andererseits schrieb er an neuen, grundlegenden Texten. Bereits im ersten Trimester hielt Lorenz gemeinsam mit Eduard Baumgarten ein Seminar über das Buch „Human Nature and Conduct" (1922) des Philosophen John Dewey ab.[27] Im Jahr 1941 folgte eine Vorlesung zum Thema „Was es so alles gibt", in der Lorenz seinen vor allem geisteswissenschaftlichen Hörern biologische Fragen rund um das Leben erläuterte. In einem weiteren Seminar mit Eduard Baumgarten ging es um das damals eben erschienene Buch „Der Mensch" von Arnold Gehlen, der sowohl von Lorenz wie auch von Baumgarten geschätzt wurde.[28]

Die Zusammenarbeit mit Baumgarten erwies sich für den „biologischen Psychologen" Lorenz allem Anschein nach als besonders anregend. Wie Otto Koehler später meinte, wurde an diesem interdisziplinären Doppelinstitut eine „große Bresche in die Chinesische Mauer zwischen Natur- und Geisteswissenschaften" geschlagen.[29] Allerdings gab den Anstoß dazu vor allem der Biologe, der menschliches Verhalten in Analogie zum tierischen deutete. Die Königsberger Psychologiestudenten mussten demgemäß vor allem auf Tierbeobachtungen umsatteln. Und es kam auch vor, dass sie mit ihrem Professor einem Wildeber nachjagten, den eine auf das Zoogehege gefallene Bombe befreit hatte. Lorenz' Kolleg wurde laut Zeugenberichten von immer mehr Hörern auch aus anderen Fakultäten besucht.[30] Kennzeichnend für seine Engführung von Tier- und Humanpsychologie war Lorenz' kategorische Antwort auf die Frage seines Studenten Paul Leyhausen im Jänner 1941, ob an seinem Institut auch eine tierpsychologische Arbeitsmöglichkeit bestehe[31]: „Es gibt nur eine Psychologie!"

War in der Geburtsstadt des kategorischen Imperativs tatsächlich nur noch „reine“ wissenschaftliche Arbeit und keine Politik mehr angesagt? Die Auskünfte darüber sind spärlich und stammen vor allem von Personen, die nach 1945 wenig Interesse hatten, sich selbst oder Lorenz in einem zweifelhaften Licht zu präsentieren. Wie der bereits über-80-jährige Eduard Baumgarten, der Lorenz 1940 nach Königsberg geholt hatte, spielten sie mögliche politische Verbindungen herunter.

Der Philosoph und spätere Soziologe Baumgarten, der kurz vor seinem Tod noch an einem Buch arbeitete, in dem er seine Erfahrungen in der NS-Zeit darstellen wollte, hatte Lorenz als „Mann mit einer Botschaft“ kennen gelernt. Ein missionierendes Element inmitten seiner wissenschaftlichen Forschungen und Entdeckungen, so Baumgarten, sei schon in Lorenz' ersten Briefen an ihn „stürmisch hervorgetreten“. Damit war aber laut Baumgarten ab Herbst 1940 Schluss: „In Königsberg hatte Lorenz zum Predigen keine Zeit mehr. Er musste sich in sein neues Fach […] einarbeiten: ‚Allgemeine vergleichende Psychologie‘.“[32] Auch ein Brief von Lorenz an seinen Mentor Erwin Stresemann von Ende Januar 1941 spricht eine ähnliche Sprache: „Bitte, ich arbeite, seit ich hier bin, täglich bis in die Tiefe der Nacht unter starker kombinierter Pyramidon- und Coffeinwirkung an der Arbeit und träume nachts von balzenden Erpeln.“[33]

Von intensiver wissenschaftlicher Tätigkeit sprach auch Otto Koehler, seines Zeichens Lorenz' zoologischer Fach- und Königsberger Professorenkollege. In einem Gutachten, das er knapp ein Jahrzehnt nach dem Königsberger Jahr über Konrad Lorenz erstellte, hielt Koehler fest, dass er nicht wisse, ob Lorenz der NSDAP angehört habe; jedenfalls habe er ihn nie mit dem Parteiabzeichen gesehen. Sicher aber wisse er, dass Lorenz „niemals mit Parteidingen zu tun hatte, vielmehr hat er ausschließlich, und geradezu fanatisch gearbeitet". Die Einrichtung des Psychologischen Instituts Königsberg mit Aquarien für seine Cichlidenstudien, die Fortführung seiner Entenstudien im Königsberger Zoo, die Anleitung mehrerer Doktoranden, die völlige Neugestaltung des Unterrichts, all das habe ihn so stark in Beschlag genommen, „dass ihm niemand etwas hätte abgewinnen können, das außerhalb seiner Arbeit lag. Nicht einmal wissenschaftliche Vorträge nahm er an". Außerdem seien ihm die wenigen Male, „die wir über die Tagesfragen, den Krieg und Ähnliches gesprochen haben", deutlich in Erinnerung. Lorenz habe die Nazipropaganda „derart verachtet, dass er 's nicht wert hielt, auch nur ein Wort darüber zu verlieren".[34]

Mit seinem Studenten Paul Leyhausen hat Lorenz immerhin über Politik gesprochen – aber angeblich vor allem kritisch gegenüber den Nationalsozialisten. Laut Leyhausen sei Lorenz schon weitgehend desillusioniert gewesen, als er ihn 1941 kennen gelernt habe:

> „Er teilte herzlich meine Abscheu vor Göbbels, Rosenberg („Der Mythos des Zwanzigsten Jahrhunderts") und Julius Streicher (Herausgeber des berüchtigten antisemitischen Hetzblattes *Der Stürmer*), hoffte aber immer noch, dass Hitler selbst einsichts- und lernfähig sei. […] Über alle diese Dinge sprachen wir sehr offen miteinander. Eines jedenfalls weiß ich daher ganz sicher: Wäre Lorenz ein Gesinnungsnazi gewesen, so hätte ich wohl kaum weiterstudieren können."[35]

Aus den bisherigen Einschätzungen ergibt sich das Bild eines Wissenschaftlers, der durch Zufall und auch durch die Erfüllung gewisser politischer Vorbedingungen eine Professur in der ostpreußischen Hauptstadt erhielt. Dort hat er aber nahezu ausschließlich geforscht und gelehrt. Für öffentliche Auftritte oder zum Politisieren blieb anscheinend kaum Zeit.

Stimmt diese Darstellung? Oder haben sich die Dinge in ganz anderer Art ereignet? Zumindest ein Königsberger trübt das oben gezeichnete Bild erheblich: Der Musiker Michael Wieck, der sich selbst als „Geltungsjuden" bezeichnete, formulierte 1988 in seinem „Zeugnis vom Untergang Königsbergs" heftige Kritik an Lorenz. Nach der Wiedergabe umfangreicher Zitate aus Lorenz' „Domestikationsaufsatz" aus dem Jahr 1940 kommt er zum Schluss, dass der Autor 1940 doch „gewusst haben musste, wozu er anstiftete".[36]

> „Außerdem dürfte die symbolische Eindringlichkeit der Königsberger Synagogenruine ja nicht ausgerechnet dem Professor für Humanpsychologie dieser Stadt entgangen sein. Jedes Königsberger Kind wusste damals, dass sich die von ihm für gut befundene Rassenpolitik gegen Juden, Zigeuner, Neger, Slawen, Volksfeinde (Oppositionelle), Behinderte und Asoziale richtete."

Entsprechend unerbittlich fällt die Einschätzung des Königsberger Zeitzeugen aus: „Unter den von Konrad Lorenz später kritisierten vielen ‚Todsünden' der Menschheit vergaß er leider, eine der allerschlimmsten zu erwähnen – den über Leichen gehenden Opportunismus."[37]

Zur Rechtfertigung von Lorenz kann angeführt werden, dass er seinen Aufsatz über die „domestikationsbedingten Störungen arteigenen Verhaltens" mit seinen rassehygienischen Vorschlägen rund ein Jahr vor seiner Übersiedlung nach Königsberg abschloss. Entgegen Koehlers Behauptung war es jedoch mit den öffentlichen Vorträgen nach der Übersiedlung nicht vorbei: Gleich als „erster Redner des Winters" referierte der Neo-Psychologe Lorenz am 31. Oktober 1940 in der 193. Sitzung der altehrwürdigen Physikalisch-Ökonomischen Gesellschaft, vor der er auch schon zwei Jahre zuvor gesprochen hatte. Wieder stand sein Lieblingsthema im Mittelpunkt, die domestikationsbedingte Degeneration von Tier und Mensch, diesmal unter dem Titel „Haustier und Zivilisationsmensch". Über diesen Vortrag berichtete auch wieder die NS-Zeitschrift *Der Biologe*. Nach Darlegung seiner Ausgangsthese („Die Bedingungen, die die Zivilisation im Leben des Menschen hervorbringt, haben äußerst ähnliche Wirkung wie jene, in die der Mensch seine Haustiere gebracht hat") erklärte Lorenz den von Oswald Spengler beschriebenen Niedergang von Kulturvölkern mit den durch die Zivilisation verursachten Verfallserscheinungen:

> „Das Zugrundegehen von Kulturvölkern, die das Stadium der Zivilisation erreicht haben, wie es in der bisherigen Weltgeschichte regelmäßig eintrat, hat seine Ursachen in eben dieser ‚Korruption': Die durch domestikationsbedingte Störungen arteigenen Verhaltens in der Raumkonkurrenz mit Artgenossen besonders erfolgreichen asozialen Elemente durchdringen und zerstören den noch gesunden Volkskörper aus durchaus gleichen biologischen Gründen wie eine Krebsgeschwulst den Menschenkörper."[38]

Die wissenschaftspolitische Schlussfolgerung ergab sich von selbst: „Ursächliche Erforschung der Domestikationsfolgen im Tierversuch kann vielleicht die Mittel liefern, die katastrophalen Zivilisationsfolgen an unserem eigenen Volk weltgeschichtlich erstmalig zu verhindern."[39]

Dieser Vortrag wurde nicht nur in der einschlägigen Fachzeitschrift wahrgenommen. Auch in der *Königsberger Allgemeinen Zeitung* vom 2. November 1940 findet sich ein Bericht über den ersten öffentlichen Vortrag von Lorenz nach dessen Übersiedlung. Das Resümee des Berichterstatters fällt in der gleichgeschalteten Tageszeitung eindeutig aus:

> „Kampfgeist und Mutterliebe, die Charaktereigenschaften, die zur Erhaltung der Art nötig sind, gehen durch die Zivilisa-

tion nicht nur beim Tier, sondern *auch beim Menschen verloren.* Deshalb darf man ohne weiteres Vergleiche ziehen. Die Rassenpolitik weiß, dass das ewige Auf und Ab, das Blühen und Verfallen der Kulturen, auf das satte Ausruhen der Siegervölker zurückzuführen ist. Heute erforscht der Biologe bewusst und wissenschaftlich genau die Ursachen dieser Erscheinungen."[40]

Einige Wochen später hielt Lorenz seinen nächsten Vortrag – diesmal mit Eduard Baumgarten in der Königsberger Kant-Gesellschaft, dem elitären und traditionsreichen Intellektuellenzirkel der Stadt. Die beiden Teile des Doppelvortrags trugen die Titel „Kant'sche Entdeckungen im Lichte der gegenwärtigen Biologie" (Lorenz) sowie „Kants Lehre von der Person" (Baumgarten). Lorenz' Vortrag wurde einige Monate später in den *Deutschen Blättern für Philosophie* publiziert.[41] Diese erste Veröffentlichung der späteren „evolutionären Erkenntnistheorie" fand breite Anerkennung – unter anderem beim Physiker Max Planck, der kurz danach und unabhängig von Lorenz ganz ähnliche Thesen veröffentlichte.[42]

In der vom protestantischen Geist geprägten Kant-Gesellschaft hatte Lorenz – in Königsberg Biologe, Psychologe und Erkenntnistheoretiker in einer Person – selbstverständlich mit einigem Widerstand zu rechnen und manche Dispute durchzustehen.[43] Seine neue Autorität als Professor und die politische Förderung biologistischer Anschauungen trugen dazu bei, dass Lorenz mit seinen Interpretationen philosophischer, psychologischer und soziologischer Fragen immer weiter ging. War diese „Biologisierung" im Fall der Erkenntnistheorie politisch schwer zu instrumentalisieren, nahm sie im Fall der Psychologie Formen an, die es späteren Kritikern sehr leicht machten: Lorenz selbst war es, der die „biologische Wende" der Psychologie mit der Rassenpolitik verband – so in einem in Königsberg verfassten Artikel zum 70. Geburtstag seines Unterstützers und Wegbereiters Oskar Heinroth. Darin heißt es:

> „Wenn je die Seelenkunde zu einer im wahren Sinne des Wortes biologischen Wissenschaft werden soll, wird man sich an den Gedanken gewöhnen müssen, dass Gesetzlichkeiten, die am Tiere in einfacherer Ausprägung der Analyse zugänglich sind, für den Menschen ebenfalls gelten.“[44]

Unmittelbar danach blickt Lorenz in die Zukunft und streicht die Bedeutung seines Zugangs heraus – und auch seine rassenpolitische Wichtigkeit:

> „Wir wagen getrost die Voraussage, dass auch in der Psychologie in Bälde die Gesetze des angeborenen Verhaltens, die für die tiefsten Schichten der menschlichen Persönlichkeit maßgebend sind, mit derselben Selbstverständlichkeit an Tieren untersucht werden, mit der man heute schon Entsprechendes in der Genetik tut. Ebenso wagen wir die Voraussage, dass diese Untersuchungen sowohl für theoretische wie für praktische rassenpolitische Belange fruchtbar sein werden.“[45]

Am Ende dieses kurzen Textes kommt der Königsberger Bio-Psychologe darauf zu sprechen, dass der 70. Geburtstag von Heinroth am 1. März 1941 und die offizielle Gründung von Lorenz' eigenem Institut[46] nur um wenige Tage auseinander lagen:

> „Wir wollen es als ein gutes Omen für die neue Forschungsrichtung betrachten, dass der 70. Geburtstag ihres Urhebers fast auf den Tag mit dem Datum zusammenfällt, an dem der Reichsminister für Wissenschaft, Erziehung und Volksbildung an der Albertus-Universität in Königsberg ein Institut für vergleichende Psychologie gegründet hat, dessen Aufgabe in allererster Linie die Untersuchung jener Gesetzlichkeiten tierischen und menschlichen Seelenlebens ist, für deren Existenz uns Heinroth die Augen geöffnet hat.“[47]

Eine Bestätigung dieser Vorhersagen „in eigener Sache" leistete Lorenz dann mit einem anderen umfangreichen Artikel, den er ebenfalls in Königsberg fertig stellte, der allerdings erst 1943 im Sammelband „Evolution der Organismen" veröffentlicht wurde. Dieses umfangreiche Werk, vom Haeckelianer Gerhard Heberer herausgegeben, stellte eine Mischung aus respektabler Wissenschaft und damals üblichen ideologischen Anbiederungen ans Regime dar.[48] Genau das war auch in Lorenz' Beitrag „Psychologie und Stammesgeschichte"[49] der Fall, in dem er all die Themen nochmals aufbereitete, die er seit 1938 immer wieder in neuen Variationen behandelt hatte: die „Analyse der Instinktbewegung", die „spezielle Phylogenetik der Ausdrucksbewegungen", die „Genetik angeborener Verhaltensweisen" und letztendlich „Haustierforschung und Zivilisationsprobleme" (so die Kapitelüberschriften). In diesem letzten Abschnitt bemüht er abermals die Metapher vom Krebs, und wieder nennt er angebliche Domestikationsphänomene als Grund für den Untergang von Zivilisationen:

> „Die Verfallstypen durchsetzen Volk und Staat dank ihrer größten Vermehrungsquote [...] in kürzester Zeit und bringen beiden aus analogen biologischen Gründen den Untergang, aus denen die ebenfalls ‚asozialen' Zellen einer Krebsgeschwulst das Gefüge des Zellenstaates zugrunde richten. Keine unentrinnbare ‚Logik der Zeit' bringt das ‚Altern' der Kulturnationen mit sich, wie Spengler meinte, sondern höchst fassbare, dem Experiment zugängliche, und somit sicher bekämpfbare Umweltfaktoren. Die rassenpolitische Notwendigkeit ihrer sofortigen genauen Erforschung liegt auf der Hand."[50]

Unmittelbar danach gesteht Lorenz ein, dass er in seinem Domestikationsartikel aus dem Jahr 1940 „ausschließlich von den *Gefahren* gesprochen habe, welche die Domestikationserscheinungen für die Kulturmenschheit bedeuten". Um gewissen

Missverständnissen zu begegnen, wolle er nun klarstellen, dass „wir unserer Zivilisation" auch sehr positive Merkmale, ja „die Menschwerdung" zu verdanken haben.[51] Trotz dieses Zugeständnisses und einer gewissen Entschärfung seiner Thesen aus dem Jahr 1940 bleiben die Behauptungen und Forderungen eindeutig. Und wäre es nur die Terminologie gewesen, die Lorenz später entschärfen wollte, hätte er seinen Beitrag für die 1954 erschienene zweite Auflage des Sammelbands nicht so sehr umschreiben müssen, wie er es letztlich tat.[52]

Neben diesen Artikeln für ein wissenschaftliches Fachpublikum gab es im Königsberger Jahr aber auch immer wieder Kontakt zur breiteren Öffentlichkeit, etwa im Rahmen von Vorträgen, durch Berichte über diese Vorträge oder in Interviews. Dabei tat sich besonders die *Preußische Zeitung (PZ)* hervor, das lokale Parteiblatt, das Mitte Februar 1941 aus Anlass seiner offiziellen Bestellung ein „PZ-Gespräch mit Professor Lorenz" brachte.[53] Darin war vor allem von der großen rassenpolitischen Relevanz von Lorenz' tierpsychologischen Beobachtungen an Enten die Rede. Für den Menschen ergebe sich daraus die wichtige Frage, welche seiner Eigenschaften angeboren und welche durch Erziehung beeinflussbar seien. Und das wiederum verspreche Aufklärung über die „Ursachen mancher bedrohlicher Verfallserscheinungen im Verhalten zivilisierter Menschen" und in Fragen der „rassischen Auslese". Grundsätzlich seien Lorenz' Forschungen von „größter Bedeutung für die wissenschaftliche Unterbauung der Pflege unserer heiligsten rassischen, völkischen und menschlichen Erbgüter". Eineinhalb Monate später, Anfang April 1941, hatte der Tier- und Humanpsychologe seinen nächsten öffentlichen Auftritt: Im – laut *Preußischer Zeitung* – bis auf den letzten Platz gefüllten Vortragssaal des Zoologischen Museums in Königsberg referierte Lorenz vor den Mitgliedern des Reichsbundes der Vereine für Aquarien- und Terrarienkunde. Im Dezember 1941 schließlich berichtete das Provinzblatt in aller Ausführlichkeit über die Vortragsreihe „Zur Theorie der menschlichen Natur" in der Königsberger Kant-Gesellschaft und ging dabei auch auf die politischen Aspekte der Zusammenarbeit zwischen Lorenz und dem Philosophen Baumgarten ein. In ihrem „in Deutschland einmaligen Institut" werde die Annäherung von Biologie und Philosophie gefördert, was die Grundlagen der biologischen Denkweise festige. Und gerade Lorenz' Domestikationsforschung finde bereits Anwendung auf den Menschen.[54]

Alles in allem scheint der Wissenschaftler Konrad Lorenz mit seinen Königsberger Arbeiten nicht unbedingt ein Gegenbeispiel für das gewesen zu sein, was im „Hochschulführer der Universität Königsberg" für das Jahr 1941 als das Zusammenfallen von Ideologie und Wissenschaft beschrieben wurde:

> „Wozu soll man aber Gegensätze zwischen politischem Dienst und dem Dienst an der Wissenschaft konstruieren, wo es gar keine Gegensätze gibt! Weltanschauung und Wissenschaft sind uns nicht mehr Begriffe auf verschiedenen Ebenen, sondern die Weltanschauung ist uns Zentralpunkt und Achse jeglicher Arbeit. Es genügt nicht, dass wir an den Rock der Wissenschaft ein Parteiabzeichen anheften und dann sagen: Jetzt sind wir gedeckt, jetzt sind wir ausgerichtet … und die Arbeit geht im alten Stil weiter. Nein, die Weltanschauung hat uns immer neu Motor und Antrieb zu sein! Es gibt keine Wissenschaft als Selbstzweck."[55]

8.
Als Arzt und Psychologe im Krieg

Posen 1941 bis 1944

Im Herbst 1941 wurde ich als Arzt in die Deutsche Wehrmacht eingezogen. Ich war glücklich, eine Anstellung in der Abteilung für Neurologie und Psychiatrie im Spital von Posen zu erhalten. Obwohl ich nie als Arzt praktiziert hatte, wusste ich genug über das Nervensystem und Psychiatrie, um meinen Posten auszufüllen. Ich hatte abermals Glück, auf einen guten Lehrer zu treffen: Dr. Herbert Weigel, einer der wenigen Psychiater der Zeit, der die Psychoanalyse ernst nahm. Ich hatte die Gelegenheit, aus erster Hand Wissen über Neurosen – im Speziellen über Hysterie – zu erhalten, und über Psychosen – speziell Schizophrenie. Im Frühling 1942 wurde ich an die Front geschickt."[1]

Mit diesen Zeilen fasste Konrad Lorenz seine Zeit als Soldat und Arzt in der Deutschen Wehrmacht zusammen. Sie stammen aus jenem längeren autobiografischen Text, den der Forscher im Jahr 1973 anlässlich der Verleihung des Nobelpreises verfasste. Und dieser enthält – zumindest in der allgemein zugänglichen Internet-Version[2] – einen Fehler, der symptomatisch scheint für Lorenz' Umgang mit dieser Zeit: Tatsächlich war der Professor für Psychologie der Universität Königsberg nicht bis Frühling 1942 in Posen tätig, sondern bis April 1944 – und zwar nicht nur als Militärpsychiater, sondern auch als Heerespsychologe und im Rahmen einer völkerpsychologischen Studie. Eben diese Tätigkeit als angewandter Psychologe hat in den vergangenen Jahren die Diskussion um Konrad Lorenz' Vergangenheit wieder entfacht: Lorenz habe damals, so der Vorwurf der Biologie-Historikerin Ute Deichmann, an einer psychologischen Untersuchung an 877 Personen mitgewirkt. Die vom Völkerpsychologen Rudolf Hippius geleitete Studie stand laut Deichmann im Einklang mit etlichen rassenhygienischen Behauptungen und Forderungen von Konrad Lorenz.[3]

Er selbst hat über diese Untersuchung nach 1945 nie ein Wort verloren und über seinen mehr als zweieinhalb Jahre dauernden Aufenthalt in Posen immer nur in Andeutungen gesprochen.[4] Nunmehr sind einige neue Briefe und Heeresdokumente zugänglich, die es möglich machen, ein etwas detaillierteres Bild von der Tätigkeit des Königsberger Psychologie-Professors für die Deutsche Wehrmacht zu gewinnen.

Diese hatte am 22. Juni 1941 die Grenze des geteilten Polen überschritten und war in die Sowjetunion eingedrungen („Aktion Barbarossa"). Der Bedarf an Soldaten stieg, und so kam es, dass Konrad Lorenz im Herbst 1941, ebenso wie sein Kollege von der Philosophie, Eduard Baumgarten, vom Mobilmachungsplan erfasst und am 20. Oktober, kaum ein Jahr nach seiner Berufung als Professor in Königsberg, zum Kriegsdienst eingezogen wurde. Obwohl Lorenz sich als Doktor der Medizin bereits 1939 in einem Unfallspital in Wien auf einen Fall wie diesen vorbereitet hatte, schätzte er seine medizinischen Kenntnisse als nicht ausreichend für einen Einsatz als Militärarzt ein. Aus diesem Grund hatte er sich bereits bei seiner Musterung im August 1940 zu den Kradschützen gemeldet, „was zwar ziemlich gefährlich, aber besonderer Befähigungen halber reizvoll" sei, wie er damals Erwin Stresemann schrieb.[5] Seine Frau habe „nicht einmal geschimpft, dass ich mich mühsam zu so was Ausgefallenem gedrängt habe".

Lorenz fungierte ab November 1941 in Osterrode/Ostpreußen als Fahrlehrer einer Motorrad-Truppe – und machte sich dabei laut seinem Königsberger Kollegen Otto Koehler „offensichtlich glänzend".[6] Der unausgebildete Rekrut und frühere Rennfahrer hatte sich angeblich nach seinem Eintreffen bei der Truppe auf eine Maschine gesetzt, auf dem Sturzacker sein Geschick präsentiert und war sogleich selbst Fahrlehrer geworden, berichtete Koehler, der allerdings nicht persönlich anwesend war.[7] Nach der Grundausbildung im Winter 1941/42 bekam der Universitätsprofessor und einfache Soldat häufig Kurzurlaub für Reisen ins relativ nahe gelegene Königsberg, um den dringendsten Amtspflichten nachzukommen: Er konnte Prüfungen abhalten, Senatssitzungen beiwohnen und Vorträge halten. Sein erster Assistent Alfred Seitz, der selbst zur Flak eingezogen worden war, suchte um Versetzung nach Königsberg an. Er wurde dort teilweise vom Dienst freigestellt, kümmerte sich um Institutsangelegenheiten und setzte die Versuchsreihen mit Fischen fort.[8]

Im Januar 1942 reiste Lorenz nach Berlin, um sich bei der Zentrale der Heerespsychologie, der „Inspektion für Eignungsuntersuchungen" beim Oberkommando des Heeres, vorzustellen. Als künftiger Heerespsychologe hoffte er, ganz nach Königsberg zurückkehren zu können. Ein anderer Plan war, „über kurz oder lang als Regierungsrat für Kriegsdauer in die Zentrale der Heerespsychologie nach Berlin"[9] berufen zu werden. Die Dinge entwickelten sich allerdings etwas anders als geplant: Lorenz wurde Anfang April 1942 zwar tatsächlich als Heerespsychologe aufgenommen. Man teilte ihn aber der Personalprüfstelle 2 in der Stadt Posen zu.

In dieser 250 Kilometer östlich von Berlin gelegenen Stadt, die von den Nationalsozialisten zum intellektuellen Zentrum des ehemals polnischen „Warthelands" gemacht wurde, führte er Eignungsprüfungen mit Offiziers- und Unteroffiziersanwärtern, aber auch mit zukünftigen Funkern und anderen militärischen Spezialisten durch.[10] Der Dienst sei über Erwarten interessant und lehrreich, schrieb Lorenz am 10. März 1943 seiner Frau, „ich ahne nämlich, dass ich hier genau das lernen werde, was mir zur richtigen Erfassung von Homo Sapiens L. noch fehlt".[11] Ähnliches berichtete er im Mai 1942 seinem langjährigen Wiener Förderer Otto Antonius, Zoodirektor in Wien und Mitherausgeber der *Zeitschrift für Tierpsychologie*:

> „Ich sitze hier in Posen und begutachte psychologisch 5 Unteroffiziers-Schul-Bewerber täglich, eine Aufgabe, die mir in ihrer Schwierigkeit und Verantwortlichkeit den Schweiß aus allen Poren treibt, bei der man aber ‚tierpsychologisch' ganz unglaublich viel lernen kann. Ich bin daher von diesem meinem militärischen Einsatz durchaus begeistert und würde sehr gern auf Kriegsdauer so weitermachen."[12]

Doch damit war es rasch vorbei. Die Heerespsychologie, die seit Mitte der Dreißigerjahre so sehr expandiert hatte, wurde kurzfristig und auf Befehl von höchster Stelle aufgelöst. Die Ursache dafür ist bis heute nicht restlos geklärt und war schon damals Gegenstand heftiger Spekulationen: So hieß es, Reichsmarschall Hermann Göring sei wegen der Beurteilung eines Neffen so erbost gewesen, dass er die Auflösung durchgesetzt habe. Andere vermuteten, dass die Einstufung des berühmten Jagdfliegers Werner Mölders als nur „bedingt geeignet" das jähe Ende der Heerespsychologie nach sich gezogen habe.[13] Klar ist nur, dass deren Hauptfunktion, nämlich die Auswahl Geeigneter aus einer größeren Anzahl von Bewerbern, im Laufe der Kriegsjahre und aufgrund der wachsenden Verluste immer mehr an Bedeutung verlor: So wollte man bei der Luftwaffe ab 1941/42 alle Bewerber für die Fliegerlaufbahn nehmen. Auslese war nicht mehr nötig – im Heer mangelte es an Offiziersbewerbern.[14]

Was auch immer die entscheidende Ursache gewesen sein mag: Für Lorenz bedeutete es, wie er Antonius bereits im Mai 1942 schrieb, „auf absehbare Zeit ins Narrenhaus [zu] kommen“: „Nicht so, wie du jetzt glaubst natürlich, sondern in meiner Eigenschaft als Arzt und Psychologe!“ Er hoffte, „auch bei der Psychiatrie sehr viel dazuzulernen“.[15] Mit anderen Worten: Lorenz wurde in die neurologisch-psychiatrische Abteilung des Reservelazaretts in Posen versetzt.

Vor, während und nach dem Wechsel von der Heeres- zur Militärpsychiatrie war Lorenz mit zwei Arbeiten beschäftigt, deren erste ihm später einigen Ruhm bescherte: Der buchlange, von Lorenz als „Schema-Arbeit“ bezeichnete Aufsatz „Die angeborenen Formen möglicher Erfahrung“[16], in dem er die Biologisierung menschlichen Erkennens und Verhaltens weiter ausarbeitete, legte nicht nur das Fundament für die Humanethologie, also die Biologie menschlichen Verhaltens. Er wurde auch zum Grundlagentext der „evolutionären Erkenntnistheorie“. Die zweite Arbeit aber sollte von Lorenz nach 1945 in allen öffentlichen Lebensdarstellungen bis zu seinem Tod verschwiegen werden: seine Teilnahme an einer rassenpsychologischen Studie unter der Leitung von Rudolf Hippius[17].

Bereits in Königsberg hatte Lorenz an der Schema-Arbeit, seinem umfang- und inhaltsreichsten Aufsatz der Kriegszeit, zu schreiben begonnen. Wie er nach dessen Veröffentlichung im Jahr 1943 etwas abschätzig meinte, sei die Sache „natürlich sehr unfertig“, weil er sie im Mai und Juni 1942 „rasch-rasch“ fertig geschrieben habe, „während die Heerespsychologie im Sterben lag“.[18] Ähnlich sah es auch Otto Koehler, der verantwortliche Herausgeber der *Zeitschrift für Tierpsychologie*, an den Lorenz die Arbeit zum Korrekturlesen schickte:

„Er hat mir gerade die große Schemaarbeit von 311 Schreibmaschinenseiten angeliefert, jedoch ohne Zusammenfassung und ohne Abbildungen, und da wir nun zwei Jahre auf sie warteten, muss das jetzt fertig und gedruckt werden."[19]

Dennoch hat der Artikel etliche prominente und begeisterte Leser gefunden. So etwa schrieb Erwin Stresemann im Dezember 1945 an die US-amerikanische Ornithologin Margaret Morse Nice, dass unter den Zeitschriftenartikeln nach 1940 sich keiner mit „Die angeborenen Formen möglicher Erfahrung" messen könne. Lorenz habe sich mit diesem selbst übertroffen.[20]

Die Schema-Arbeit greift alle Themen auf, die Lorenz in den Jahren zuvor beschäftigt hatten, und ist so etwas wie eine Zusammenfassung und zugleich eine Erweiterung seiner tier- und humanpsychologischen Forschungen und Spekulationen. Gegenstand der Untersuchung ist, wie Lorenz selbst schreibt, „die *angeborene* Bindung bestimmter, arterhaltend sinnvoller Verhaltensweisen an bestimmte Reizsituationen, welche lebenswichtige Gegebenheiten kennzeichnen. Dieses ‚angeborene Verstehen' biologisch relevanter Situationen soll *gleichzeitig* als biologisches und erkenntnistheoretisches Problem behandelt werden".[21] Nachdem Lorenz den Begriff des „angeborenen Schemas" erklärt hat, kommt er im zweiten Kapitel auf den Menschen zu sprechen, der „im Vergleich zu vielen höheren Wirbeltieren ganz sicher *arm* an angeborenen Schemata"[22] sei. Aber es gebe sie auch beim Menschen – so etwa in Form des so genannten „Kindchenschemas", das jene liebevoll-pflegerischen Verhaltensweisen des Menschen auslöst, mit denen er „dem noch hilflosen und pflegebedürftigen Jungtier seiner Art begegnet".[23] Oder als Ekel-Reaktion auf bestimmte Tiere wie Spinnen.

Daran anschließend gerät die Sache noch etwas spekulativer, wenn Lorenz nämlich auf ästhetische und ethische Beziehungsschemata eingeht – zumal seiner Meinung nach die „Trennung von ästhetischer und ethischer Empfindung durchaus künstlich sei".[24] Mithilfe eines anschaulichen Beispiels versucht er den angeblichen Zusammenhang des einen mit dem anderen darzustellen:

> „[E]in *Mensch* mit der guten Proportionierung der Gazelle oder der Physiognomie des Adlers ist meist [...] wirklich das, was wir als edel bezeichnen, und einer, der die physiognomischen und körperlichen Verhältnisse des Schweines zeigt, ist sicher wirklich *nicht* edel."[25]

Von dieser Pseudophysiognomik ist es nicht mehr weit zu Lorenz' Lieblingsthema jener Zeit, der Domestikation: Abermals ausgehend von Oswald Spenglers kulturkritischem Hauptwerk „Der Untergang des Abendlandes"[26] teilt Lorenz zwar die These vom Verfall der Kulturen, glaubt aber die biologischen Gründe dafür zu kennen: Die menschliche Zivilisation habe ähnliche Auswirkungen auf die Gesellschaft wie die Domestikation auf die Tiere. Man könne „mit an Sicherheit grenzender Wahrscheinlichkeit behaupten, dass alle körperlichen und moralischen Verfallserscheinungen, die das Absinken von Kulturvölkern nach Erreichung des Zivilisationsstadiums bewirken, mit den *Domestikationserscheinungen der Haustiere wesensgleich sind*".[27]

Das Problem sei nun, dass „die ungeheuer feinen Differenzierungen menschlicher sozialer Verhaltensweisen sicherlich noch leichter aus dem Gleichgewicht geraten als die äußere Erscheinung". Laut Lorenz gebe es „viel mehr schöne und schlechte Menschen als gute, aber hässliche". Nichtsdestotrotz bestehe „[d]as alte Bibelwort ‚Hütet euch vor den Gezeichneten' [...] immer zu Recht!".[28] Bloß ist dieses alte Bibelwort gar keines, wie die Biologie-Historikerin Ute Deichmann nachgewiesen hat.[29] Es darf aber auch bezweifelt werden, dass Lorenz, wie Deichmann und Müller-Hill ihm unterstellen[30], die mit dem Davidstern gezeichneten Juden im Auge gehabt habe.

Lorenz verwendete dieses falsche Zitat bereits in seinem Domestikationsaufsatz aus dem Jahr 1940 (fertig gestellt 1939) – mehr als ein Jahr vor der Einführung des die jüdische Bevölkerung stigmatisierenden Davidsterns im September 1941.

Bei einer kritischen Lektüre dieses Textes fällt weiters auf, dass Lorenz zwar dem NS-Anthropologen Eugen Fischer zustimmt, der schon 1914 behauptet hatte, dass „[a]lle Merkmale, die beim Menschen als Rassenunterschiede vorkommen, als solche auch bei Haustierrassen" auftreten würden „und umgekehrt die meisten Haustierbesonderheiten [...] beim Menschen als Rasseneigenheiten" wiederzufinden seien.[31] Lorenz zitiert aber auch Schopenhauer und lässt durchblicken, dass auch er das blonde Haar und die blauen Augen als Domestikationserscheinungen ansieht.[32] Vielleicht versuchte Lorenz so, die Aufmerksamkeit von den rassischen Äußerlichkeiten auf die ethischen und ästhetischen Degenerationen zu lenken. Er nimmt aber auch wieder Bezug auf Fragen der Rassenpolitik – im Vergleich zu dem drei Jahre zurückliegenden Domestikationsartikel in etwas abgemilderter Form. Klar ist für ihn, dass auch beim Menschen etwas getan werden müsse:

> „Da aber beim Menschen kein planvoller Züchter Vorsehung spielt, die Domestikationsfolgen vielmehr blind schalten dürfen, so *müssen* ganz einfach alle diese Ursachen die zu erwartende Wirkung haben, dass ein Kulturvolk kurz nach Erreichung der Zivilisationsphase zugrunde geht, *woferne nicht eine bewusste, wissenschaftlich unterbaute Rassenpolitik diese Entwicklung der Dinge verhindert.*"[33]

Noch nicht erschienen, wurde die Arbeit schon in einem Buch zitiert, das von den Lorenz-Biografen lange Zeit völlig unbeachtet geblieben ist. Unter dem Titel „Volkstum, Gesinnung und Charakter" veröffentlichte der baltendeutsche Psychologe Rudolf Hippius 1943 gemeinsam mit einigen Mitarbeitern eine völker- und rassenpsychologische Studie[34], für die er an 877 „Posener deutsch-polnischen Mischlingen und Polen" psychologische Untersuchungen durchführte und die in gewisser Weise eine „wissenschaftliche Unterbauung der Rassenpolitik leistete".

Die Vorgeschichte von Hippius' Studie erweist sich eng verknüpft mit dem Schicksal Polens nach dem Überfall durch Deutschland am 1. September 1939. Nach der Kapitulation Polens Ende September wurden polnische Gebiete als die Gaue „Wartheland" (in dem sich auch Posen befand) und „Danzig-Westpreußen" dem Deutschen Reich eingegliedert und „Restpolen" als so genanntes „Generalgouvernement" zur wirtschaftlichen Ausbeutung freigegeben. Zugleich kam es zu „Bevölkerungsverschiebungen", um die neuen Reichsgebiete zu germanisieren, zur gezielten Ausrottung der polnischen Intellektuellen und zu Konzentrations- und Vernichtungsmaßnahmen gegen Juden und „slawisches Untermenschentum".

Die Eindeutschung der eroberten Gebiete erfolgte nach den bevölkerungspolitischen Grundsätzen der völkisch-rassischen Ideologie. Der Gauleiter und Reichsstatthalter des Warthelands, Arthur Greiser, ließ im Oktober 1939 eine zentrale Behörde zur Führung einer Volksliste einrichten. In diesem Zusammenhang legte der aus Estland gebürtige Psychologe Rudolf Hippius Anfang Dezember 1939 einen „Entwurf über die Aufgaben und Wege einer Bevölkerungsplanung im Warthegau" vor, der eine völlige Aussiedelung der polnischen Bevölkerung vorsah.[35] Eine Eindeutschung der Polen wurde anfangs abgelehnt, ehe Heinrich Himmler diesbezüglich Ausnahmen forderte. So kam es, dass die Bevölkerung des Warthegaus in insgesamt vier Gruppen eingeteilt wurde: zunächst in Bekenntnisdeutsche (Volksliste I) und Deutschstämmige (Volksliste II), etwas später kamen „im Polentum aufgegangene, wiedereindeutschungsfähige Deutschstämmige" (Volksliste III) und vor allem „wiedereindeutschungsfähige Renegaten" (Volksliste IV) hinzu. Insbesondere Angehörige der beiden letzten Gruppen schickte man zur „Germanisierung" nach Deutschland. Alle Juden und zahlreiche „nicht assimilierbare" Polen des Warthegaus wurden auf Anweisung von Reichsstatthalter Arthur Greiser, der als besonders grausam galt, ins Generalgouvernement deportiert. „Asoziale", „erbbiologisch minderwertige" oder „politisch stark belastete" Polen der vierten Gruppe kamen in Konzentrationslager.[36]

Rudolf Hippius, Hauptverantwortlicher der psychologischen Untersuchungen, die man an Personen der Gruppen III und IV durchführte, und seit dem 22. Januar 1942 Mitarbeiter des Ministeriums für die besetzten Ostgebiete, wandte sich mit seinen Studien auch an die SS, die sich an Eignungsuntersuchungen für die Bevölkerungsplanung interessiert zeigte. Und so wurde Hippius Mitte Mai 1942 in Posen mit der Leitung des Arbeitskreises „Eignungsforschung" der „Arbeitsgemeinschaft für Ostsiedlung" betraut, in der es um eine Rationalisierung der Polen-Politik ging.[37]

Hippius' Studie, an der Konrad Lorenz mitwirkte, sollte zeigen, „dass Volkstum, Gesinnung und Charakter in ihrer gegenseitigen Verflochtenheit als seelische Wirklichkeit grundsätzlich erforschbare Gegebenheiten sind". Auf Basis eines komplexen Verfahrens wurden in Kleingruppen unter der Leitung eines Psychologen Geschicklichkeitsübungen, Rohrschach-Tests sowie Sprechaufnahmen durchgeführt. Ein grundlegendes Ergebnis der Studie: Bei den deutsch-polnischen Mischlingen würde es – im Gegensatz zu den deutsch-estnischen oder deutsch-litauischen – zu einer besonders starken „Entharmonisierung" kommen, die wiederum auf einer

„weitgehenden Abstoßung der deutschen und polnischen zentralen Charakterwerte“ beruhe.[38] (Zu den polnischen charakterlichen Grundzügen zählten demnach unter anderem „vitale Verhaltenheit und vitale Triebhaftigkeit“, zu den deutschen „Leistungsverlangen, Sachlichkeit, Gründlichkeit“ etc.) Eine der zentralen Schlussfolgerungen von Hippius und seinen Mitarbeitern entsprach ganz der nationalsozialistischen Polenpolitik: „Es erscheint demnach im Allgemeinen berechtigt, in Volkstumsfragen (ebenso wie in Rassenfragen) Gruppenbildungen und Grenzziehungen nach der absoluten Größe des völkischen Blutsanteils vorzunehmen.“[39]

Wie kam Konrad Lorenz dazu, an dieser Studie mitzuwirken, als deren ehrenamtlicher Mitarbeiter er angeführt ist?[40] Der Psychologieprofessor war unmittelbar nach seiner Ankunft in Posen Ende März 1942 auf einige Bekannte und Kollegen gestoßen; so auch auf den Psychologen Rudolf Hippius, der an seinem „Hierbleiben heftig interessiert“ war, „wegen der gewissen Mischlingsuntersuchungen“, wie Lorenz am 18. April 1942 in einem Brief an seine Frau schrieb.[41] Lorenz traf aber auch Kurt Stavenhagen wieder, der in Königsberg Geistesgeschichte gelehrt hatte und 1942 einem Ruf an die neu gegründete Universität Posen gefolgt war. Auch Stavenhagen wirkte ehrenamtlich an Hippius' Studie mit. Ko-Autoren hingegen waren Kurt Leider, ein ehemaliger Assistent des Königsberger Philosophischen Seminars, und Karl Jelinek, einst Schulkollege von Lorenz in Wien.[42]

Ob Lorenz freiwillig an der Studie mitarbeitete, muss offen bleiben. Inhaltlich lag sie wohl nicht ganz auf seiner Linie, da Völker- und Rassenpsychologie nicht unbedingt sein Thema darstellten. Fest steht aber, dass er an den zwischen 28. Mai und 25. September stattfindenden Untersuchungen beteiligt war – wahrscheinlich einmal wöchentlich abends zwischen 18 und

22 Uhr. In den Briefen an seine Frau vom Sommer 1942 ist jedenfalls mehrfach die Rede von „heute Abend Hippius". Vor allem zeitlich dürfte ihm die Mitarbeit eher ungelegen gewesen sein: Denn neben seinem neuen, anstrengenden Dienst im Lazarett mit Nacht-, Bereitschafts-, Standort- und Wochenenddiensten war er bis Juli mit den Fahnenkorrekturen seiner Schema-Arbeit beschäftigt.[43]

Andererseits scheint Konrad Lorenz an die Sinnhaftigkeit dieser wissenschaftlich höchst fragwürdigen „Mischlingsuntersuchungen" geglaubt zu haben. Jedenfalls erinnert sich Lorenz' Tochter Agnes von Cranach daran, als 12-jähriges Mädchen ihren Vater in Posen besucht und gefragt zu haben, wie man Mischlingsuntersuchungen beim Menschen machen könne: „[Ich] bekam die wütende Antwort, ich solle keine dummen Fragen stellen."[44]

Bis heute ungeklärt ist der Verwertungszusammenhang von Hippius' Studie: Stellte sie eine nachträgliche Legitimation für die nationalsozialistische Polenpolitik nach 1939 dar? Oder stand sie im Zusammenhang mit den neuen, eroberten Gebieten im Osten? Wohl beides. Wie der polnische Ornithologe Eugeniusz Nowak in seinen Erinnerungen an Konrad Lorenz festhält, hätten im Warthegau bis 1942 die ethnische Verfolgung, Vertreibung und Ermordung der Polen und polnischen Juden bereits stattgefunden:

> „Die oben geschilderten Untersuchungen gaben also nicht den Anstoß zu diesen Taten und Verbrechen, vielmehr stellten sie eine nachträgliche, pseudowissenschaftliche Begründung für sie dar, eine Art Feigenblattforschung."[45]

Was den Warthegau betrifft, hat Nowak zweifellos Recht. Man darf aber auch nicht vergessen, dass der Überfall auf die Sowjetunion 1941 weiteren Planungsbedarf in Sachen „Umvolkung" mit sich brachte. So schreibt Hippius in der Einführung zu seiner Studie, dass sie „legale wissenschaftliche Prognosen der Auswirkungen von Lenkungsmaßnahmen ermöglicht".[46] Und so mag es auch kein Zufall sein, dass der von Heinrich Himmler in Auftrag gegebene „Generalplan Ost", der die rassenpolitische Neuordnung Europas wissenschaftlich legitimieren sollte, am selben Tag abgesegnet wurde, an dem auch Hippius' Untersuchungen in Posen begannen.

Konrad Lorenz war eben erst offiziell zur Militärpsychiatrie gewechselt, als seine Mitarbeit bei Hippius begann – zunächst als Sanitäts-Soldat (allerdings mit Offiziersprivilegien wie eigenem Zimmer und Besuch der Offiziers-Messe), dann als Sanitäts-Gefreiter und erst ab Herbst 1943 als Unterarzt. Die Stelle bei der Militärpsychiatrie hatte er Dr. Herbert Weigel zu verdanken, der sich schon ab April für seine Mitarbeit in der Psychiatrie eingesetzt hatte. Lorenz selbst hegte diesbezüglich zunächst noch einige Vorbehalte: Posen gehörte zum Wehrkreis XXI, und der Psychologieprofessor fürchtete, damit möglicherweise die Universität Königsberg zu vergrämen: Ostpreußen bildete nämlich den Wehrkreis I, dessen oberster beratender Psychiater Friedrich Mauz war, seines Zeichens Ordinarius an der Medizinischen Fakultät in Königsberg. Doch allem Anschein nach war Mauz gar nicht an einer Mitarbeit von Lorenz interessiert (was sich für diesen nachträglich als Glücksfall herausstellen sollte; dazu später). In den unkritischen Lorenz-Darstellungen der vergangenen Jahre wurde seine Tätigkeit als Militärpsychiater mit den folgenden oder ähnlichen Worten zusammengefasst:

> „Lorenz wird der psychiatrisch-neurologischen Abteilung des Lazaretts Posen zugeteilt und lernt von Dr. Herbert Weigel am Krankenbett die damals verpönte Psychoanalyse kennen. Er erwirbt umfassende neurologisch-psychiatrische Kenntnisse, die ihn dazu berechtigt hätten, sich nach dem Krieg als Facharzt niederzulassen."[47]

Das scheint jedoch nur die halbe, etwas beschönigte Wahrheit. Lorenz selbst hat nur sehr selten über diesen Abschnitt gesprochen. Von seinem Biografen Alec Nisbett darauf angesprochen, erinnerte er sich kurz an Szenen, die „zu schrecklich sind, um sie zu erzählen. Sie sind Geister ... Unholde! Das Schlimmste, was man sich vorstellen kann, ist ein menschliches Wesen, das seine Menschlichkeit verloren hat".[48] Das ist alles, was von Lorenz selbst offiziell über seine Patienten gesagt worden ist. Lediglich in den Briefen aus dieser Zeit an seine Frau Margarethe findet sich etwas mehr:[49] Anfang Juni, unmittelbar nach Dienstantritt, berichtete er betroffen über die Auswirkungen von Hirnverletzungen und Persönlichkeitsveränderungen, aber auch über das Leid der Angehörigen. Dennoch fand er Neurologie und Psychiatrie faszinierend und bat seine Frau brieflich um die Zusendung von Fachbüchern.[50] Dabei hätte Lorenz die Möglichkeit gehabt, die Militärpsychiatrie zu verlassen und wieder tierpsychologisch tätig zu werden: Am 12. August 1942 erhielt der „Sanitätssoldat Prof. Dr. Lorenz" folgendes Schreiben vom Beauftragten für Diensthundwesen im persönlichen Stab des Reichsführers SS:

> „Sehr geehrter Herr Proffessor [sic!]!
> Als Beauftragter für Diensthundwesen habe ich Interesse daran, diejenigen Männer, die an dem Aufbau und die Förderung des Diensthundwesens interessiert sind und nützlich sein können, zu sammeln.
> Ist es Ihnen recht, wenn ich Sie anfordern lasse, um beim Beauftragten für Diensthundwesen zu arbeiten? Über die Art der Verwendung könnten wir dann sprechen.[...]
> Heil Hitler!"[51]

Obwohl er dort sicherlich ein einfacheres Leben als bei der Militärpsychiatrie gehabt hätte, lehnte Lorenz das Angebot ab, wie er seiner Frau brieflich mitteilte: „Im Übrigen habe ich ein gewisses Misstrauen gegen solche Außenseiter-Institutionen von der Heerespsychologie her in den Knochen."[52]

Etwa ein Jahr nach Beginn seiner Tätigkeit in Posen schilderte Konrad Lorenz in einem Brief an Otto Antonius seine Arbeitsbedingungen im Lazarett:

> „Mein Dienst ist so beschaffen, dass ich mit knapper Not am Sonntag die drei allernötigsten Briefe für Institut und Wissenschaft schreibe und im Übrigen jede nicht-schlafende Stunde unserer Nervenabteilung widme! [...] Von mir ist nichts weiter Neues zu berichten, außer dass ich abnorm fleißig bin. [...] Meine Familie ist durchaus o. B. (ohne Befund, d.h. geistig und körperlich in Ordnung, wenn du diesen Fachausdruck nicht kennen solltest), die 1 1/2-jährige Dagmar ist wirklich unglaublich herzig, dass es kaum zum Aushalten ist. Mein einziges wirkliches Leiden in diesem Kriege ist, dass ich meine Brutpflege-Instinkte diesem süßen Lockenengel gegenüber nicht ausleben kann."[53]

Bis dahin hatte Lorenz' Familie – seine Frau, die drei Kinder und einige Bedienstete – noch in Königsberg gewohnt. Doch im Herbst 1942 begann in Ostpreußen die zweite Serie von Bombenangriffen der Alliierten. Nun war es die US-Army, die wesentlich effizienter vorging als die Rote Armee im Jahr zuvor. Margarethe Lorenz entschied sich gegen den Willen ihres Mannes, mit den drei Kindern nach Altenberg zurückzukehren. Der Familienvater war darüber sehr erzürnt, weil er Frau und Kinder ab diesem Zeitpunkt nur mehr bei den ganz seltenen Besuchen in Wien zu sehen bekam.

Zu den Sorgen um die Familie kamen auch noch Schwierigkeiten mit der *Gesellschaft für Tierpsychologie*, deretwegen Lorenz mit Otto Antonius korrespondierte. Ihr zumindest organisatorischer Vater war, wie in Kapitel 4 geschildert, der Diplomlandwirt Dr. Josef Effertz. Dieser hatte mittlerweile Karriere im

Reichslandwirtschaftministerium gemacht und war für die Organisation der Bewirtschaftung „neu erworbener Ostgebiete" zuständig.[54] Bei Effertz' Abgang aus der Gesellschaft kam es zu heftigen Unstimmigkeiten mit den anderen Vorstandsmitgliedern. In einem Brief an den damaligen Vorsitzenden der Gesellschaft, den Wiener Tiergartendirektor Otto Antonius, beschwerte sich Otto Koehler über den ehemaligen Geschäftsführer: „Immer schon hatte ich den Eindruck, dass die Gründung der Gesellschaft, die ja tatsächlich wohl allein der Rührigkeit von Effertz zu danken ist, für ihn lediglich das Sprungbrett nach Berlin bedeutete."[55] Als Nachfolger von Effertz war Konrad Lorenz im Gespräch, der jedoch aus zeitlichen Gründen den Vorsitz ablehnen musste. Man entschied sich deshalb für den Regierungsrat im Reichsministerium für Ernährung und Landwirtschaft, den Tierarzt Bernhard Grzimek, der nach 1945 zu Deutschlands populärstem Zoologen und Tierschützer wurde. Diese Entscheidung befürwortete auch Lorenz aufs Wärmste. Grzimek habe zwar als Publizist erhebliche Mängel, sei aber politisch und persönlich ein tadelloser Kerl und wolle sich außerdem bei ihm habilitieren, so Lorenz. Grzimeks erstklassige Verbindungen könnten für die Gesellschaft außerordentlich Nützliches leisten.[56] Er selbst stehe im Moment jedenfalls keinesfalls zur Verfügung: „Wenn ich jetzt den Vorsitz übernehmen würde, würde unser ganzer Laden bestimmt total vor die Hunde gehen."[57]

Zu all dem traf kurze Zeit später auch noch die Nachricht ein, dass Lorenz' langjähriger Freund und Kollege Niko Tinbergen in seiner holländischen Heimat als Regimegegner verhaftet worden war. Otto Koehler erkundigte sich umgehend bei einem holländischen Professorenkollegen, der bei der SS war, und informierte Otto Antonius (und sicherlich auch Konrad Lorenz) im Oktober 1942 brieflich: „Genau wie Lorenz es fürchtete, ist es gekommen, er [Tinbergen] hat sich in seine Märtyrerrolle hineingespielt, wie es scheint." Es habe sich „die Mehrzahl der Dozenten gegen die Ausbootung der Juden widersetzt, im Verein mit den Studenten, daraufhin die Schließung, so wirds weitergegangen sein".[58] Sofort boten die Tierpsychologen ihre Hilfe an, den inhaftierten Kollegen mit ihren guten politischen Kontakten freizubekommen. Lies Tinbergen, die Frau des Verhaltensforschers, lehnte das Angebot jedoch ab:

> „Geben Sie sich keine Mühe ihn loszukriegen. Erstens würde es Sie doch nicht gelingen und zweitens würde er es sicher nicht wünschen. Denken Sie sich bitte in unsere holländische Lage ein."[59]

Otto Koehler hatte als Herausgeber der *Zeitschrift für Tierpsychologie* in Bezug auf Tinbergen noch andere Sorgen: Ein Artikel des Holländers war bereits in Druck gegangen, ohne dass dieser seine endgültige Zustimmung gegeben hatte. Nun, nach der Inhaftierung, konnte er ihn nicht mehr kontaktieren. Otto Koehler konfrontierte seinen Herausgeber-Kollegen Otto Antonius mit diesem Fall, für den er nicht alleine die Verantwortung tragen wolle, wie er schrieb. Er habe noch im Frieden Professor Tinbergen um ein Manuskript über seine Beobachtungen an Schmetterlingen gebeten. Nach mehrfachen Anmahnungen habe es ihm Tinbergen mit der Bemerkung geschickt, es sei ihm nicht leicht gefallen, ihnen das Manuskript zu geben, aber da er es nun einmal versprochen habe, wolle er sein Wort halten. Nun war jedoch die Universität Leiden geschlossen, waren Tinbergen und seine Kollegen verhaftet worden. Das Problem für Koehler als Herausgeber der Zeitschrift: Die aktuelle Ausgabe mit Tinbergens Schmetterlingsartikel war bereits gedruckt worden – ohne dessen abschließende Zustimmung. Doch Otto Antonius wusste Rat:

> „Dass die Arbeit in Druck ging, bevor er selbst die Brücke zwischen uns und ihm wenigstens für die nächste Zeit abbrach, rechtfertigt uns wohl genügend. Ich sehe keinen zwingenden Grund, die Arbeit jetzt unter großen Kosten einstampfen zu lassen. Schließlich gehört doch gerade T. [Tinbergen] zu den (augenblicklichen) Widersachern, die wir gewinnen wollen, und nicht zu denen, die wir los sein möchten."[60]

Tinbergens Arbeit über den Samtfalter[61] erschien kurz darauf im 5. Band der *Zeitschrift für Tierpsychologie*, und zwar in jener Ausgabe, in der auch Lorenz' große Schema-Arbeit publiziert wurde. Dass Regimegegner wie Niko Tinbergen und Karl von Frisch in der *Zeitschrift für Tierpsychologie* ihre Arbeiten veröffentlichten, wurde übrigens später gerne als Argument für die unpolitische Haltung der Zeitschrift ins Treffen geführt.

Auch wenn Lorenz laut Otto Antonius der Einzige gewesen wäre, der so viel Einfluss auf Tinbergen gehabt hätte, „um wenigstens die notwendige Fühlung mit ihm aufrecht zu erhalten"[62], war dieser mit seiner Tätigkeit im Lazarett ohnehin voll ausgelastet, wenn nicht sogar überfordert. Diese Umstände schilderte er unmittelbar nach seiner Versetzung aus Posen in einem Brief an seinen Mentor Erwin Stresemann:

> „So schön und lehrreich in ‚tierpsychologischer' Hinsicht meine Tätigkeit in Posen war, so anstrengend war sie. Ich hatte außer einer psychiatrisch-neurologischen Ambulanz (mit rund 40 Patienten pro Tag) eine der größten Hysteriker-Heilungsstationen der ganzen Wehrmacht, fast völlig selbständig. Sie können sich denken, wie viel ich da gelernt habe."[63]

Seine Arbeit als Neurologe und Psychiater habe er in den fast zwei Jahren gut gelernt, „da Voraussetzungen an Gestalt von Anatomie und Physiologie des ZNS [Zentralnervensystem; die Autoren] gegeben waren. Auch Psychiatrie konnte ich ja etwas". Lorenz gestand rückblickend aber auch einige gravierende Wissenslücken ein:

> „[I]n Chirurgie herrscht ebenso wie im Internen nahezu Ignorantia totalis, während ich meine Kenntnisse der Hautkrankheiten als Innocentia alba absoluta [von absoluter Unschuld; die Autoren] bezeichnen muss. Wenn einer mit ‚Haut' zu mir kommt, nehme ich die zur Verfügung stehenden Töpfe, schaue nach, welche Farbe am besten zur Haut des Pat[ienten] passt und schmiere sie drauf."[64]

Im Zuge der Diskussionen um die Verbrechen der Wehrmacht unterzog man in den letzten Jahren auch die Militärpsychiatrie kritischen Untersuchungen.[65] So wurde unter anderem gezeigt, wie bestimmte Militärpsychiater die traumatisierten Soldaten mit allen verfügbaren Mitteln wieder kampffähig machten: mit Insulinschocks ebenso wie mit Elektro- oder Cardiazolschocks[66]. Die Folge: Krämpfe bis zur Bewusstlosigkeit, manchmal bis zum Tod. Manche Militärpsychiater – wie zum Beispiel Prof. Friedrich Panse, beratender Psychiater des Wehrkreises VI (Köln) – waren auch mitverantwortlich für die Ermordung von Soldaten, die sie als „lebensunwertes Leben" zu Tode spritzten. Andere schickten ihre Patienten in Tötungsanstalten und Konzentrationslager „zur Vernichtung" weiter.

Auch der Königsberger Professor Friedrich Mauz zählte zu jenen Militärpsychiatern, die an der Tötung und Folterung ihrer Patienten beteiligt waren. In seinem Wehrkreis traten bei der „Stromtherapie" immer wieder Todesfälle auf. Strom wurde von Mauz und seinen Kollegen auch als Mittel eingesetzt, Patienten gewaltsam Geständnisse von „bewussten Ausweichreaktionen" abzupressen – um sie dann dem Militärgericht zu übergeben.[67] Mauz war nicht nur brutaler Militärpsychiater, sondern auch Tötungsgutachter der „Reichsarbeitsgemeinschaft Heil- und Pflegeanstalten" im Rahmen der T4-Aktion und außerdem 1940 an den Entwürfen zu einem Euthanasie-Gesetz beteiligt.[68]

Konrad Lorenz arbeitete, wie bereits erwähnt, nicht im Wehrkreis Königsberg bei Mauz, sondern im Wehrkreis XXI in Posen bei Dr. Herbert Weigel. Laut Auskunft des Militärhistorischen Instituts Freiburg liegen zur Tätigkeit von Konrad Lorenz als Militärpsychiater in Posen keine Unterlagen vor.[69]

Nach eigenen Angaben lernte Konrad Lorenz im Wehrkreis XXI die Verbrechen des Nationalsozialismus auf andere Art kennen: In der Biografie von Alec Nisbett heißt es, dass er 1943 oder 1944 in der Nähe von Posen Transporte von KZ-Häftlingen gesehen habe – „von Zigeunern und nicht von Juden". Mit diesem Bild vor Augen habe er letztlich „die totale Unmenschlichkeit der Nazis" begriffen.[70] Eine annähernd gleich lautende Schilderung findet sich auch in einem anderen Interview: „[A]ls Soldat" in Posen habe er zum ersten Mal Transporte, nicht von Juden, sondern von Zigeunern gesehen: „Da sind mir allerdings die Haare zu Berge gestanden."[71]

9.
Der Kriegsgefangene als Antifaschist?

Sowjetunion 1944 bis 1947

Hier geht es mir glänzend. Ich bin *faul, gefräßig*, aber nicht feig, und wenn es mal fest vor und um meinen Bunker wumst, was schon vorkam, so kriege ich erheblich weniger leicht weite Pupillen und Stielaugen als *alle* anderen."[1]

Mit diesen Worten schilderte Konrad Lorenz in einem Feldpostbrief seine Lage an der Ostfront. Es war die Zeit seiner großen militärischen Bewährung. Anfang April 1944 war es für den Unterarzt im Unteroffiziersrang ernst geworden: Er wurde zur Frontbewährung, als Voraussetzung für eine etwaige spätere Ernennung zum Sanitätsoffizier, nach Witebsk ins westliche Weißrussland abkommandiert, in den mittleren Abschnitt der Front gegen die Sowjetarmee.

In der zweiten Sanitäterstaffel der 206. Infanteriedivision war von Bewährung und den Härten des Krieges zunächst aber noch nicht allzu viel zu bemerken: Im Feldpostbrief an seinen Mentor Erwin Stresemann ist sogar von ausführlichen ornithologischen Beobachtungen zu lesen, für die am Haupverbandsplatz bei Witebsk anscheinend Zeit geblieben war:

„Ich lebe [...] am Rande eines herrlichen Waldes mit dem reichsten Vogelkonzert, das Sie sich denken können. Im Morgengrauen sind diese beiden Arten so laut, dass es geradezu verwirrend wirkt, dazu dauernd das ganz nahe, laute Schießen, das die Vögel gar nicht beachten, ein eigenartiges Naturkonzert! Einmal aber habe ich mich vor einem Sprosser [östliche Zwil-

> lingsart der Nachtigall; die Autoren] auf den Bauch gelegt, was ich sonst nicht so leicht tue: Ich stand nachts vor meinem Sanitätsbunker auf der Rollbahn, die dicht dran vorbeiführt [...] Auf einmal pfeift es ganz nahe tin-tin-tin tintin und patsch lag Papa auf dem Bauch im Dreck! Erst dann merkte ich, dass es ein Sprosser war, der pfiff. Gegen jede Art von Pfeifen wird man hier anaphylaktisch [überempfindlich; die Autoren]! Im Übrigen bin ich sehr vorsichtig."[2]

Ab und zu gab es aber doch Arbeit – „als es nämlich *grade* in den paar Kilometern Front rummste, wo ich saß, und ich hatte zur Abwechslung 30 Stunden aufregende pausenlose Dauerarbeit, aber mit *sehr* befriedigendem Erfolg." Aus seinen Briefen klingt eine – angesichts der Kriegslage – seltsam anmutende Heiterkeit durch, wie dem Schreiben an Stresemann zu entnehmen ist: „Ihr Berliner seid nicht totzukriegen! Prost! Ich aber auch nicht."[3]

Wie er im selben Brief schreibt, höre er auch von zu Hause „nur Gutes": „Mein Vater hat zum 90. Geburtstag Goethemedaille und Billrothpreis bekommen."[4] Der Sohn hatte dem Patriarchen der Familie am 21. April 1944 von der fernen Front aus gratuliert, und zwar per Telegramm mit einem viel sagenden Text: „Bin als Erbbiologe stolz, einen solchen Vater zu haben." Adolf Lorenz, den das Telegramm kurz vor der Abfahrt zum Festakt erreichte, reagierte darauf angeblich mit folgenden Worten: „Erbbiologe! Was wird der Bub mit seiner Erbbiologie je verdienen, möchte ich wissen!"[5] Der „Bub" war damals bereits über vierzig Jahre alt und an der Ostfront damit beschäftigt, seine verletzten Kameraden medizinisch zu versorgen.

Knapp einen Monat nach dem Brief an Stresemann wurde es dann für Lorenz wirklich ernst: Am 22. Juni 1944, dem „Barbarossatag"[6], begann die Rote Armee jenen Angriff gegen den Mittelabschnitt der deutschen Ostfront, der wenig später zum Zusammenbruch der deutschen Heeresgruppe Mitte führte: Binnen weniger Tage wurden 28 Divisionen der Heeresgruppe zerschlagen, auf deutscher Seite gab es 350.000 Gefallene und Kriegsgefangene. Dass auch Konrad Lorenz vermisst wurde, erfuhr seine Familie erst Wochen später, nämlich am 31. August 1944. Und dass er überlebt hatte, davon wurden seine Frau, seine Kinder und sein Vater erst im Herbst 1945 benachrichtigt.

Die Kriegsgefangenschaft von Lorenz lässt sich im Großen und Ganzen in drei Perioden gliedern: Nach der Gefangennahme verbrachte er das erste Drittel bis zum Juni 1946 zuerst in Lagern nahe der Front und danach ab November 1946 in der zwischen Wolga und dem Ural gelegenen Stadt Kirow. Danach wurde er nach Armenien überstellt, wo er zwischen Juni 1946 und September 1947 in vier verschiedenen Lagern war.[7] Die letzte Zeit seiner Kriegsgefangenschaft bis Ende Dezember 1947 verlebte Lorenz in Krasnogorsk bei Moskau, ehe er über das rumänische Repatriierungslager Marmoros Sziget im Februar 1948 zurück nach Österreich gelangte.

Nicht nur bei der Schilderung der Gefangennahme, sondern auch bei der Dokumentation der fast vierjährigen Kriegsgefangenschaft ist man vor allem auf jene eingängigen „Selbstdarstellungen" von Lorenz angewiesen, die seine Biografen weitererzählt haben.[8] Es gibt allerdings auch briefliche Darstellungen von Mithäftlingen, so etwa einen Bericht aus dem Jahr 1994. Und die Sowjets haben über den Kriegsgefangenen Konrad Adolfowitsch Lorenz – in Russland wurde der Vorname seines Vaters (plus das russische Suffix für Sohn) zu seinem zweiten Vornamen – einen Akt angelegt, der seit rund einem Jahrzehnt in Moskau zugänglich ist.[9] Teil dieses Akts sind zwei Befragungen von Lorenz, die Aufschlüsse insbesonders über sein politisches Verhalten im Lager zulassen. Und schließlich hat er während seiner Gefangenschaft einen umfangreichen Text verfasst. Dieses „Russische Manuskript" war jahrzehntelang verschollen und wurde 1992 unter dem Titel „Die Naturwissenschaft vom Menschen" als Buch veröffentlicht.

Auf der Basis dieser bislang kaum bekannten Materialien kann zum einen rekonstruiert werden, wie Lorenz sich in der Kriegsgefangenschaft verhielt. Zum anderen stellt sich die Frage, ob während dieser vier Jahre so etwas wie eine politische Läuterung bei dem NSDAP-Parteimitglied stattgefunden hat – und wenn ja, wie sich ein solches Umdenken allenfalls geäußert hat.

„Über das, was er da vier Jahre lang in Russland erlebte, habe ich ihn nie sprechen hören", schrieb sein Königsberger Kollege Otto Koehler in einem später oft zitierten Artikel anlässlich des 60. Geburtstages von Konrad Lorenz. Damit wollte er wohl suggerieren, dass es Lorenz besonders schlimm ergangen sein muss.[10] In Wahrheit hat der Verhaltensforscher immer wieder sehr gerne und auch etwas ausschmückend von seiner russischen Kriegsgefangenschaft berichtet.

Wenn man Lorenz' Erzählungen von seiner Gefangennahme glaubt – und andere Berichte gibt es nicht –, dann trug sich dieser „Frontwechsel" auf äußerst abenteuerliche Weise zu und stellte ein kleines Drama für sich dar.[11] Bei einer mehrtägigen Odyssee zwischen den deutschen und russischen Stellungen erlitt Lorenz eine Schusswunde am Unterarm, ehe er schließlich von den Sowjets gefangen genommen wurde.

Die erste Zeit war für Lorenz die schwerste – insgesamt hatte er aber auch in seiner Kriegsgefangenschaft Glück: Seinem Biografen Nisbett erzählte Konrad Lorenz später, dass er nie in einem schlecht geführten Lager gewesen sei.[12] Die ersten Monate verbrachte er zunächst in zwei Lagern nahe der Front, seine offizielle Registrierung als Kriegsgefangener wird im sowjetischen Personalakt mit dem 25. August 1944 angegeben. In seiner Nobelpreisrede erinnerte er sich, dann in einer Stadt namens Chalturin bei Kirow als Arzt gearbeitet zu haben, wo er für eine Abteilung mit 600 Betten verantwortlich gewesen sei. Dort lagen vor allem kranke deutsche Kriegsgefangene, die an Polyneuritis litten, „einer Entzündung des Nervensystems, die durch die kombinierten Auswirkungen von Stress, Überbeanspruchung, Kälte und Vitaminmangel entsteht".[13] Die Krankheit war den Russen laut Lorenz unbekannt. Er aber wusste, wie sie zu behandeln war – nämlich mit viel Vitamin C und Warmhalten der Patienten. „Daher hatte ich bei den Russen einen Stein im Brett, gleich von Anfang an."[14]

In Chalturin, dem Lager 307/2, wurden die Kriegsgefangenen beim Bau eines Kraftwerks eingesetzt – eine Arbeit, von der Lorenz als Arzt freigestellt war. Im folgenden Winter hatte er selbst eine Scharlacherkrankung durchzustehen. Einfach war das Leben in den Lagern auch ohne Krankheit nicht: In einem Gebäude waren im Schnitt 250 bis 500 Gefangene untergebracht, auf ein Lager mit zehn Baracken kam eine einzige Waschgelegenheit mit zwanzig Löchern. 1945 wurde zumindest offiziell festgelegt, die Essensrationen zu vergrößern: Ab da erhielten die Kriegsgefangenen pro Tag 600 Gramm Schwarzbrot, 90 Gramm Haferschleim, 30 Gramm Fisch, 15 Gramm Schweineschmalz, 15 Gramm Öl, 17 Gramm Zucker und 600 Gramm Kartoffeln. In den Krankenlagern wurde die Fleischrate auf 150 Gramm erhöht, die Zuckerrate auf 30 Gramm. Außerdem erhielten die Gefangenen 300 Gramm Milch.[15] Lorenz war einer der wenigen, die nicht an Mangelerkrankungen litten, weil er die karge Lagerkost durch unorthodoxe Zusatznahrung ergänzte. Sein Tierverzehr in der Kriegsgefangenschaft ist jedenfalls Legende – und je nach Biografen hat Lorenz dabei die ungewöhnlichsten Tiere verspeist: Heuschrecken,

Ameisen, Igel und angeblich sogar den fleischigen Hinterleib einer Tarantel.[16]

Im Mai 1946 begann die nächste unfreiwillige Reise. Die Kriegsgefangenen wurden in das armenische Teillager Dzorages überstellt, wo sie Anfang Juni eintrafen. Noch unmittelbar vor der Abreise – im Mai 1946 – dürfte Konrad Lorenz erfahren haben, dass alle Mitglieder seiner Familie den Krieg unbeschadet überstanden hatten.[17] Die Familie selbst hatte bereits im November 1945 vom Schicksal des Ehegatten und Vaters Kenntnis erhalten: Ein gewisser Herr Harrer, aufgrund einer Beinamputation und schwerer Krankheit aus der sowjetischen Gefangenschaft entlassen, schmuggelte einen Zettel mit der Überlebensnachricht nach Wien. Der Kriegsinvalide hatte die Adresse auswendig gelernt und suchte Margarethe Lorenz in Altenberg auf, um ihr die Botschaft zu überbringen.[18] Am 3. Dezember 1945 kam schließlich eine Rot-Kreuz-Karte in Österreich an.[19] Endlich wusste die Familie und auch der greise Vater, dass Konrad Lorenz am Leben war. Oskar Heinroth allerdings, sein großer Förderer, starb unmittelbar nach Kriegsende 1945 am 31. Mai 1945 in Berlin. Er war untröstlich über den vermeintlichen Verlust von Lorenz: „Jetzt ist alles aus!", hatte der Berliner Zoologe angeblich in höchster Verzweiflung gemurmelt, als er Ende 1944 erfuhr, dass Konrad Lorenz an der Ostfront vermisst werde.[20]

Unmittelbar nachdem die offizielle Vermisstenmeldung in Wien eingelangt war, reiste Lorenz' Königsberger Kollege Eduard Baumgarten Anfang September nach Wien, um mit Margarethe Lorenz zu besprechen, wie man etwas über ihren Mann in Erfahrung bringen könne. Baumgarten war im Luftgaukommando tätig, und die Besprechung fand ausgerechnet an jenem Tag statt, als die ersten schweren Bombenangriffe auf Wien begannen. Baumgarten hat sie angeblich als Kleinigkeit abgetan.[21]

Kurze Zeit danach schickte Margarethe Lorenz die zwei älteren Kinder Agnes und Thomas, damals 14 und 16 Jahre alt, nach Schruns in Vorarlberg. Ihr Sohn sollte zum Volkssturm (zum Schanzbau nach Ungarn) eingezogen werden, was so verhindert wurde.[22] Im März 1945 reiste sie dann selbst nach Vorarlberg. Ursprünglich wollte sie auch ihren Schwiegervater Adolf Lorenz mitnehmen. Nach den Erzählungen von Margarethe Lorenz sei er aber vor dem Haus in Altenberg wieder aus dem Auto ausgestiegen, und zwar mit den Worten: „Hier habe ich gelebt, hier werde ich sterben."[23]

Adolf Lorenz war aber noch am Leben, als Margarethe Lorenz im Juli 1945 allein und illegal über die Demarkationslinie zurück nach Wien und Altenberg fuhr. Das Kindermädchen Annie Eisenmenger, die sich später als Illustratorin von Konrad Lorenz' Büchern einen Namen machte, sorgte in der Zwischenzeit für die Kinder. Trotz ihrer relativ privilegierten Lage litten Margarethe Lorenz und ihre Familie große Not. Zur äußerst trostlosen Situation trug der Tod von Adolf Lorenz am 16. Februar 1946 bei.

Als Konrad Lorenz Ende 1946 in Armenien vom Tod des Vaters erfuhr, zeigte sich auch, wie stark die Bindung zwischen den beiden war: In den Tagen nach dem Erhalt der Todesmeldung hielt er abends Vorträge über dessen Leben und Werk, die er stets mit den Faust-Versen „Wenn du als Jüngling deinen Vater ehrst …" schloss. Das berichtete sein engster Lagerkollege in Armenien, ein deutscher Arzt namens Werner Straube, fast ein halbes Jahrhundert später.[24] Auch Straube war in der Kriegsgefangenschaft von den Russen, obwohl noch Medizinstudent, als Lagerarzt eingesetzt worden. Seine Kenntnisse verbesserten sich aber mit der Ankunft von Lorenz im Juni 1947: Bald wurde „er mein väterlicher Freund und Lehrer und ich sein hochinteressierter Schüler", wie Straube 1994 in schwärmerischem Andenken schrieb. Er berichtete in seinem Brief aber auch vom Lageralltag als Arzthelfer:

> „Tagsüber haben wir die kranken Kameraden im Lazarett und in der Ambulanz versorgt, so gut wir konnten. An Arzneimitteln stand uns wenig zur Verfügung aus deutschen Lazarettbeständen. Im Lager grassierten Magen-Darmerkrankungen, Hepatitis A, Tuberkulose, schwere Avitaminosen, Hauterkrankungen, und die meisten waren Dystrophiker [Personen, die an Ernährungsstörungen leiden; die Autoren] infolge der anhaltenden Mangelernährung. Dazu wurden wir von Läusen, Wanzen und Flöhen geplagt. An Arbeit hat es uns somit nicht gefehlt!“[25]

In Lorenz' Erinnerung sah die Lage in Armenien allerdings etwas anders aus. Er habe als Arzt einige Zeit zur freien Verfügung gehabt, die er dazu nutzte, „ein Buch über Erkenntnistheorie zu schreiben, was das einzige Thema war, für das ich keine Bibliothek brauchte. Das Manuskript wurde vor allem mit einer Lösung aus Pottasche-Permanganat auf Zementsäcken geschrieben, die zerschnitten und gebügelt worden waren.“[26] Das Privileg, im Kriegsgefangenenlager schreiben zu dürfen, verdankte Konrad Lorenz angeblich dem sowjetischen Arzt im Rang eines Majors, Josip Gregorian – und eigentlich seinem eigenen Vater: Gregorian war Orthopäde und kannte seinen berühmten Kollegen Adolf Lorenz.[27]

Was ist aber von Lorenz' Situation und seinem Verhalten im Lager bekannt? Alle Zeugenberichte und auch Lorenz' eigene Erzählungen zeichnen ein überaus günstiges Bild vom Kriegsgefangenen, der sich allem Anschein nach nicht nur als Arzt, sondern auch als Mensch außerordentlich bewährt hat. Nicht allein seinen eigenen Darstellungen zufolge soll er nicht nur als Arzt, sondern auch als „Lehrer, Spaßmacher, Clown und Seelsorger“[28] tätig gewesen sein. Er hielt Vorträge und organisierte szenische Aufführungen von Goethes „Faust“: Von einer „jüdischen Politkommissarin“, die gerührt war, dass Lorenz es auswendig konnte, habe er eine Ausgabe des Dramas geschenkt bekommen.[29] Angeblich soll es auch eine kurzfristige Liebesbeziehung zu einer russischen Lagerärztin gegeben haben.[30]

Dass ihr Mann bei den Russen nicht nur eine harte Zeit durchmachte, erfuhr auch Margarethe Lorenz im fernen Altenberg. In einem Brief an Erwin Stresemann schrieb sie im Oktober 1946:

> „Konrad soll es sehr gut ergehen. Er schreibt es in jedem Brief mit Nachdruck. Und es haben mir drei Heimkehrer ausführlich so berichtet und viele andere so geschrieben. Konrad soll eine Mordsposition als Neurologe haben, perfekt russisch sprechen und schreiben, der Liebling der Behörden sein, glänzend aussehen, lustig und ganz gesund sein, kurz: Es könnte ihm derzeit gar nicht besser gehen, wohl aber viel viel schlechter. […] Er ist ein bekannter Glückspilz (toi, toi, toi), alle Leute mögen ihn gleich und tun was sie können für ihn. Ich glaube, dass er sich so gut gestellt hat, wie es überhaupt möglich ist. Ich hätte ihm das nie zugetraut, dass er sich so richtig durchsetzt. Ich bin ganz gebläht vor Stolz, wenn ich auch andererseits leise besorgt bin, ob er nicht ganz ein anderer Herr geworden ist.“[31]

Sie selbst hatte hingegen mit den russischen Besatzern so manchen Strauß auszufechten. Insgesamt scheint es fast, als sei es ihrem Mann im armenischen Lager 1946 besser gegangen als ihr selbst in Altenberg: „Es ist ein mieses Leben“, schrieb sie in jenem Jahr an Annie Eisenmenger und ihre Kinder in Vorarlberg. In einem der Briefe berichtete sie davon, wie gerade vier Soldaten über den Keller ins Haus eingebrochen seien, sie durch Schreie Hilfe geholt habe und zwei der vier Diebe gefasst worden seien. Plünderungen standen an der Tagesordnung. Wohl allein dem energischen Auftreten von Margarethe Lorenz war es zu verdanken, dass das prächtige[32] Haus in Altenberg die erste Besatzungszeit fast unbeschadet überstanden hat.

Konrad Lorenz schloss währenddessen im Sommer 1947 sein Manuskript ab und bat brieflich bei der Sowjetischen Akademie der Wissenschaften, dass man ihm erlauben möge, den dicken Packen beschriebenen Zementpapiers in seine Heimat mitzunehmen. Am 19. September 1947 wurde ihm mitgeteilt, dass sein Ansuchen positiv behandelt worden sei.[33] Noch am selben Tag überstellte man ihn nach Krasnogorsk ins Lager 27/2 – in seinem Rucksack das Manuskript und in den Händen je ein selbst gebastelter Vogelkäfig: in einem der Star Friedrich und im anderen eine Haubenlerche und drei Sperlinge. In Krasnogorsk musste Lorenz eine Abschrift seines Manuskripts herstellen, ehe er ins (Prominenten-)Lager 453 (Moskau, Gebiet Moskau) transportiert wurde, wo er jenes Gespräch mit einem Oberstleutnant führte, von dem Lorenz später immer wieder in Dankbarkeit erzählt hat:[34]

> „‚Setzen Sie sich, Herr Professor. Ich bin nicht mehr Ihr Vorgesetzter, Sie sind nicht mehr Kriegsgefangener. Können Sie mir Ihr *Ehrenwort* geben, dass in dem Manuskript, das Sie eingeschickt haben, dasselbe steht wie in dem Manuskript, das Sie bei sich im Rucksack haben?‘ Darauf sagte ich: ‚Nein, das kann ich nicht. Ich habe zwei Kapitel gestrichen, vieles gekürzt und einiges dazugesetzt.‘ Da hat er furchtbar gelacht ob meiner Naivität und gesagt: ‚Nein, das meine ich nicht. Ich meine, ob da wirklich nichts anderes drinsteht als das wissenschaftliche Buch?‘ Da fiel bei mir der Groschen, und ich sagte: ‚Ja, das kann ich Ihnen mit Ehrenwort versprechen, dass nichts Politisches und nichts Berichtendes drinnensteht.‘“[35]

Im Vertrauen auf Lorenz’ Handschlag erteilte der Oberstleutnant den Transportbegleitern des Heimkehrer-Konvois den Befehl, den Professor alles mitnehmen zu lassen, was er habe. Am

Weihnachtstag des Jahres 1947 war es dann so weit: Konrad Lorenz trat die beschwerliche Heimreise nach Österreich an, und zwar über das Repatriierungslager 36 im rumänischen Marmoros Sziget, wo er noch einmal mehrere Wochen zuwarten musste, weil ein Eisstoß eine Donaubrücke unpassierbar gemacht hatte.

Wie hat sich die Kriegsgefangenschaft auf Lorenz' Einstellung zum Nationalsozialismus ausgewirkt? War es das Erlebnis bei Posen gewesen, als Lorenz Roma oder Sinti beim Transport in ein Konzentrationslager sah, das ihm die Schrecken des Nationalsozialismus vor Augen geführt hatte? Oder fand das Umdenken – wenn überhaupt – in den russischen Lagern statt? In seinem autobiografischen Bericht aus dem Jahr 1973 heißt es dazu knapp:

> „Ich hatte die Gelegenheit, die offensichtlichen Parallelen zwischen den psychologischen Auswirkungen der nationalsozialistischen und der marxistischen Erziehung zu beobachten. Damals begann ich auch, das Wesen der Indoktrination als solches zu verstehen."[36]

Was das bedeutete, stellte er 1983 in seinem Buch „Der Abbau des Menschlichen" klar:

> „Viele jüngere Militärs und Ärzte, mit denen ich während meiner ärztlichen Tätigkeit in der Sowjetunion näher bekannt wurde, unternahmen an mir Bekehrungsversuche. Wenn einer dieser Leute begann, freundlicher zu werden und dem Gefangenen gegenüber seine steife Zurückhaltung abzulegen, konnte ich geradezu voraussagen, wann der Bekehrungsversuch kommen würde. Dabei war mit großer Regelmäßigkeit der missionsbeflissene Sowjetbürger ein uranständiger und netter Mensch, in vielen Fällen ‚hatte ich nicht das Herz', ihm einzugestehen, wie unannehmbar seine Doktrin mir war."[37]

Was nun die politische Konversion betrifft, kann man das

„Russische Manuskript" als Dokument einer solchen lesen – auch wenn das Manuskript in erster Linie eine Niederschrift seiner damaligen erkenntnistheoretischen Vorstellungen darstellt und mit Politik auf den ersten Blick gar nichts zu tun hat. Lorenz begann die Arbeit an diesem Buch bereits lange vor seiner Gefangennahme in Witebsk: Das Exposé, die Einleitung und das erste Kapitel schrieb er noch an der Front[38] – diese Unterlagen sowie seine Tagebücher sind aber bei der Gefangennahme verloren gegangen. Jedenfalls finden sich auch in diesem hauptsächlich wahrscheinlich 1947 geschriebenen Manuskript an drei Stellen Bemerkungen zum Thema „Domestikation bei Mensch und Tier", das Jahre zuvor zu seinen offensichtlichsten ideologischen Anbiederungen an das NS-Regime geführt hatte.

Es ist also nicht so, dass Lorenz verworfen hätte, was ihn als fixe Idee zeit seines Lebens verfolgte.[39] Doch der Unterschied zu den Artikeln aus der NS-Zeit ist im „Russischen Manuskript" offensichtlich – sowohl in der Tonlage als auch in der Argumentation. Nicht nur, dass sich Lorenz der politischen Folgerungen vollkommen enthält: Seine Sicht der Domestikationserscheinungen des Menschen zeigt sich nun ambivalent, ja es überwiegen die positiven Elemente. Einleitend heißt es zwar noch, dass durch domestikationsbedingte Ausfälle ganz bestimmter arteigener Verhaltensweisen „schwerste Störungen" entstehen und diese sogar „zum *Lethalfaktor* im strikten Sinne moderner Erblehre werden" können.[40] In Bezugnahme auf den Zoologen Charles Otis Whitman (1842-1910), den US-amerikanischen Pionier der Verhaltensforschung, von dem Lorenz auch das Motto des Buches entlehnte, hob er die positiven Aspekte der Domestikation für die Menschwerdung hervor: Whitman habe, schreibt Lorenz, „die wirklichen stammesgeschichtlichen Wechselbeziehungen zwischen instinktivem Verhalten und Höherentwicklung der Intelligenz klargestellt". Und:

> „[W]ir verehren ihn noch ganz besonders darum, weil er mit wahrhaft genialem Weitblick so früh schon gerade die *domestikationsbedingten* Ausfälle instinktiven Verhaltens mit der sprunghaften Entstehung und Höherentwicklung der *menschlichen* Intelligenz in Zusammenhang gebracht hat!"[41]

Dieser Gedanke ging jedenfalls in den meisten seiner Publikationen während der NS-Zeit weitgehend unter, als Lorenz vor allem von den negativen Folgen der Zivilisation sprach, die seiner Meinung nach rassenpolitisch bekämpft werden sollten.

Es gibt aber auch andere Quellen, die etwas direkter über Lorenz' politische und weltanschauliche Einstellung in der Zeit der Kriegsgefangenschaft Auskunft geben: jene beiden Fragebögen, die er 1945 und 1947 in der Gefangenschaft ausfüllen musste, sowie eine amtliche, vor allem politische Beurteilung des Gefangenen vom September 1947. Diese Dokumente wurden erst mit der Öffnung der russischen Archive in den Neunzigerjahren zugänglich und zeichnen ein anderes, erstaunliches Bild.

Die erste Befragung wurde am 14. Februar 1945 noch in Kirow durchgeführt, und zwar von einem Hauptwachtmeister namens Toropov.[42] Die Antworten bringen zunächst einmal Bekanntes zutage, gewissermaßen die harten Fakten der Biografie von Konrad Lorenz: geboren 1903 in Wien, Familienwohnsitz Altenberg. Lorenz verfüge über kein Eigentum, wenige Zeilen später nennt er das Haus in Altenberg als persönlichen Besitz. Als nächste Verwandte führt er seinen damals 90-jährigen Vater, seinen 59-jährigen Bruder Albert, seine Frau und seine drei Kinder an. Er sei österreichischer Nationalität und seine Muttersprache Deutsch. Nach seiner zivilen Position vor Eintritt in die Wehrmacht befragt, sagt er: „Professor für Psychophysiologie".

Die zweite Befragung fand zwei Jahre später am 5. Februar 1947 statt, im armenischen Lager Amalmy – diesmal war es ein gewisser Kommandant Karapetyan, der Lorenz' Angaben zu Papier brachte. Im Großen und Ganzen gibt Lorenz auf dieselben Fragen dieselben Antworten – aufschlussreich sind einige Abweichungen. So bekennt Lorenz bei der ersten Befragung, „gläubig" zu sein. Nach zwei Jahren Gefangenschaft ist er ohne Bekenntnis. Und während er im ersten Fragebogen, nach seiner Parteizugehörigkeit gefragt, noch nationalsozialistisch angibt, heißt es im zweiten: „Kandidat der Nationalsozialistischen Partei".

Die bemerkenswerteste politische Einschätzung des Kriegsgefangenen Konrad Lorenz wurde allerdings im September 1947 in Armenien verfasst – unmittelbar vor seiner Abreise in Richtung Moskau, um die Erlaubnis zur Mitnahme des „Russischen Manuskripts" zu erhalten. In diesem Text heißt es nach einigen Formalitäten:

> „Der Kriegsgefangene Lorenz wird als guter Mensch charakterisiert. Er ist diszipliniert, fleißig, politisch gut informiert, nimmt an antifaschistischer Arbeit aktiv teil, genießt bei den anderen Lagerinsassen Autorität und ist bei ihnen beliebt. Seine Vorträge und Berichte wurden von den Lagerinsassen geschätzt. Der Kriegsgefangene Lorenz hat viele Länder bereist, unter ihnen die USA, England, Frankreich, Belgien, Holland, Italien, Griechenland, CSSR usw. Er kennt sich in theoretischen Problemen sehr gut aus, und er hat politisch die richtigen Ansichten. Lorenz ist im Lager als Propagandist unter den deutschen und österreichischen Kriegsgefangenen tätig. Er spricht Französisch und Englisch. Wir haben keine kompromittierenden Unterlagen über K. A. Lorenz."[43]

Ganz zum Schluss des Gutachtens, unmittelbar vor der Unterschrift der Lagerverwaltung, wird jedenfalls noch bestätigt, dass aus allen Dokumenten sowie aus Aussagen des Gefangenen hervorgehe, dass Konrad Lorenz der österreichischen Nation angehört.

10.
Rückkehr und Abschied

Altenberg 1948 bis 1950

Ich begrüße Sie! Da bin ich wieder! Ein bisserl grau, aber sonst durchaus unbeschädigt, ja vielleicht sogar ein klein wenig gewachsen." Mit diesen Worten meldete sich Konrad Lorenz bei seinem ehemaligen Königsberger Kollegen Otto Koehler unmittelbar nach seiner Heimkehr nach Altenberg zurück. Und es schien, als hätte sich in den mehr als sieben Jahren, die er fern von Altenberg verbracht hatte, nichts verändert:

> „So sitze ich hier im alten Hause, in den alten Kleidern, gehe auf den alten Wegen, an meiner Seite läuft ein Hund des gleichen alten Stammes, die Dohlen jüpen im Schornstein ihre alte Frühlingsbotschaft, und ich klappere auf meiner alten Remington. Wenn nicht der Star und die Ohrenlerche, die Kameraden in meiner armenischen Wanderzeit, in ihren Käfigen neben meinem Schreibtisch säßen, könnte man glauben, die ganze Kriegsgefangenschaft sei nur ein Traum!"[1]

Zu Frühlingsbeginn 1948, fast drei Jahre nach Ende des Zweiten Weltkriegs, kehrte Konrad Lorenz, inzwischen 45 Jahre alt, aus russischer Kriegsgefangenschaft zurück. Der 10. Russlandheimkehrer-Transport brachte ihn am 20. Februar zunächst nach Wiener Neustadt. Mit einem Omnibus in Richtung Tulln kam er schließlich in Altenberg an. In seinem Gepäck führte er den armenische Star und die zahme Ohrenlerche mit sich, die ihn schon während der langen Reise von Armenien nach Moskau in zwei Käfigen begleitet hatten. Mit dabei war aber auch jenes Manuskript, das verantwortlich zeichnete für seine um einige Monate verspätete Heimkehr.

In Altenberg hatte sich einiges verändert: Lorenz' Vater war seit zwei Jahren tot, das Erbe längst geregelt: Konrad und Margarethe Lorenz hatten die Villa in Altenberg erhalten. Die materielle Situation nach Lorenz' Rückkunft war gleichwohl schwierig: Seine Frau hatte bereits 1941 einen verpachteten Acker gegen einen ertragreichen Obstgrund getauscht und einen Gemüsegarten angelegt. Geld war nach wie vor ein knappes Gut – zumal der Familienvater keine bezahlte Anstellung mehr hatte: Aus Königsberg war Kaliningrad und Ostpreußen Teil der Sowjetunion geworden.

Lorenz' wissenschaftliche Re-Etablierung in Wien fand zunächst an zwei außeruniversitären Institutionen statt, die erst nach 1945 gegründet worden waren und die auch eng miteinander kooperierten: an der von Otto Koenig gleich nach Kriegsende ins Leben gerufenen Forschungsstation Wilhelminenberg sowie am Institut für Wissenschaft und Kunst, die beide der Volksbildung nahe standen.

Der 1914 geborene Koenig war als begeisterter Hörer in Lorenz' Kursen an der Urania 1936 und 1937 gesessen und hatte dort auch die entscheidenden Anregungen zur Gründung der Forschungsstation erhalten.[2] Nach dem „Anschluss" hätte er Leiter einer biologischen Forschungsstelle am Neusiedlersee werden sollen – die Pläne dafür waren jedenfalls schon von den NS-Naturschutzstellen abgesegnet. Doch ehe er seinen Posten antreten konnte, musste er in die Deutsche Wehrmacht einrücken. Im Mai 1945 kehrte er nach Wien zurück und begann umgehend mit der Verwirklichung seiner Institutspläne. Auf dem Wilhelminenberg im Westen Wiens war bald ein Standort gefunden: Inmitten von Wald, Wiese und Wasser standen acht Baracken, in denen während des Kriegs ein Flakbataillon stationiert war. Dieses Gelände wurde von Koenig und seiner Frau gleichsam okkupiert und nach und nach zum Institut umgewandelt – unterstützt übrigens von Ernst Fischer, dem kommunistischen Staatssekretär für Volksaufklärung, Unterricht, Erziehung und Kultus.[3]

Otto Koenig war der Erste, an den sich Lorenz nach seiner Heimkehr wandte. Aus Altenberg teilte er ihm mit, dass er demnächst nach Wien kommen und auch den Wilhelminenberg besuchen wolle:

> „Unsere nähere Zusammenarbeit wird sich ja zweifellos in irgendeiner Form wieder einspielen, es wird sich zwanglos ergeben, in was für einer. Ich muss meine weit verstreuten wissenschaftlichen Kinder erst langsam wieder zusammenholen, und ich brauch' Ihnen nicht zu sagen, dass Sie mir immer ein besonders liebes unter diesen gewesen sind! So richtige Tiermenschen wie Sie gibt es nicht viele! […] In alter Freundschaft! Ihr ‚greiser Lehrer' Konrad Lorenz."[4]

Am 19. März war es so weit. Im Tagebuch des Wilhelminenbergs heißt es dazu wie folgt: „Lorenz auf Besuch! Isst neben Gastmahl Ameisen in freier Wildbahn. Erwartungen weit übertroffen."[5] Es wurde vereinbart, dass Lorenz für die jungen Mitarbeiter jeden Samstag Vormittag Vorlesungen halten sollte, beginnend mit dem 10. April – seine erste Lehrveranstaltung in Wien nach seiner Rückkehr. Unter den Zuhörern waren damals neben Otto Koenig und dessen Frau Lili auch die Zoologie-Studenten Irenäus Eibl-Eibesfeldt, Wolfgang Schleidt, Friedrich Haiderer sowie Ilse und Heinz Prechtl.

Daneben bot sich mit dem Institut für Wissenschaft und Kunst, 1946 in Wien gegründet, ein zweiter Ort an, an dem Lorenz unterrichten konnte. Ab Herbst 1948 wurde dort unter dem Titel „Vergleichende Verhaltensforschung" jene Arbeitsgemeinschaft für Tierpsychologie fortgeführt, die am Wilhelminenberg ins Leben gerufen worden war. Lorenz bestritt seine wöchentlichen Vorlesungen am IWK vor allem auf der Grundlage des „Russischen Manuskripts“, von dem er auch für kürzere Publikationen Gebrauch machte: So entsprach sein Artikel „Was ist Vergleichende Verhaltensforschung“[6], veröffentlicht in Otto Koenigs Zeitschrift *Umwelt*, in weiten Teilen der Einleitung des Buchmanuskripts, das er in der Kriegsgefangenschaft verfasst hatte.

In Altenberg wollte er daraus ein vierbändiges Grundlagenwerk der „Vergleichenden Verhaltensforschung“ machen. Lorenz unterzeichnete auch einen Vertrag mit dem Springer-Verlag. „Erster Band bis Mai [1949] abzuliefern“, schrieb er Anfang 1949 an Otto Koehler, „geht ziemlich leicht!“[7] Tatsächlich erschien das Buch erst 1978. Sehr viel erfolgreicher erwies sich ein anderes Buchprojekt, das er „zur Finanzenbesserung“ verfasste: „Er redete mit dem Vieh, den Vögeln und den Fischen“ erschien 1949 im kleinen Verlag von Gerda Borotha-Schoeler, einer Bekannten von Lorenz. Das Buch enthielt höchst amüsant erzählte Anekdoten aus eigenen Tierbeobachtungen und war zugleich eine gelungene Einführung in die Vergleichende Verhaltensforschung. Es wurde zu einem Bestseller, schon bald nach Erscheinen waren tausende Exemplare verkauft. Bis heute gilt der Band als eine der besten populären Einführungen in das Tierverhalten[8], allein seine deutsche Gesamtauflage geht in die Hunderttausende.

Das Buch sicherte Lorenz auch bei seinen Vorträgen am IWK ein volles Haus, wo regelmäßig weit mehr als hundert Zuhörer seinen Ausführungen lauschten.[9] Lorenz hielt seine populärwissenschaftlichen Vorlesungen am IWK auch noch ab, als er schon wieder an der Universität lehrte – nicht zuletzt auch aus Dankbarkeit dafür, dass es „mir bei meiner Rückkehr aus der Kriegsgefangenschaft als Erstes Gastfreundschaft gewährte", wie er im September 1949 ans IKW schrieb.[10]

An der Universität Wien hatte sich seine Rückkehr vor allem deshalb verzögert, weil Lorenz nach 1938 eine Professur in Deutschland angetreten hatte. Sein Fall stellte im Grunde das genaue Gegenteil dessen dar, was an Österreichs Universitäten nach 1945 „Entnazifizierung" auch bedeutete:[11] Neben der Entlassung von NS-Parteigängern wurden nämlich ehemals reichsdeutsche Professoren wieder nach Deutschland zurückgeschickt. Das Staatsamt hatte im Zuge der so genannten Liquidierungsmaßnahmen des Verhältnisses Österreichs zum Deutschen Reich festgelegt, ordentliche und außerordentliche Professoren aus Deutschland, die man nach dem 13. März 1938 nach Österreich berufen hatte, nicht in das Dienstverhältnis der Republik Österreich zu übernehmen.

Auf diesem Wege verließ zum Beispiel auch der Zoologe Wolfgang von Buddenbrock die Wiener Universität. Otto Storch, 1938 aus politischen Gründen von seiner Professur in Graz entfernt, folgte ihm nach. Storch war es auch, der sich nach 1948 besonders intensiv für Lorenz' Wiedererlangung der Habilitation einsetzte, wie der Verhaltensforscher in seinem Lebenslauf für die Nobel-Stiftung dankbar herausstrich.[12] Dieses neuerliche Ansuchen um die Lehrbefugnis war nötig geworden, weil Lorenz nach 1938 eine Professur in Deutschland angetreten hatte. So also traf sich am 12. November 1948 in der Kanzlei des philosophischen Dekanats der Alma Mater Rudolphina eine Kommission, bestehend aus zehn Professoren unter dem Vorsitz des Dekans Herbert W. Duda, um über die Wiederverleihung der Venia legendi an Prof. Dr. Konrad Lorenz zu befinden.[13]

Hofrat Richard Meister eröffnete die Sitzung um 12 Uhr

und stellte fest, dass die Erstattung von Gutachten entfalle, da Lorenz bereits 1937 habilitiert worden war. Der angesehene Altphilologe sprach sich für die Wiederverleihung aus. Ihm sekundierte Storch, der den Antrag eingebracht hatte und Lorenz als „erfahrenen Forscher auf dem Gebiete der Tierpsychologie" lobte. Der Zoologe schlug die Wiederverleihung der Venia und außerdem die Gewährung einer monatlichen Aushilfe von öS 500,– vor. Der Nächste am Wort war Wilhelm Marinelli, der insbesondere Lorenz' Kenntnisse der vergleichenden Anatomie herausstrich.

Dann aber meldete sich eine Gegenstimme. Hubert Rohracher, ab 1943 außerordentlicher Professor für Psychologie an der Universität Wien und seit 1947 ordentlicher Professor und Institutsvorstand[14], schloss sich zwar der Meinung seiner Kollegen an, dass die Leistungen von Konrad Lorenz außer Zweifel stünden. Aber er sah ein erhebliches Problem: Der werte Kollege sei bekanntlich Professor für Psychologie in Königsberg gewesen, und die deutsche Gesellschaft für Psychologie sei nun unmissverständlich gegen die Erteilung einer Lehrbefugnis, weil Lorenz' Publikationen nationalsozialistisches Gedankengut enthalten würden. Tatsächlich war es vor allem der aus Graz gebürtige Psychologe Johannes von Allesch, der als Vorsitzender der Deutschen Gesellschaft für Psychologie nach 1945 Lorenz scharf kritisierte – auch mit dem Argument, dass er von Humanpsychologie nichts verstehe.[15] Rohracher jedenfalls stellte einen Antrag auf „Vorlage aller seiner Publikationen (*Zeitschrift für Tierpsychologie* ca. 1942)", ehe Lorenz die Dozentur wieder verliehen werden könne. Der Pflanzenphysiologe Karl Höfler stimmte dem Psychologen zu, während Hans Leitmeier, der ehemalige Sekretär der volkstümlichen Universitätskurse, den „Wert Lorenz'" hervorhob und betonte, dass der Heimkehrer stets „die Parteiideologie abgelehnt" habe.

Damit war die Debatte voll im Gang. Storch, der sich am vehementesten für Lorenz einsetzte, argumentierte, „es sei zu entscheiden zwischen der Persönlichkeit und diesen nationalsozialistischen ‚Seitensprüngen'". Höfler sprach sich danach noch einmal „für Vertagung" aus, ehe Hans Leitmeier, der Lorenz von den volkstümlichen Universitätskursen her gut kannte, gegen die Aufrechnung politischer Argumente plädierte. Die Diskussion wurde schärfer. Neuerlich ergriff Storch das Wort und erklärte, dass die politischen Äußerungen des Kollegen Lorenz lediglich aus dessen „fachlicher Einstellung hervorgegangen" seien. Ein Kommissionsteilnehmer widersprach und erinnerte an Lorenz' Berufung nach Deutschland. Lorenz hatte aber mit Wilhelm Marinelli einen zweiten Verbündeten, der nun seinerseits die Kritik der deutschen Psychologen zu relativieren versuchte. Das Urteil der deutschen Psychologen sei doch nur „durch Fachantagonismus bestimmt": Die Humanpsychologen wollten Revanche dafür nehmen, dass der Tierpsychologe Lorenz in der NS-Zeit „richtiger Psychologe" gewesen sei. Professor Storch verwies sogleich auf das positive Urteil von Karl von Frisch und die „Wertschätzung in Holland", die Lorenz entgegengebracht würde. Daran anschließend versuchte Marinelli ein Machtwort zu sprechen: Es bestehe keine Gefahr, dass Lorenz in Zukunft nationalsozialistische Anschauungen vertreten würde.[16]

So viele Ehrbezeugungen machten auch auf Hubert Rohracher Eindruck: Der Psychologe zog seinen Antrag „aufgrund der Persönlichkeitsschilderungen von Professor Marinelli und Leitmeier zurück". Es wurde dem ursprünglichen Ansuchen von Professor Storch stattgegeben. Das Sitzungsprotokoll vermerkt: „Schluss: 13:30!" Tags darauf segnete das Professorenkollegium der Philosophischen Fakultät mit 38 Ja- und zwei

Nein-Stimmen sowie drei Stimmenthaltungen die Wiederverleihung der Lehrbefugnis ab.

Damit war die „Re-Habilitation" aber noch lange nicht abgeschlossen, wie Lorenz auch in einem Brief an Otto Koehler unmittelbar nach den Beratungen klagte. Denn nachdem sie im Professorenkollegium glatt und schön durchgegangen sei, „scheint sie im Ministerium zu haken: Marinelli meint wegen allgemeinen Widerständen weltanschaulicher Art gegen Tierpsychologie, Storch meint, wegen irgendeiner persönlichen Denunziation, Meister meint, wegen beidem, sei aber nicht sehr ernst zu nehmen, item, jünger wird man nicht davon."[17]

Tatsächlich ersuchte das letztlich in der Sache entscheidende Unterrichtsministerium wenig später beim Innenministerium um Mitteilung, „ob über das staatsbürgerliche Verhalten des Genannten Nachteiliges bekannt ist und ob über sein *Verhältnis zur NSDAP usw. Unterlagen, eventl. von der Zentraldokumentensammlung in Berlin vorliegen*".[18] Und weiter hieß es in diesem Schreiben, das im Innenministerium am 6. Januar 1949 einging: „Nach einer Bescheinigung der Bezirkshauptmannschaft Tulln als Registrierungsbehörde vom 25. 5. 1948 ist der Genannte in den NS-Listen nicht verzeichnet worden."

Das Innenministerium allerdings kommt dabei zu einer etwas anderen – „vertraulichen" – Einschätzung, nämlich, „dass Dr. Konrad Lorenz [...] nach ho. aufliegenden nat.soz. Aktenstücken Mitglied der NSDAP seit 1. 5. 1938 (Mitgl. Nr. 6,170.554) gewesen ist". Wörtlich heißt es in dem Dokument, dass er „[n]ach einer Beurteilung des NS-Dozentenbundführers vom 23. 12. 1938 [...] früher politisch indifferent" gewesen sei. Er habe sich aber „im Juni 1938 bei der NSDAP um Aufnahme beworben. Eine Abschrift des von Dr. Lorenz eigenhändig gefertigten Erfassungsantrages vom 28. 6. 1938 ist der Anlage beigeschlossen".

Ein ähnlich lautendes Schriftstück des Innenministeriums erging am 12. März 1949 auch an die in der Bezirkshauptmannschaft angesiedelte Registrierungsbehörde Tulln. Zugleich wurde auch die Sicherheitsdirektion für das Land Niederösterreich mit dem Fall konfrontiert. Diese erhielt wiederum von der Bezirkshauptmannschaft Tulln eine Stellungnahme, die am 11. Mai 1949 auch im Innenministerium ankam. Darin heißt es:

„Dr. med. et phil. Konrad Lorenz [...] genießt sowohl in moralischer als auch in staatsbürgerlicher Hinsicht einen sehr guten Leumund. [...] In der Gemeinde Altenberg sowie bei der Bevölkerung konnte über das politische Verhalten des Genannten nichts Nachteiliges in Erfahrung gebracht werden. Hinsichtlich der Verzeichnung des Dr. Lorenz in den besonderen Listen gemäß § 4 VG 1947 wurden von der Bezirkshauptmannschaft Tulln Erhebungen geführt. Diese haben ergeben, dass Dr. Lorenz wohl ein Aufnahmeansuchen in die NSDAP gestellt hat, dass ihm jedoch niemals eine Mitglieds- oder Anwärterkarte ausgehändigt wurde. Da nach den Organisationsbestimmungen der NSDAP erst durch die Aushändigung der Mitgliedskarte die Mitgliedschaft begründet wurde, kann von einer rechtswirksamen Aufnahme in die NSDAP nicht gesprochen werden."[19]

Lorenz war in der Sache anscheinend selbst eingeschalten worden. Am selben Tag schickte er einen mit zwei Wortspielen versehenen Brief an seinen Kollegen Otto Koehler:

„Meine Re-Installation an der Wiener Uni verzögerte sich durch eine onanyme [sic!] Nazi-Denunziation, die zum Glück so übertrieben war, dass ihre Unwahrheit zu beweisen war. Ich sollte ein ganz hervorragend aktives Mitglied seit 1935 und

Gott weiß was noch alles gewesen sein. Zum Glück hat sich meine hiesige politische Behörde, die Bezirkshauptmannschaft Tulln, in der anständigsten Weise ins Zeug gelegt, um die Sache richtig zu stellen. Jetzt ist die Sache in Ordnung gebracht, hat mich aber mehrere graue Haare gekostet. Aussderm [sic!] kostete sie mehrere Monate, die ich schon hätte bezahlt sein können. Na, hoffentlich wird es jetzt bald. Das Gute an der Sache ist, dass die Frage meiner Registrierungspflichtigkeit jetzt endgültig und schwarz auf weiß im für mich positiven Sinne entschieden ist.“[20]

Solche Interventionen für ehemalige Parteigänger der Nationalsozialisten waren in jener Zeit nichts Ungewöhnliches. Ein anderer Sohn aus dem Bezirk Tulln, der spätere Bundespräsident Kurt Waldheim, hatte beispielsweise gleich mehrere Bestätigungen über seine angebliche Anti-Nazi-Haltung geliefert. Dabei war Waldheim einst Mitglied des NS-Studentenbundes und einer Reiterstandarte gewesen. Lorenz' „Persilschein“, für den sich allem Anschein nach schon seine Frau vor seiner Rückkehr aus der Kriegsgefangenschaft eingesetzt hatte, wäre zu diesem Zeitpunkt gar nicht mehr nötig gewesen: Durch die Minderbelastetenamnestie, die im April 1948 vom Nationalrat beschlossen und am 28. Mai 1948 vom Alliierten Rat genehmigt worden war, endete mit einem Schlag für knapp eine halbe Million Österreicher die politische Säuberung.[21]

In der Zwischenzeit war Lorenz sehr fleißig am Arbeiten – das hieß damals auch: Umschreiben und neuerliche Veröffentlichung einiger belasteter Arbeiten aus der NS-Zeit. So schrieb er am 12. Februar 1949 an Koehler:

„Ich bin völlig fertig, gesundheitlich und arbeitsmäßig. Ich habe die Arbeit, die ich dem Baumgarten versprochen hatte, rechtzeitig abgeschickt (‚Ganzheit und Teil in der tierischen und menschlichen Gemeinschaft‘, [...] grossenteils Auszug und

Umarbeitung dessen, was im angeschorenen Bema [Wortspiel mit ‚angeborenem Schema'; die Autoren] steht […]. Auch den Beitrag für Heberers ‚Evolution der Orgasmen' [sic!] habe ich rechtzeitig weg."[22]

„Ganzheit und Teil in der tierischen und menschlichen Gemeinschaft" war die gereinigte Fassung von „Die angeborenen Formen möglicher Erfahrung" aus dem Jahr 1943; der Band von Heberer, zu dem Lorenz 1943 beigetragen hatte, wurde inhaltlich „entnazifiziert" und erschien 1954 neu – eben auch mit dem umgeschriebenen Text von Lorenz[23] (siehe auch Kapitel 7). Doch nicht nur die in diesem Brief indirekt angesprochene Umarbeitungspraxis wirft ein Licht darauf, wie Biologen und ehemalige Unterstützer des Nationalsozialismus nach 1945 mit den politischen Verstrickungen ihres Faches in den Jahren zuvor umgingen. In einer anderen Passage des Schreibens wird deutlich, dass für Lorenz nur „die Nazi[s]" für die prekäre Lage der Biologie nach 1945 verantwortlich waren – und dass jetzt die Geisteswissenschaftler, konkret: die existenzialistischen Philosophen, ungerechterweise daraus Kapital schlagen würden:

> „Durch die Pseudo-Biologismen der Nazi haben jetzt natürlich die Anti-Biologen einen fürchterlichen Aufschwung bekommen. Was Existentialismus ist, weiß ich aber immer noch nicht wirklich. ‚Maßlose Aufblähung des Ich auf dem Hintergrunde des absoluten Nichts' ist eine ganz gute Definition. Verblüffend einfach und doch so treffend ist die Definition der Existentialphilosophie, die mir letzthin der bekannte Wiener theoretische Biologe von Bertalanffy auf meine Frage gegeben hat: ‚Totale Hurrrrrenscheisse!' The man seems to have strong feeling on the point!"[24]

Schuld waren also die Nationalsozialisten, aber keinesfalls die Biologen selbst. Diese Sichtweise ist typisch für die Nachkriegsjahre. So schrieb der Botaniker Ernst Lehmann, bis 1939 Herausgeber der NS-Zeitschrift *Der Biologe*, der nach dem „Anschluss“ die österreichischen Biologen im Deutschen Reich willkommen geheißen hatte (siehe Kapitel 5), in seinem Buch „Irrwege der Biologie“ aus dem Jahr 1946:

> „Wo also waren die Biologen, welche für die ‚biologische Weltanschauung‘ des Nationalsozialismus innerhalb der ausschlaggebenden Parteiämter verantwortlich zeichneten? – Sie waren nicht vorhanden.“[25]

Wie wenig Lorenz aber auch inhaltlich von bestimmten Ideen aus der NS-Zeit abrückte, zeigt sich in einem kleinen, kaum beachteten Text, den er 1949 für das *Wiener Literarische Echo* verfasste und in dem er seine spekulativen Aussagen zu Fragen der Ästhetik und Ethik aufwärmte. Diese konservative Literaturzeitschrift wurde von Rudolf Bayr, dem späteren Intendanten des ORF-Landesstudios Salzburg, herausgegeben, unterstützt von Dichtern und Intellektuellen „mit Vergangenheit“, wie Arnold Gehlen oder Karl Heinrich Waggerl. Unter dem Titel „Literarisches Sujet und angeborener auslösender Mechanismus“ schrieb Lorenz dort unter anderem:

> „[D]as echte Kunstwerk und der ‚Schund‘ (…) unterscheiden sich eben nicht mehr und nicht weniger voneinander, als sich die ästhetischen und ethischen Beziehungs-Schemata eines Friedrich v. Schiller und eines durchschnittlichen Großstadtbengels voneinander unterscheiden. Beide sind bei aller unermesslichen Verschiedenheit ihres Wertes immerhin Menschen.“[26]

Und weiter heißt es in Wiederaufnahme seiner Domestikationsidee aus der Zeit vor 1945:

> „Ganz so, wie wir die typischen domestikationsbedingten Veränderungen des äußeren Erscheinungsbildes des Menschen als spezifisch ‚hässlich‘ empfinden, reagieren wir auch auf ganz be-

stimmte, beim Menschen und bei seinen Haustieren in analoger Weise auftretende Veränderungen des angeborenen, arteigenen Verhaltens mit negativen ethischen Wertempfindungen. [...] Auch unter den Beziehungsmerkmalen des sozialen Verhaltens sind die als ‚ethisch' hochwertig empfundenen gerade jene, die durch den ‚Domestikations'-Vorgang gefährdet werden, während die als schlecht und minderwertig beurteilten gerade jene sind, die in seinem Verlaufe zum Überwuchern neigen."[27]

1949 gab es für Lorenz aber noch eine andere, erfreuliche Verbindung zur Literatur: Der Romancier und Dramatiker J. B. Priestley stellte die Tantiemen seiner in Österreich erschienenen Stücke und Romane der Akademie der Wissenschaften zur Verfügung – mit der Auflage, sie an Konrad Lorenz weiterzugeben. Priestleys Frau Jane war eine leidenschaftliche Vogelliebhaberin und überredete ihren Mann zu dieser großzügigen Spende.[28] Lorenz konnte das Geld gut gebrauchen: Im selben Jahr hatte er unter dem Schutz der Österreichischen Akademie der Wissenschaften die Station für Vergleichende Verhaltensforschung in Altenberg gegründet und wollte so seine Vorkriegsforschungsstelle wieder aufbauen. Als Assistenten übernahm er aus dem Wilhelminenberger Mitarbeiterkreis die Studenten Ilse Gilles-Prechtl, Heinz Prechtl und Wolfgang Schleidt.[29] Eine bezahlte Anstellung konnte Lorenz den jungen Wissenschaftlern aber noch nicht bieten, weil er von der Akademie der Wissenschaften und dann auch von der Universität zu geringe Mittel erhielt.

Immerhin durfte er ab dem Wintersemester 1949/50 wieder an der Universität lehren und erhielt dafür auch die beantragte Remuneration, wie er Ende 1949 an Erwin Stresemann schrieb:

„Ich selbst habe seit Oktober als Dozent einen Lehrauftrag, der

> mit öS 500,– Gehalt verbunden ist (nach heutiger Währung 80 Mark), davon soll ich 5 Leute füttern und kleiden (praktisch tut es die Greterl). Ich habe übrigens von diesem Gehalt noch keinen Heller gesehen, so rasch läuft unser Amtsschimmel nicht."

Doch es gab auch rosige Aussichten: „Neuerdings besteht Hoffnung auf ein Ordinariat in Österreich bzw. auf ein Extraordinariat in Wien."[30]

Mit dem Ordinariat in Österreich war jenes für Zoologie in Graz gemeint, das zuvor Karl von Frisch innegehabt hatte. Der Bienenforscher nahm Anfang 1950 einen Ruf nach München an, vor allem aus wissenschaftlichen Motiven: In München „lockte der alte Kreis von Freunden und Mitarbeitern und die rasch wieder angewachsene Zahl von Doktoranden, die an der kleinen Grazer Universität spärlich blieben; ohne ihre Mitwirkung ließen sich die Arbeitspläne nicht durchführen".[31] Außerdem war für Medizin-Studenten nach 1945 Biologie als obligatorisches Prüfungsfach abgeschafft worden, für von Frisch „gleichbedeutend mit der Ausschaltung der Biologie aus dem Studiengang der Mediziner".[32]

Von Frisch jedenfalls setzte sich sehr dafür ein, dass Konrad Lorenz sein Nachfolger in Graz werde. Er hatte zwar von der Tierpsychologie nicht allzu viel gehalten, war aber angeblich von Lorenz' populärwissenschaftlichem Buch „Er redete mit dem Vieh, den Vögeln und den Fischen" so begeistert[33], dass er sich prompt für den Altenberger stark machte. Lorenz besuchte daraufhin von Frisch in dessen Anwesen in Brunnwinkl am Wolfgangsee. In der Folge fand auch „ein großes gegenseitiges Beriechen" zwischen der Grazer Fakultät und Lorenz statt, wie Lorenz schrieb.[34] Der Verhaltensforscher war jedenfalls guter Dinge, was die Professur in Graz betraf:

> „Von Graz immer noch nichts Neues, es ist immer noch nicht heraus, ob ich nächste Woche schon hinfahren muss, um Frisch

zu supplieren, oder nicht. Einige Grazer Fakultätsmitglieder haben, ohne gegen meine Berufung Stellung zu nehmen, die Ansicht ausgesprochen, es sei für die Grazer Dozenten allzu kränkend, wenn ihnen die Vertretung von Frisch nicht einmal für ein halbes Sommersemester anvertraut werden sollte. Sie haben dies in einem Sondervotum an das Ministerium ausgedrückt. [...] Im Ganzen scheint die Sache ganz günstig zu stehen, von ernsten Querschüssen ist im Augenblick noch nichts bekannt. Ich selbst bin psychisch bereits völlig auf Graz eingestellt."[35]

Tatsächlich war der Dozent aus Altenberg „zweimal, zuerst primo et unico loco, dann, als gegen diesen Einservorschlag sich Einwendungen erhoben, in einem Dreiervorschlag an erster Stelle für das vakant gewordene Ordinariat für Zoologie an der Universität Graz dem Unterrichtsministerium vorgeschlagen. Die Lehrkanzel wurde aber anders besetzt", schrieb der Zoologe Otto Storch im Rückblick.[36] Storch, der sich schon in der Habilitationskommission für Lorenz stark gemacht hatte, war für ihn auch hinsichtlich der Professur in Graz sehr engagiert und mehrfach im Unterrichtsministerium in dieser Angelegenheit vorstellig geworden.

Der ÖVP-Unterrichtsminister Felix Hurdes entschied sich aber anders – und zwar ausgerechnet für einen Assistenten Storchs, nämlich Wilhelm Kühnelt. Der Minister wies letztlich alle Vorschläge zurück, Lorenz in Graz oder Wien eine Professur einzurichten. Lorenz selbst hatte angeblich „als verlässliche inside information" erfahren, „Nazi oder nicht sei dem Ministerium wurscht, man wolle aber nicht, dass den steirischen Mittelschulanwärtern die Biologie ausgerechnet in so deszendenztheoretischer Form serviert werde, wie dies in der vergl. Verh. lehre der Fall ist."[37]

Das Ausland zeigte mittlerweile mehr Interesse an seinen Arbeiten. Mehr als fünfzehn Jahre, nachdem ihm Erwin Stresemann geraten hatte, die Anatomie aufzugeben (siehe Kapitel 3), wandte sich Lorenz Mitte November 1950 abermals mit einer ernsten Karrierefrage an seinen deutschen Vertrauten: Zwar war aus Graz und Wien nichts geworden, doch stand er nun plötzlich unverhofft vor zwei hervorragenden Angeboten: In Deutschland hatten sich Erich von Holst und Gustav Kramer bei der Max-Planck-Gesellschaft für die Errichtung einer Max-Planck-Forschungsstelle eingesetzt, an der nicht nur Lorenz, sondern auch einige seiner jungen Mitarbeiter aus Österreich angestellt werden sollten. Kurze Zeit später kam ein ähnlich gutes Angebot aus England von seinen Freunden Bill Thorpe, Niko Tinbergen und Peter Scott. Im Brief an Stresemann jedenfalls hieß es wieder einmal sehr dramatisch:

> „So erfreulich die Gesamtlage ist, befinde ich mich augenblicklich in einer der schwersten moralischen Zwickmühlen meines Lebens, eine griechische Tragödie ist ein Schiessdrack [sic!] dagegen! […] Wenn ich könnte, würde ich mich in der Medianen entzweischneiden. […] Von meinen vier allerbesten Freunden steht genau die Hälfte auf jeder Seite, Gustav und Erich kann ich natürlich noch weniger sitzen lassen, ganz zu schweigen von meinen Mitarbeitern. […] So und jetzt sag mir, was ich tun soll, ich bin völlig am Ende meines Witzes.“[38]

Doch zu diesem Zeitpunkt war die Entscheidung bereits so gut wie gefallen: Lorenz hatte für die Max-Planck-Gesellschaft unterschrieben und übersiedelte noch Ende November 1950 nach Buldern in Westfalen. „Neuer Verlust für Österreichs Wissenschaft“ titelte *Die Presse* am Abreisetag, dem 25. November 1950, auf ihrer ersten Seite. Im Blattinneren war unter dem Titel „Weltbekannter Forscher verlässt Österreich“ ein großer Artikel dem Weggang von Lorenz gewidmet:

> „Tausende kennen den Mann, der mit dem Vieh, den Vögeln und den Fischen redet, tausende lieben seine Tierbücher, in al-

len Werken der einschlägigen Literatur des Auslands wird die von ihm begründete vergleichende Verhaltensforschung [...] gerühmt, seine Vorträge erregen in München ebenso Aufsehen wie in Oxford. Dieser Mann war an der Wiener Universität nur Dozent. Er war es – denn gestern hat er Österreich verlassen. Nach v. Bertalanffy und v. Frisch der dritte große österreichische Naturforscher, den man nötigte, sich selbst zu exportieren."[39]

Ähnliches war auch in der Wiener Universitätszeitung zu lesen: Konrad Lorenz gehe als Leiter einer Abteilung des Max-Planck-Institutes für Biologie in Wilhelmshaven nach Deutschland, und es sei ihm zugebilligt worden, fünf seiner bewährtesten österreichischen Mitarbeiter mit zu transferieren. Es erfolge somit eine Emigration der Repräsentanz der „Vergleichenden Verhaltenswissenschaft", die im Wesentlichen österreichischen Ursprungs sei. Und weiter:

„Das Schicksal der historischen Stätte Altenberg bei Greifenstein, an der diese Forschungsrichtung sich zu einer abgerundeten Disziplin österreichischer Provenienz entwickelt hat, liegt im Ungewissen, und dieses moderne, zukunftssichere Fachgebiet liegt nun bei uns verödet da."[40]

Wenige Tage später griff auch der ehemalige Staatssekretär für Volksaufklärung, Unterricht, Erziehung und Kultus Ernst Fischer in einer mitreißenden Parlamentsrede den Abschied von Konrad Lorenz aus Österreich auf. Der kommunistische Abgeordnete und Intellektuelle nutzte die Gelegenheit, um gegen seinen Nachfolger, den ÖVP-Politiker Felix Hurdes, kräftig zu polemisieren. Er beklagte sich darüber, dass man „zwei weltberühmte Gelehrte, den Grazer Zoologen Karl Frisch und den Tierpsychologen Konrad Lorenz" aus Österreich abwandern ließ – als ob er geahnt hätte, dass die beiden fast ein Vierteljahrhundert später mit dem Nobelpreis ausgezeichnet werden würden. Und weiter hieß es:

> „Frisch hat zwar die Sprache der Bienen entdeckt und Lorenz hat sich durch aufsehenerregende Entdeckungen über das Verhalten von Tieren in der Welt einen Namen gemacht, aber keiner von beiden ist Cevauer [Angehöriger der ÖVP-nahen katholischen Studentenvereinigung Cartell-Verband bzw. CV; die Autoren] – ein sehr schwerer Fehler für einen Gelehrten in Österreich."

Und schließlich ging Fischer, der nach 1945 eine umstrittene, da kulante Entnazifizierungspolitik an den Universitäten propagierte[41], auch noch auf die „besonderen Hintergründe" im Fall von Konrad Lorenz ein:

> „Sein Fach, die Tierpsychologie, ist in vatikanischen Kreisen nicht allzu beliebt, da man Tieren keine Psyche, keine Seele zugesteht und weil außerdem das mitunter sehr menschenähnliche Verhalten von Tieren dort Ärgernis erregt. (*Heiterkeit bei der ÖVP.*) […] Die Ausrede für dieses skandalöse Verhalten gegenüber einem großen Gelehrten ist: Er war ein kleiner Nazi. Offenbar hätte seine Chance besser ausgeschaut, wenn er ein großer Nazi und ein kleiner Gelehrter gewesen wäre."[42]

Epilog

War Lorenz nun tatsächlich ein großer Wissenschaftler und kleiner Nazi, wie zuletzt behauptet wurde? Oder gehörte er nicht doch eher zu den „geistigen Mittätern" des Nationalsozialismus? Sind seine Schriften aus der NS-Zeit nur als „nationalsozialistischer Seitensprung" zu werten, wie es einer seiner Kollegen anlässlich der „Re-Habilitation" 1948 formulierte? Oder machten ihn diese Texte zu einem „Vordenker der Vernichtung", der den Verantwortlichen der Shoah wissenschaftliche Legitimation für ihre Verbrechen lieferte?

Fast sechzig Jahre danach lassen sich diese Fragen noch immer nicht eindeutig beantworten. Doch die in diesem Buch beschriebene Quellenlage macht deutlicher als bisher klar, dass Lorenz zumindest in den ersten Jahren nach dem „Anschluss" sehr wohl ein überzeugter Parteigänger der Nationalsozialisten war, kaum dass Österreich zu existieren aufgehört hatte. „Mitsingen heißt, dem Teufel den kleinen Finger reichen", schrieb Lorenz in seinem Bestseller „Das sogenannte Böse" über das Mit-Marschieren und -Musizieren in dieser Zeit.

Konrad Lorenz hat damals „mitgedacht" und damit dem NS-Regime nicht nur den kleinen Finger dargeboten. Zwischen 1938 und 1943 veröffentlichte er mehr als ein Dutzend wissenschaftlicher Artikel. Wie bis in die jüngste Vergangenheit fälschlicherweise immer wieder behauptet wurde[1], hat der Verhaltensforscher dabei nicht in nur einem dieser Aufsätze Beiträge zur Ideologie des Nationalsozialismus geliefert, sondern in zumindest fünf wissenschaftlichen Texten[2], nicht eingerechnet seine öffentlichen Vorträge. Er hat sich darin nicht nur der nationalsozialistischen Terminologie bedient, sondern auch Beiträge zur völkisch-rassistischen Ideologie geleistet und selbst eindeutige rassenpolitische Vorschläge gemacht.

Ebenso verfälschend wie die verharmlosende Variante seiner Apologeten wäre aber auch die Behauptung, es sei in den betreffenden insgesamt über 500 Seiten aus dem wissenschaftlichen Werk von Konrad Lorenz nur um diese Themen gegangen. Gerade die Tatsache, dass diese Arbeiten zum Teil auch richtungsweisende wissenschaftliche Erkenntnisse enthalten, macht es besonders schwierig, das „Lorenz'sche Amalgam von nationalsozialistischer Ideologie und Verhaltensbiologie", wie es der deutsche Genetiker Benno Müller-Hill zutreffend formuliert hat[3], sauber zu trennen.

Die „neuen" Dokumente – das Beitrittsansuchen zur NSDAP oder die NS-enthusiastischen Briefe an Erwin Stresemann und Otto Heinroth – widerlegen jedenfalls die Behauptung, dass Lorenz mit seinen Artikeln bloß die Machthaber des Dritten Reichs eines Besseren habe belehren wollen und eigentlich gar nicht der Nazi-Ideologie angehangen sei, wie das sein damaliger studentischer Mitarbeiter Paul Leyhausen ein halbes Jahrhundert später zu argumentieren versuchte:

> „Diese Aufsätze […] waren – wenn auch sehr behutsame – Versuche, gegen den Strom zu schwimmen. Man war damals aber hellhöriger für solche Untertöne als die nachmaligen Lorenzkritiker waren und sind. Es hat daher die ‚wohlmeinenden' Ratschläge gegeben, er, Lorenz, möge doch die unterlassene Hochpreisung der ‚Herrenrasse' nachholen. Er hat das nicht getan und hätte wohl, wäre er länger in Königsberg geblieben, seine

Schwierigkeiten bekommen. – Man verstehe mich nicht falsch, ich will Lorenz nicht zum Widerstandskämpfer hochstilisieren. Das war er nicht. Andersdenken, passiver Widerstand und der Versuch, unter der Oberfläche auf Veränderungen hinzuwirken, sind noch kein Heldentum. Aber aktiver oder auch nur beiläufiger Förderer der Nazi-Ideologie, das war er nun wirklich auch nicht.“[4]

Leyhausen spielte möglicherweise darauf an, dass Lorenz gar nicht so genannte „rassisch“, sondern „ethisch Minderwertige“ im Auge gehabt habe, deren „noch schärfere Ausmerzung“ er gefordert hatte. Das totalitäre Regime des Dritten Reichs kannte allerdings keine derartige Differenzierung, da es die einen mit den anderen gleichsetzte – etwa in der Phrase „Juden und sonstige Verbrecher“.[5]

Man kann aber Lorenz nicht zum Vorwurf machen, er hätte diese Dinge im Wissen um die industrielle Vernichtung der europäischen Juden geschrieben: Seinen später berüchtigt gewordenen Domestikations-Artikel schrieb er 1939, also noch vor der so genannten „Endlösung“, allerdings auch vier Jahre nach Beschluss der Nürnberger Gesetze, die die Basis für den Ausschluss der Juden aus dem öffentlichen Leben Deutschlands und die nachfolgende antijüdische Politik bildeten. In diesem Fahrwasser bewegte sich auch Lorenz nach dem „Anschluss“, und zwar, indem er sich den neuen Machthabern andiente und zugleich die rassenpolitische Bedeutung seines Forschungsfeldes herausstrich. So kann man es als besondere Ironie von Lorenz’ Verstrickungen in den Nationalsozialismus ansehen, dass er als der große Moralist und Mahner, der er zeit seines Lebens war, letztlich selbst moralisch versagte, als er, wie wild geworden, gegen die „ethisch Minderwertigen“ anschrieb.

Viel später fand Konrad Lorenz dafür eine für ihn eher schmeichelhafte Erklärung: Es sei nämlich eine Tatsache, so meinte er, „dass die sozial am besten veranlagten, gutherzigsten und anständigsten Menschen gegen die Anschläge des indoktrinierenden Demagogen besonders wehrlos sind“.[6] Die vorliegenden Dokumente machen es jedenfalls sehr schwer, länger an jene politische Unbedarftheit zu glauben, die Lorenz und dessen Schüler später immer wieder entschuldigend ins Treffen geführt haben.

Lorenz entwickelte in seinen späteren Jahren auch eigene Ideen, wie sein Fehler – wenn überhaupt – wieder gut gemacht werden könnte:

> „Wenn mein dummer Versuch, den Nazis zu gefallen, durch irgendetwas gesühnt werden kann, so ist es mein Eintreten für Ansichten, die ich für richtig halte, sogar wenn sie mich bei den Lesern der heutigen Zeit höchst unbeliebt machen.“[7]

In seinem autobiografischen Essay anlässlich der Nobelpreisverleihung 1973 schlug er ähnliche Töne an, ohne sich von seiner biologisch äußerst fragwürdigen Domestikationsidee zu distanzieren – ganz im Gegenteil:

> „Ich bedaure diese Schriften weniger aufgrund des unleugbaren Misskredits, den sie für meine Person bringen, als für den Effekt, dass sie die künftige Anerkennung der Gefahren durch Domestikation behindern.“[8]

Tatsächlich kann man Lorenz nicht vorwerfen, nach 1945 von bestimmten Behauptungen und Wertungen abgegangen zu sein, die er schon in der NS-Zeit für richtig erachtet hatte. Auch in seinen populärwissenschaftlichen Bestsellern der Siebziger- und Achtzigerjahre warnte er in zum Teil faschistoid anmutender Rhetorik vor den Gefahren, die der Menschheit durch die Zivilisation und den technischen Fortschritt drohten. So etwa heißt es in „Die acht Todsünden der zivilisierten Menschheit“ im Kapitel „Genetischer Verfall“, der laut Lorenz die 6. Todsünde darstellt:

„Unser Mitleid mit dem asozialen Ausfallbehafteten, dessen Minderwertigkeit ebenso gut durch irreversible, frühkindliche Schädigungen (Hospitalisation!) verursacht sein kann wie durch erbliche Mängel, verhindert, dass der Nicht-Ausfallbehaftete geschützt wird. Man darf nicht einmal die Worte ‚minderwertig' und ‚vollwertig', auf Menschen angewendet, gebrauchen, ohne sofort verdächtigt zu werden, man plädiere für die Gaskammer."[9]

Und an anderer Stelle schreibt er in dem provokanten Manifest, das kurz vor der Verleihung des Nobelpreises als Buch veröffentlicht wurde:[10]

„Um sich der Gefahren zu vergegenwärtigen, die der Menschheit aus erblichen Instinkt-Ausfällen erwachsen, muss man sich klarmachen, dass unter den Bedingungen des modernen Zivilisationslebens kein einziger Faktor am Werke ist, der auf schlichte Güte und Anständigkeit hin Selektion treibt, es sei denn das uns eingeborene Gefühl für diese Werte."[11]

Im Buch „Die Rückseite des Spiegels", das ebenfalls 1973 auf den Markt kam, griff er eine andere Idee auf, die er in den Vierzigerjahren erstmals formuliert hatte – nämlich dass es beim Menschen angeborene Formen des Denkens und Verhaltens gebe. Bereits 1943 hatte er geschrieben:

„Es ist ein alter und grundsätzlicher Menschheitsirrtum, dass Denken und Sein dasselbe seien. In namenloser Selbstüberschätzung vergisst der Mensch, um wie viel älter das Sein ist als das Denken [...]."[12]

Diese Worte am Beginn der Abhandlung sollten darauf hinweisen, wie viel wichtiger das evolutionäre Erbe des tierischen und menschlichen Wahrnehmungs- und Denkapparats seiner Meinung nach für das Denken sei als das gesellschaftliche Sein. Genau dreißig Jahre später führte er mit „Die Rückseite des Spiegels" diesen Versuch fort, zu einem evolutionären Verständnis des menschlichen Wahrnehmens, Denkens und Fühlens zu kommen: Die Vorderseite des Spiegels sei das Bild der Welt, einschließlich des Bildes, das wir von uns selbst haben; und die „Rückseite des Spiegels" sei eben das, was es braucht, um die Welt wahrzunehmen.

Lorenz hat dabei aber notorisch das ausgeblendet, was wir „die andere Seite des Spiegels" nennen möchten. Damit ist nicht nur gemeint, dass wir ein etwas anderes Bild von Konrad Lorenz zeichnen wollen als das geläufige, weich gezeichnete Porträt des guten Genies, das mit den Tieren sprach und Bescheid wusste über die Gefahren unserer Welt. Wir wollen mit diesem Titel auch nachdrücklich in Erinnerung rufen, dass Denken – und gerade auch die wissenschaftliche Erkenntnisproduktion – vom gesellschaftlichen Umfeld mitbestimmt ist. Eine Tatsache, die Konrad Lorenz aufgrund seiner ausschließlich evolutionär-biologistischen Denkperspektive selbst nicht sehen wollte. Vielmehr hat er sich mit dem Argument, unser Denken sei vor allem durch unsere biologische Ausstattung bedingt, dagegen immunisiert, dass auch diese seine „wissenschaftlichen" oder zumindest ideologischen Ansichten vom Zeitgeist und seinen politischen Neigungen mitbestimmt waren.

Wissenschaft ist nie unabhängig von Gesellschaft, Politik und Wirtschaft zu denken. Lorenz' wissenschaftliche Arbeiten vor, während und nach dem Nationalsozialismus liefern dafür ein besonders gutes Beispiel: Selbst das Faktum, dass er zum „Vater der Graugänse" wurde, hatte letztlich auch wissenschaftsfremde, nämlich konkrete wirtschaftliche Hintergründe: Graugänse waren einfacher, billiger zu erwerben und zu erhalten als viele andere Tierarten, weshalb der Verhaltensforscher Mitte der Dreißigerjahre mit deren Aufzucht begann.

Das, was im Nationalsozialismus selbst explizit als „politische Biologie" bezeichnet wurde, stellte immerhin begrifflich klar, dass die Grenzlinien zwischen Biologie und Politik, zwischen Wissenschaft und Ideologie diffuser verlaufen, als so manche Verhaltensforscher der Nachkriegszeit es wahrhaben wollen, die nach wie vor von einer eindeutigen Trennbarkeit dieser beiden Welten ausgehen. Konrad Lorenz hat diesbezüglich ein besonders schwieriges Erbe hinterlassen. Die Problematik im Fall des Verhaltensforschers besteht nicht allein darin, dass seine Verdienste um die Wissenschaft und den Umweltschutz ebenso unbestreitbar sind wie seine nationalsozialistische Parteigängerschaft. Sie besteht vor allem darin, dass sich das eine nicht so einfach vom anderen trennen lässt.

Seine Karriere wirft indirekt aber auch ein Licht darauf, dass in Österreich die moderne Wissenschaft seit jeher in besonderer Abhängigkeit von der Politik stand. Anders formuliert: Je nach Regime hatte die Parteizugehörigkeit große Auswirkungen auf die individuellen Karrierechancen – das war unter den Nationalsozialisten nicht viel anders als unter den Austrofaschisten. Und selbst in den Jahren und Jahrzehnten nach 1945 entschied die Mitgliedschaft beim katholischen Cartellverband oder beim Bund Sozialistischer Akademiker ganz wesentlich über die Chance bei Berufungen. Dieser politische Einfluss reichte aber nicht nur unter den Nationalsozialisten, sondern eben auch vor 1938 und nach 1945 bis in bestimmte Lehr- und Forschungsinhalte hinein: Unter „katholischen" Regierungen hatten es Antiklerikale wie Lorenz, der noch dazu „gläubiger" Darwinist war, nicht gerade leicht – auch wenn seine internationale Reputation längst die seiner inländischen Fachkollegen überstrahlt hat.

Doch nicht nur auf diesem Weg spielte das politische und ökonomische Umfeld in verschiedener Weise in das Leben und Werk von Konrad Lorenz hinein: Er selbst äußerte sich immer wieder zu politischen Themen, sei es zu Fragen der Familien-, der Umwelt- oder auch der Wissenschaftspolitik. So wurde er auch in seinem letzten großen Interview für das deutsche Nachrichtenmagazin *Der Spiegel* 1988 gefragt, ob er eine aktuelle Gefahr für den politischen Missbrauch der biologischen Wissenschaften sehe.

Damals, ein Jahr vor seinem Tod, meinte der alte Verhaltensforscher, schon fast taub und im Rollstuhl sitzend, dass der Mensch mit seinen Erbanlagen ganz grundsätzlich für politischen Missbrauch anfällig sei. Damit gaben sich die Redakteure des *Spiegel* nicht zufrieden und fragten noch einmal nach: „Eröffnet nicht die moderne Gentechnik den Zugang zu einer Eugenik, die weniger brutal anmutet als die Rassenhygiene der Nazis, aber womöglich viel effektvoller arbeitet?" Konrad Lorenz, der einstige Parteigänger der Nationalsozialisten, meinte:

> „Das fürchte ich, aber ich glaube es noch nicht. Die Gentechnik ist noch nicht so weit, zu durchschauen, wie kompliziert ein Gensystem sein muss, um zu überleben. Sie kann allenfalls Viren manipulieren, aber keine höheren Lebewesen."[13]

Das war vor mehr als einem Jahrzehnt. Am Beginn des 21. Jahrhunderts sieht die Sache anders aus: Mittlerweile stehen der Wissenschaft Techniken zur Verfügung, die im Prinzip eine „genetische Verbesserung" des Menschen möglich machen. Oder, wie es der Philosoph Peter Sloterdijk in seinem kontrovers diskutierten Aufsatz „Regeln für den Menschenpark" formulierte:

> „Es ist die Signatur des technischen und anthropotechnischen Zeitalters, dass Menschen mehr und mehr auf die aktive oder subjektive Seite der Selektion geraten, auch ohne dass sie sich willentlich in die Rolle des Selektors gedrängt haben müssten."[14]

Es mutet als seltsamer Zufall an, dass Sloterdijk in seinem Text – wenn auch unter Berufung auf den Philosophen Friedrich

Nietzsche – ausgerechnet auf Fragen der Domestikation des Menschen zu sprechen kommt: Sie sei, so meint er, „das große Ungedachte […], vor dem der Humanismus von der Antike bis in die Gegenwart die Augen abwandte – dies einzusehen genügt, um in tiefes Wasser zu geraten“[15]. Konrad Lorenz, der „Humanist von Altenberg“ (Antal Festetics), hat nach 1938 seine Augen nicht abgewandt. Er hat darüber ausführlich nachgedacht und 1940 in einem seiner politisch exponiertesten Texte Töne angeschlagen, die heute beunruhigend vertraut klingen:

> „Unser Wissen um das historische Werden der organischen Schöpfung gibt uns die sichere Erkenntnis, dass dieses Geschehen *durchaus nicht abgeschlossen ist*, ja, dass es vielmehr aller Wahrscheinlichkeit nach überhaupt nie abgeschlossen sein wird. […] Wir haben begründete Hoffnung, dass wir selbst in unseren Nachkommen uns zu weit höher stehenden Wesen entwickeln werden.“[16]

In Zukunft, so der Philosoph Peter Sloterdijk, werde es „darauf ankommen, das Spiel aktiv aufzugreifen und einen Codex der Anthropotechniken zu formulieren“.[17] Eine kritische Beschäftigung mit dem, was Konrad Lorenz zwischen 1938 und 1945 dachte und schrieb, möge bei der Erstellung dieses Codex hilfreich sein.

Anmerkungen

Einleitung

[1] *News* 51-52/1999, S. 110
[2] K. LORENZ / F. KREUZER 1981, S. 96f.
[3] *Der Spiegel* 45/1988, S. 263
[4] zitiert nach W. SCHWARZ 1984, S. 47
[5] vgl. dazu Th.J. KALIKOW 1978, 1980 und 1983
[6] vgl. U. DEICHMANN [1992] 1995, S. 295ff.
[7] B. FÖGER 2001; K. TASCHWER 2001a
[8] In den letzten Jahren hat es aber auch bei einigen Verhaltensforschern ein Umdenken gegeben, vgl. die Beiträge des US-amerikanischen Ethologen Peter H. KLOPFER (1994 und 1999), der Biologen Boria SAX (1997 und 2000) und Bruce BAGEMIHL (2000), des Primatologen Frans DE WAAL (2001) und des österreichischen Verhaltensbiologen Kurt KOTRSCHAL (2001a und 2001b).
[9] A. FESTETICS [1983] 1988, S. 195
[10] vgl. K. KOTRSCHAL 2001a
[11] Eine Ausnahme soll hier nicht verschwiegen werden: Michael Häupl, Bürgermeister der Stadt Wien und selbst promovierter Biologe, meinte 1984 in einem Zeitungskommentar unter dem Titel „Was sich Konrad Lorenz nicht verdient hat": „Natürlich gibt's da seine beiden Aufsätze von 1940 und 1943 eindeutig rassistischen Inhalts. Natürlich hat sich Lorenz zwischenzeitlich ebenso eindeutig davon distanziert. [...] [S]eine dem Biologismus zuordenbare politische Theorie des Umlegens wissenschaftlicher Erkenntnisse über das Verhalten einzelner Tierarten auf menschliches Verhalten [ist] wissenschaftlich und politisch kritikwürdig." (*Arbeiter-Zeitung* vom 19. Mai 1984)
[12] in O. KOENIG (Hg.) 1983, S. 57
[13] E. BUSEK 2000
[14] K. LORENZ 1979, S. 7
[15] K. LORENZ 1974a; eine andere autobiografische Darstellung erschien übrigens unter dem Titel „Meine Familie und andere Tiere" (K. LORENZ 1985).

16 Ch. Tilitzki 2000. Vgl. auch V. Hofer 2001.

17 O. Koenig (Hg.) 1988, S. 25

18 Agnes von Cranach hat ihre eigene Sicht der Dinge in einem eben erschienenen Artikel vorgelegt (A. v. Cranach 2001).

1. Der Nobelpreis und die „braune" Vergangenheit

1 A. Nisbett 1976, S. 221f.

2 Brief von Otto Koehler an Konrad Lorenz vom 13. Oktober 1973. Nachlass Otto Koehler, Universitätsarchiv Freiburg, C 131 (ohne Seitenangaben, da der Nachlass noch nicht aufgearbeitet ist; im Folgenden als „Nachlass Koehler" zitiert)

3 vgl. Benno Müller-Hill [1992] 1995, S. 18. Auch in einer E-Mail an die Autoren vom 25. Juli 2001 teilt Benno Müller-Hill mit: „Ich glaube mich zu erinnern, kurz mit Max [Delbrück] darüber gesprochen zu haben, und dass er eben dies [also Lorenz vorgeschlagen zu haben; die Autoren] als ‚selbstverständlich' bestätigte."

4 A. Festetics [1983] 1988, S. 197

5 zur offiziellen Begründung siehe die Presseerklärung des Karolinska-Instituts unter *http://www.nobel.se/medicine/laureates/1973/press.html*

6 Konrad Lorenz an Otto Koehler am 22. Oktober 1973 (Nachlass Koehler)

7 K. Lorenz 1940a: „Durch Domestikation verursachte Störungen arteigenen Verhaltens", *Zeitschrift für angewandte Psychologie und Charakterkunde* 59 (1–2), S. 2-81

8 *Arbeiter-Zeitung* vom 22. Oktober 1973 (Hervorhebungen im Originaltext von Lorenz)

9 ebenda

10 Unter dem Titel „Noch schärfere Ausmerzung ethisch Minderwertiger" in *profil* Nr. 42 vom 25. Oktober 1973. Was Sigrid Löffler damals nicht wissen konnte: Die zitierten Passagen „Eichmann und Auschwitz, Euthanasie, Rassenhass und Völkermord" und „Auf der ‚rechten' Seite steht der Wert der sozialen und kulturellen Gesundheit" stammten ursprünglich gar nicht von Konrad Lorenz, sondern von dessen damaligem Schüler Norbert Bischof. Der bekam das Manuskript zu lesen, wies auf politisch verfängliche Passagen hin und kritisierte andere, „die auch der wohl meinende Leser missverstehen würde". Lorenz baute diese Textvorschläge un-

ausgewiesen in sein Buch ein, was Bischof in seinem Psychogramm von Lorenz detailliert aufarbeitete. Vgl. BISCHOF [1991] 1993, S. 112–124

11 *Kurier* vom 24. Oktober 1973

12 vgl. *Der Spiegel* 44 vom 29. Oktober 1973. Vgl. auch die Darstellung dieser Feierlichkeit bei A. Nisbett 1976, S. 223f.

13 *Arbeiter-Zeitung* vom 1. November 1973

14 *Die Presse* vom 7. November 1973

15 vgl. u. a. A. NISBETT 1976, S. 94

16 Persönliche Mitteilung von Hans Kruuk, der mit Tinbergen persönlich darüber gesprochen hat.

17 *New York Times* vom 15. Dezember 1973 und wiederholt in *Newsweek* vom 28. Januar 1974, S. 38

18 zitiert nach dem Transkript der Sendung, S. 5

19 ebenda, S. 9

20 ebenda, S. 4

21 ebenda, S. 7

22 ebenda, S. 2. Das Interview wurde am 26. November 1973 von der niederländischen Fernsehstation NCRV (Nederlands Christelijke Radio Vereniging) im Rahmen der Serie „Hier en nu" („Hier und jetzt") ausgestrahlt. Bei der Ausstrahlung wurden die Antworten von Lorenz mit Stellungnahmen von Niko Tinbergen gegengeschnitten, die getrennt aufgenommen worden waren.

23 Simon Wiesenthal an Konrad Lorenz am 22. November 1973, Archiv Simon Wiesenthal (Hervorhebung im Original)

24 ebenda

25 zitiert nach *Der Freiheitskämpfer. Organ der Kämpfer für Österreichs Freiheit* Nr. 6 / Dezember 1973

26 Konrad Lorenz in einem Schreiben an die APA, auszugsweise zitiert in der *Wiener Zeitung* und in der *Arbeiter-Zeitung* vom 8. Dezember 1973 bzw. in der *Presse* vom 10. Dezember

27 F.M. WUKETITS 1990, S. 185

28 zitiert nach einem Bericht der *Salzburger Nachrichten* vom 10. Dezember 1973

29 zitiert nach A. FESTETICS [1983] 1988, S. 125

30 K. LORENZ 1974b („Analogie als Erkenntnisquelle")

31 Konrad Lorenz an Otto Koehler am 5. Januar 1974 (Nachlass Koehler)

32 ebenda

33 ebenda

[34] vgl. L. EISENBERG 1972. Der Übersetzungsfehler bezieht sich auf die Passage: „Für gewöhnlich wird der Vollwertige auch schon von sehr geringen Verfallserscheinungen an einem Menschen des anderen Geschlechtes besonders stark abgestoßen [...]" (K. LORENZ 1940a, S. 61). Eisenberg hatte „Geschlecht" mit „race" übersetzt. Vgl. A. NISBETT 1976, S. 86.

[35] So der Primatologe Adriaan Kortlandt bei einer Tagung im Spätherbst 1971 in Wien. Vgl. den Artikel „Der Fall Konrad Lorenz" von Walter Hollitscher in der *Volksstimme* vom 3. November 1973.

2. Die prägende Welt des Konrad Lorenz

[1] A. LORENZ [1937] 1953, S. 227. Adolf Lorenz war sich aber doch nicht ganz sicher, „ob mein Verhalten im Falle der vorzeitigen Geburt meines ‚Amerikaners' [er nannte ihn so, weil er von der Schwangerschaft in den USA erfahren hatte; die Autoren] diesem Entschlusse auch entsprechen würde".

[2] Margarethe Lorenz in einem Brief an Otto Koehler am 21. August 1963 (Nachlass Koehler)

[3] siehe A. FESTETICS [1983] 1988, S. 21

[4] Richard Engländer verliebte sich als knapp 20-Jähriger Hals über Kopf in Emma Lechers Schwester Bertha. Die Angebetete, die „Peter" gerufen wurde, war damals gerade dreizehn Jahre alt. Seine Erlebnisse in Altenberg waren für Engländer so prägend, dass er diesem Umstand mit einer Namensänderung Ausdruck verleihen wollte. Obwohl die Familie Lecher dem jungen Künstler wohl gesonnen war, kam eine dauerhafte Beziehung zwischen ihm und ihrer Tochter Bertha nicht in Frage. Im Gegensatz zu diesem jungen jüdischen Freigeist entsprach der damals schon erfolgreiche orthopädische Chirurg Adolf Lorenz eher dem Bild des idealen Lecher-Schwiegersohnes. Vgl. A. BARKER [1996] 1998, S. 34ff.

[5] das heutige tschechische Vidnava

[6] Die von Peter Altenberg angebetete Bertha Lecher heiratete schließlich den Antiklerikalen Eduard Jordan, der fast zwanzig Jahre älter war als sie. Als Bertha Jordan wurde sie Lehrerin und unterrichtete eine Zeit lang auch ihren Neffen Konrad Lorenz. Vgl. A. BARKER [1996] 1998, S. 43.

[7] A. NISBETT 1976, S. 15

[8] J.R. KREBS / S. SJÖLANDER 1992, S. 212

[9] A. Lorenz [1952] 1965, S. 182
[10] F. M. Wuketits 1990, S. 26
[11] A. Nisbett 1976, S. 15
[12] A. Lorenz [1952] 1965, S. 180
[13] A. Lorenz [1937] 1953, S. 226
[14] A. Lorenz [1952] 1965, S. 179
[15] ebenda, S. 4f.
[16] ebenda, S. 182
[17] N. Bischof [1991] 1993, S. 69
[18] eine Vorrichtung zur exakten Messung der Wellenlänge und Frequenz elektrischer Wellen
[19] Margarethe Lorenz in einem Brief an Otto Koehler vom 21. August 1963 (Nachlass Koehler)
[20] R. Riedl 1998, S. 49
[21] BM f. Handel und Verkehr, Zl. 76.166-1/1936, Österreichisches Staatsarchiv
[22] K. Lorenz / F. Kreuzer 1981, S. 11f.
[23] Manche Autoren merken hier an, dass auch Adolf Hitler von einem Werk Bölsches, nämlich „Vom Bazillus zum Affenmenschen", mit dem Gedanken der Evolution vertraut gemacht wurde. Vgl. B. Chatwin [1979] 1996, S. 175; Th.J. Kalikow 1980, S. 191.
[24] A. Lorenz [1952] 1965, S. 183
[25] vgl. U. Deichmann [1992] 1995, S. 294
[26] F. M. Wuketits 1990, S. 36
[27] A. Lorenz [1937] 1953, S. 285
[28] ebenda, S. 342
[29] A. Lorenz [1952] 1965, S. 373
[30] ebenda
[31] Otto Antonius an Freiherr von Wettstein am 5. Juli 1937 (DFG-Akt Konrad Lorenz)
[32] A. Lorenz [1937] 1953, S. 324 und 330
[33] J. Tandler 1924, S. 17. Zur Geschichte der sozialdemokratischen Eugenik siehe u. a. D. Byer 1988 (für das Rote Wien) und M. Schwartz 1995 (für Deutschland bis 1933).
[34] Zur Geschichte der Eugenik im internationalen Vergleich vgl. u. a. St. Kühl 1997, zu den Gesetzen in Skandinavien ebenda, S. 170.
[35] A. Lorenz [1937] 1953, S. 330
[36] A. Lorenz 1938, S. 1145

[37] Ebenda. Möglicherweise spielte Adolf Lorenz mit dieser Passage auf die auch politisch motivierte Ermordung des Philosophie-Professors Moritz Schlick durch Johann Nelböck am 22. Juni 1936 an. Vgl. dazu auch F. STADLER 1997, S. 920ff. u. a.

[38] A. LORENZ 1938, S. 1146

[39] V. COX 1974, S. 20 (unsere Übersetzung)

3. Eine Forscherkarriere mit Hindernissen

[1] Konrad Lorenz an Erwin Stresemann am 2. März 1934, Staatsbibliothek zu Berlin, Preußischer Kulturbesitz, Nachlass 150 (Stresemann), Kasten 40, S. 102 (im Folgenden zitiert als „Nachlass Erwin Stresemann“)

[2] Pernkopfs Vorgänger, der Anatomie-Professor Ferdinand Hochstetter, Vorstand des II. Anatomischen Institutes und langjähriger Förderer von Konrad Lorenz, war 1933 emeritiert worden. An seiner statt hatte Eduard Pernkopf – unter den Nationalsozialisten Dekan der Medizinischen Fakultät und Rektor der Universität Wien – die Leitung des Instituts übernommen. Pernkopf war seit 1933 „Parteigenosse“.

[3] vgl. dazu u. a. AKADEMISCHER SENAT DER UNIVERSITÄT WIEN (Hg.) 1998

[4] Margarethe Lorenz an Otto Koehler am 21. August 1963 (Nachlass Koehler)

[5] Konrad Lorenz an Erwin Stresemann am 2. März 1934 (Nachlass Stresemann, S. 102)

[6] Erwin Stresemann an Konrad Lorenz am 7. März 1934 (Hervorhebung im Original), zitiert nach J. HAFFER et al. 2000, S. 278f., Fn 9

[7] M. HUBENSTORF 1989, S. 258

[8] Personalakt Konrad Lorenz, Philosophische Fakultät, Universitätsarchiv Wien, S. 172

[9] F. M. WUKETITS 1990, S. 39

[10] Margarethe Lorenz an Otto Koehler am 21. August 1960 (Nachlass Koehler)

[11] K. LORENZ 1927

[12] A. NISBETT 1976, S. 32

[13] A. NISBETT 1976, S. 76

[14] K. LORENZ 1933

[15] persönliche Mitteilung von Agnes von Cranach

[16] Konrad Lorenz an Erwin Stresemann am 2. März 1934 (Hervorhebung im Original) (Nachlass Stresemann, S. 102)

[17] ebenda

[18] Konrad Lorenz an Oskar Heinroth am 21.März 1934, Staatsbibliothek zu Berlin (West), Preußischer Kulturbesitz, Nachlass 137 (O. Heinroth), Ordner 27, S. 223f. (im Folgenden zitiert als „Nachlass Oskar Heinroth")

[19] K. LORENZ 1935

[20] F. M. WUKETITS 1990, S. 66

[21] zu den Querbeziehungen zwischen Lorenz, Bühler und Brunswik vgl. V. HOFER 2001

[22] Konrad Lorenz an Erwin Stresemann am 14. Mai 1934 (Nachlass Stresemann, S. 106)

[23] Konrad Lorenz an Erwin Stresemann am 2. Juli 1936 (Nachlass Stresemann, S. 140)

[24] Konrad Lorenz an Erwin Stresemann am 2. September 1936 (Nachlass Stresemann, S. 147)

[25] K. LORENZ 1936

[26] Konrad Lorenz an Erwin Stresemann am 24. Oktober 1936 (Nachlass Stresemann, S. 155)

[27] Wie Lorenz später in einem Brief aus dem Jahr 1939 an das Dekanat der philosophischen Fakultät der Universität Wien festhielt, war der Wortlaut seines ursprünglichen Habilitationsgesuches von der Habilitationskommission ohne sein Zutun abgeändert worden – „um die weltanschauliche Ablehnung des damaligen Unterrichtsministeriums gegen das Forschungsgebiet des Gesuchstellers zu umgehen", wie er später behauptete. Lorenz selbst hätte die Bezeichnung „Vergleichende Verhaltensforschung und Tierpsychologie" vorgezogen. Schreiben vom 22. April 1939, Personalakt von Konrad Lorenz, Philosophische Fakultät, Universitätsarchiv Wien, S. 75.

[28] Konrad Lorenz an Erwin Stresemann am 13.Oktober 1936 (Nachlass Stresemann, S. 154)

[29] Seinen ersten Einzelvortrag an einer Volkshochschule hielt Konrad Lorenz schon einige Jahre früher ab, nämlich 1930 im Volksheim Ottakring. Damals referierte er vor 20 Zuhörern in der Naturhistorischen Fachgruppe über „Aufgaben, Erfolge und Ziele der Orthopädie". Vgl. dazu auch M. HÄUPL 2000.

[30] Die Volkstümlichen Hochschulkurse, die 1895 ins Leben gerufen wur-

den, waren die universitäre Vorläuferinstitution der Volkshochschulbewegung und genossen breite Unterstützung bei den Universitätslehrern, weil sie dadurch ihre oft kärgliche Remuneration aufbessern konnten. Ihre Blütezeit hatten sie bis zum Ersten Weltkrieg, doch auch danach gab es ein umfangreiches Vortragsprogramm.

31 Brief von Konrad Lorenz vom 22. Juni 1936. Ordner 31 der Bestände zu den Volkstümlichen Hochschulkursen im Universitätsarchiv Wien

32 Zur Bedeutung der Popularisierung bzw. der volkstümlichen Darstellung für die Ethologie und Lorenz siehe M. Häupl 2000; O. Koenig 1983; K. Taschwer 2000 und 2001b.

33 Konrad Lorenz an Erwin Stresemann am 2. September 1936 (Nachlass Stresemann, S. 147)

34 vgl. dazu K. Lorenz 1941b und 1943a

35 Am Gänseküken Martina schilderte Lorenz später anschaulich das Phänomen der Prägung: Martina ist eine der „Hauptdarstellerinnen" in Lorenz' späterem Bestseller „Er redete mit dem Vieh, den Vögeln und den Fischen" (K. Lorenz [1949] 1997).

36 „Moral und Waffen der Tiere", *Neues Wiener Tagblatt* vom 15. November 1935, S. 20 ff; „Wiens Tauben verhungern", *Neue Freie Presse* vom 17. September 1936, S. 3; „Experimente mit Zugvögeln", *Neue Freie Presse* vom 6. Dezember 1936, S. 29; „Kolkraben und Tauben", *Reichspost* vom 17. Oktober 1936, S. 7

37 Die Bezeichnung Ethologie für die Tierpsychologie bzw. Verhaltensforschung setzte sich erst nach 1945 durch. Zur Geschichte des Faches vgl. u. a. P. Chavot 1994; F. M. Wuketits 1995.

38 Oskar Heinroth an Konrad Lorenz am 14. Oktober 1930, zitiert nach O. Koenig (Hg.) 1988, S. 36

39 Die NSDAP war bereits im Juni 1933 verboten worden. Nach der Regierungsübernahme der Austrofaschisten unter Engelbert Dollfuß wurde ein Ständestaat auf autoritärer proklerikaler Basis angestrebt, in dem nur mehr die Vaterländische Front zugelassen war.

40 Konrad Lorenz an Oskar Heinroth am 5. April 1934, zitiert nach O. Koenig (Hg.) 1988, S. 180

41 Österreichisches Staatsarchiv, BM f. Handel u. Verkehr, Zl. 79.053/1934

42 persönliche Mitteilung von Dr. Julius Brachetka, dem Nachfolger von Otto Antonius 1945

43 Konrad Lorenz an Erwin Stresemann am 10. Januar 1935 (Hervorhebung im Original) (Nachlass Stresemann, S.123)

[44] Österreichisches Staatsarchiv, BM f. Handel u. Verkehr, Zl. 78.118/1935
[45] ebenda, Zl. 78.118-T/1935
[46] ebenda, Zl. 76.166-1/1936
[47] ebenda
[48] ebenda, Zl. 77.759-1/1936
[49] Am 11. Juli 1936 unterschrieb Kanzler Schuschnigg mit dem deutschen Reichsbotschafter Franz von Papen ein Abkommen, in dem Hitler-Deutschland Österreichs Unabhängigkeit anerkannte und bereit war, die Wirtschaftssanktionen aufzuheben, wenn Österreich seinerseits erklärte, dass es künftig seine Außenpolitik als „deutscher Staat" führen werde. Dieses Abkommen enthielt darüber hinaus die Klausel, dass die inhaftierten österreichischen Nationalsozialisten amnestiert werden. Den Nationalsozialisten wurde damit die Möglichkeit gegeben, zugleich legal und illegal tätig zu werden. Vgl. u. a. E. B. BUKEY [2000] 2001, S. 33.
[50] Konrad Lorenz an Erwin Stresemann am 23. Januar 1937 (Nachlass Stresemann, S. 158)

4. Verbindungen ins Deutsche Reich

[1] Konrad Lorenz an Erwin Stresemann am 26. März 1938 (Nachlass Stresemann, S. 176)
[2] B. MÜLLER-HILL [1992] 1995, S. 14; vgl. v. a. U. DEICHMANN [1992] 1995
[3] vgl. u. a. Ä. BÄUMER 1990, S. 113
[4] A. GÜTT 1938, S. 1
[5] beide Zitate aus: K. LORENZ 1940b, S. 30 (Hervorhebungen im Original)
[6] vgl. B. SAX / P. H. KLOPFER 2001
[7] Konrad Lorenz an Oskar Heinroth am 8. Januar 1936, zitiert nach O. KOENIG (Hg.) 1988, S. 206
[8] Oskar Heinroth an Konrad Lorenz am 14. Januar 1936, zitiert nach O. KOENIG (Hg.) 1988, S. 211
[9] *Zeitschrift für Tierpsychologie* 1 (1) [1937], S. 1
[10] Otmar von Verschuer, der Leiter des Instituts für Erbbiologie und Rassenhygiene der Universität Frankfurt, bezeichnete Kronachers Forschung an eineiigen Rinderzwillingen unter wechselnden Umweltbedingungen als sehr wertvoll für die Zwillingsforschung am Menschen. Verschuer wurde später Direktor des KWI für Anthropologie und verwen-

dete für seine Zwillingsforschung am Menschen Organe, die ihm sein Mitarbeiter Josef Mengele aus dem Konzentrationslager Auschwitz schickte. (vgl. U. DEICHMANN [1992] 1995, S. 109; B. MÜLLER-HILL 2000, S. 189)

11 *Zeitschrift für Tierpsychologie* 1 (1) [1937], S. 4

12 Niko Tinbergen an Bierens de Haan am 13. Mai 1937 aus Altenberg. (Wörtlich übersetzt heißt die Passage: „[...] ich glaube doch, dass ich Eier für mein Geld wählen werde". Wir danken Stefan Löffler für die Übersetzung aus dem Niederländischen und Hans Kruuk für die Übermittlung des Briefes. (aus: The Bodleian Library Oxford, Dept. of Special Collections, Nachlass Niko Tinbergen)

13 K. LORENZ / N. TINBERGEN 1938

14 Konrad Lorenz an Oskar Heinroth am 5. Januar 1937, zitiert nach O. KOENIG (Hg.) 1988, S. 222

15 Konrad Lorenz an Oskar Heinroth am 19. Februar 1937, zitiert nach O. KOENIG (Hg.) 1988, S. 229. Professor Friedrich Glum (1891–1974) war gemeinsam mit Ernst Telschow Generalsekretär der KWG. Der Jurist und Staatswissenschaftler Glum unterrichtete an der Berliner Universität. Zu Glum muss es vorher schon direkten Kontakt gegeben haben, denn dieser hatte 1936 zugesagt, im Wiener Unterrichtsministerium zu intervenieren, damit Lorenz endlich seine Lehrbefugnis erhalte. (vgl. Konrad Lorenz an Oskar Heinroth am 23. Februar 1937, zitiert nach O. KOENIG (Hg.) 1988, S. 229f.)

16 Fritz von Wettstein in einem Brief an die Deutsche Forschungsgemeinschaft vom 14. Dezember 1937, DFG-Akt von Konrad Lorenz im Bundesarchiv Koblenz, R 73/12.781 (im Folgenden als „DFG-Akt Konrad Lorenz" zitiert)

17 Konrad Lorenz an Walter Greite am 25. Januar 1937 (DFG-Akt Konrad Lorenz)

18 und zwar zu Forschungsanträgen von Werner Fischel, Jakob von Uexküll und Oskar Heinroth (DFG-Akt Konrad Lorenz)

19 U. DEICHMANN [1992] 1995, S. 411. Laut dem Historiker Michael Kater war Greite Regierungsrat im Reichsgesundheitsamt und SS-Obersturmführer. Er war im Januar 1939 im Übrigen von Heinrich Himmler persönlich damit beauftragt worden, in Wien für das „Ahnenerbe" anthropologische Untersuchungen „an Fremdrassigen und Mischlingen" durchzuführen. Greite war dafür in der Wiener Juden-Auswandererzentrale tätig. (vgl. M. KATER 1974, S. 98f.)

[20] Konrad Lorenz an Erwin Stresemann am 16. April 1937 (Nachlass Stresemann)
[21] Fritz von Wettstein an die DFG am 14. Dezember 1937 (DFG-Akt Konrad Lorenz)
[22] Fritz Knoll an Freiherr von Wettstein am 17. Oktober 1937 (DFG-Akt Konrad Lorenz)
[23] Alexander Pichler an Freiherr von Wettstein am 4. August 1937 (DFG-Akt Konrad Lorenz)
[24] Pernkopfs Gutachten liegt dem DFG-Akt nicht bei, wurde aber in Wettsteins Gesamteinschätzung zitiert.
[25] Otto Antonius an Freiherr von Wettstein am 5. Juli 1937 (DFG-Akt Konrad Lorenz)
[26] Ferdinand Hochstetter an Freiherr von Wettstein am 5. Juli 1937 (DFG-Akt Konrad Lorenz)
[27] Eine Reichsmark entsprach nach heutigem Wert etwas mehr als öS 50,– bzw. knapp 4 Euro.
[28] alle Angaben nach DFG-Akt Konrad Lorenz
[29] Insgesamt waren es bis Dezember 1944 RM 5000,– (und in Form von Sachbeihilfen nochmals RM 5410,–), die ihm von der DFG überwiesen wurden.

5. Die Euphorie nach dem „Anschluss"

[1] „Personal-Fragebogen zum Antragschein auf Ausstellung einer vorläufigen Mitgliedskarte und zur Feststellung der Mitgliedschaft im Lande Österreich" der Nationalsozialistischen Deutschen Arbeiterpartei (NSDAP) vom 28. Juni 1938. Der Beginn der Mitgliedschaft wurde dann auf den 1. Mai 1938 vordatiert. Österreichisches Staatsarchiv, Gauakt Konrad Lorenz.
[2] Österreichisches Staatsarchiv, Gauakt Konrad Lorenz, Beilagen zum Antrag zur Aufnahme in die NSDAP
[3] persönliche Mitteilung von Agnes von Cranach
[4] Hitler hatte bereits 1934 erklärt, er sei „fest durchdrungen von der Überzeugung, dass jede Staatsgewalt vom Volk ausgehen muss und von ihm in freier und geheimer Wahl bestätigt sein muss". Vgl. u. a. E. B. Bukey [2000] 2001, S. 58f.

[5] Konrad Lorenz an Erwin Stresemann am 11. April 1938 (Nachlass Stresemann, S. 178)

[6] vgl. zuletzt E. B. BUKEY [2000] 2001, S. 72

[7] Konrad Lorenz an Oskar Heinroth am 22.März 1938 (Hervorhebung im Original) (Nachlass Heinroth, S. 286)

[8] Konrad Lorenz an Erwin Stresemann am 26. März 1938 (Nachlass Stresemann, S. 176)

[9] Lorenz, seit 1931 Mitglied und seit 1933 Ausschussmitglied der Deutschen Ornithologischen Gesellschaft, wurde für den im Mai 1938 in Rouen stattfindenden 9. Internationalen Ornithologenkongress vom Reichsminister für Wissenschaft, Erziehung und Volksbildung zum Mitglied der engeren deutschen Delegation bestimmt. Personalakt Konrad Lorenz, Philosophische Fakultät, Universitätsarchiv Wien, S. 171.

[10] Konrad Lorenz an Erwin Stresemann am 26. März 1938 (Nachlass Stresemann, S. 176)

[11] ebenda

[12] ebenda

[13] Für sein zeitliches Dilemma mit der KWG hat Lorenz bald eine Lösung gefunden. Wenige Tage nach dem ersten Brief berichtete er Stresemann, dass er überzeugt sei, dass „der Besitz des Bühlerinstitutes sich mit der Leitung eines Altenberger KWG-Institutes durchaus verträgt“. Schließlich habe es seinem Vorgänger auch früher nicht mehr als einige Stunden wöchentlich Arbeit gemacht. „Eine 4-stündige Vorlesung (Donnerstag und Freitag je 1 1/2 Stunden), wie sie Prof. Bühler gehalten hat, halte ich garantiert spielend, ohne auf die Vorbereitung wesentlich Zeit aufzuwenden“, so Lorenz in einem Brief an Erwin Stresemann vom 19. April 1938. (Nachlass Stresemann, S. 180)

[14] Konrad Lorenz an Erwin Stresemann am 11. April 1938 (Nachlass Stresemann, S. 178)

[15] Österreichisches Staatsarchiv, Gauakt Karl Bühler, Bericht des NSDAP-Ortsgruppenleiters Krottenbach, Paul Veith

[16] T. A. SEBEOK 1983, S. 372

[17] Lorenz besuchte die beiden nach dem Krieg in den USA, so wie umgekehrt auch das Ehepaar Bühler in Lorenz' späterem Institut in Seewiesen zu Gast war. Persönliche Mitteilung von Agnes von Cranach.

[18] B. LICHTENBERGER-FENZ 1989, S. 3

[19] *Neues Wiener Tagblatt* vom 16. März 1938, zitiert nach B. LICHTENBERGER-FENZ 1989, S. 3

[20] *Der Biologe* 7 (7) [1938], S. 235

[21] ebenda

[22] Konrad Lorenz an Oskar Heinroth am 16. Juni 1938 (Nachlass Heinroth, S. 288)

[23] ebenda

[24] Konrad Lorenz an Oskar Heinroth am 9. Jänner 1939, zitiert nach O. KOENIG (Hg.) 1988, S. 257 (S. 302 im Nachlass)

[25] ebenda

[26] Der Deutsche Klub war 1908 in Wien von Richard Riedl, einem Berater des Thronfolgers Franz Ferdinand, gegründet worden. Prominente Mitglieder des Klubs waren z. B. der Militär Carl Bardolff, von 1932 bis 1939 mit einer kurzen Unterbrechung Obmann des Klubs, sowie Arthur Seyss-Inquart. Wir danken Prof. Karl Haas für seine Auskünfte zum Deutschen Klub. Vgl. auch W. ROSAR 1971, S. 37ff.

[27] Marchet selbst war 1932 der NSDAP beigetreten. Auch nach dem Verbot der Partei in Österreich blieb er politisch aktiv – als SA-Mitglied und Sturmbannführer. Gauakt Arthur Marchet, Archiv der Republik, Österreichisches Staatsarchiv.

[28] Gauakt Ludwig von Bertalanffy, Archiv der Republik, Österreichisches Staatsarchiv

[29] Personalakt Konrad Lorenz, Philosophische Fakultät, Universitätsarchiv Wien, S. 175

[30] Konrad Lorenz an Erwin Stresemann am 16. Februar 1939 (Nachlass Stresemann, S. 185)

[31] Personalakt Konrad Lorenz, Philosophische Fakultät, Universitätsarchiv Wien, S. 71

[32] F. SCHALLER 2000, S. 41

[33] ebenda, S. 41

[34] Lorenz las im Sommersemester (SS) 1937 über „Tierisches Verhalten als Gegenstand vergleichender Forschung", im Wintersemester (WS) 1937/38 über „Taxis und Instinkthandlung". In den nächsten Semestern folgten: „Biologie für Psychologen" (SS 1938), „Allgemeine Vergleichende Verhaltenslehre" (WS 1938/39), „Spezielle vergleichende Verhaltensforschung" (SS 1939), „Allgemeine Vergleichende Verhaltensforschung" (WS 1939/40). Im 1. Trimester 1940 (Januar bis März) las Lorenz über „Vergleichende Verhaltensforschung II (spezieller Teil)", im 2. Trimester 1940 (April bis Juli) über „Vergleichende Soziologie der Wirbeltiere". Eine Vorlesung im 3. Trimester 1940 (Septem-

ber bis Dezember) zur „Theorie der Handlung" wurde nur angekündigt.

35 ebenda, S. 43

36 persönliche Mitteilung von Friedrich Schaller

37 Konrad Lorenz an Oskar Heinroth am 21. Septenber 1939 (Hervorhebung im Original) (Nachlass Heinroth, S. 325)

38 ebenda

39 Konrad Lorenz an Oskar Heinroth im Dezember 1939 (Nachlass Heinroth, S. 336)

40 Konrad Lorenz an Oskar Heinroth am 2. Jänner 1940 (Nachlass Heinroth, S. 338)

41 Oskar Heinroth an Konrad Lorenz am 27. Jänner 1940, zitiert nach O. Koenig (Hg.) 1988, S. 293

42 Ä. Bäumer 1990, S. 135f.

43 vgl. U. Deichmann [1992] 1995, S. 339ff. Der Reichsbund für Biologie wurde unter der Schirmherrschaft Himmlers mit Prof. Dr. Fritz Knoll als Vorsitzendem des Vorstandes und Greite als seinem Stellvertreter und eigentlichem Leiter Anfang Mai 1939 gegründet und unter Greite dem Ahnenerbe gleichgeschaltet. Damit löste er die vormalige Dachorganisation der Biologen, den Deutschen Biologenverband unter Lehmann, ab. (vgl. M. Kater 1974, S. 413, Fn. 148)

44 Konrad Lorenz an Oskar Heinroth am 29. Jänner 1940 (Nachlass Heinroth, S. 340) (Hervorhebung der Autoren)

45 Oskar Heinroth an Konrad Lorenz, am 29. März 1940 (zitiert nach O. Koenig (Hg.) 1988, S. 296). Greite ließ dann 1941 im *Biologen* zwei neue Rubriken einrichten: Die eine hieß „Was wir lesen wollen". Darunter fand man „Wertvolles aus Schrifttum, Presse und Mitarbeiterkreis für unsere gemeinsame Arbeit". Eine zweite Rubrik nannte sich „Was wir nicht lesen wollen": „In dieser Rubrik sollen von Zeit zu Zeit Zitate aus Zeitungs- und Zeitschriftenpresse veröffentlicht werden, an denen wir aus sachlichen Gründen Anstand nehmen. Wir bitten unsere Mitglieder, uns laufend mit weiterem Material zu versorgen." Die zweite Kategorie der Zensur wurde auch bald auf Bücher ausgedehnt (zitiert nach Ä. Bäumer 1990, S. 145). In der Ausgabe des *Biologen* Nr. 3/4 des Jahres 1942 findet sich auf S. 104 unter der Rubrik „Was wir nicht lesen wollen" das Buch „Sprechen Sie Schimpansisch? Einführung in die Tier- und Ursprachenlehre" von Schwidetzky (Gesellschaft für Tier- und Ursprachenforschung).

6. Exkurs: Der Fluch der Domestikation

1 O. KLEMM (Hg.) 1939, S. 1f. („Die Eröffnung des Kongresses und sein Verlauf")

2 Konrad Lorenz in einem Brief an Oskar Heinroth am 6. Januar 1937 (zitiert nach O. KOENIG (Hg.) 1988, S. 225). Jaensch wurde auch zur zweiten Tagung der Gesellschaft für Tierpsychologie eingeladen, wo er im September 1938 „Zur Psychologie des Haushuhns" referierte. Der Text erschien dann unter dem Titel „Der Hühnerhof als Forschungs- und Aufklärungsmittel in menschlichen Rassenfragen" in der *Zeitschrift für Tierpsychologie* – und illustrierte dabei die ganze Absurdität der zwischen Tier und Mensch vergleichenden Rassenpsychologie. Jaensch kommt dabei unter anderem zum Schluss, dass südländische Hühner unausgeglichener, unruhiger und natürlich auch früher sexualreif seien. Eben diese Differenzen – und noch etliche mehr – ließen sich auch beim Menschen finden. Vgl. JAENSCH 1939.

3 Konrad Lorenz in einem Brief an Erwin Heinroth am 16. Juni 1938, zitiert nach O. KOENIG (Hg.) 1988, S. 247

4 O. KLEMM (Hg.) 1939, S. 1f. („Die Eröffnung des Kongresses und sein Verlauf")

5 Konrad Lorenz an Oskar Heinroth am 22. März 1938, zitiert nach O. KOENIG (Hg.) 1988, S. 242

6 K. LORENZ 1939a

7 ebenda, S. 139 (Hervorhebung im Original)

8 K. Lorenz 1939a, S. 140

9 ebenda

10 ebenda, S. 145

11 ebenda, S. 146

12 Ebenda. Jaensch leitete den Begriff „invirent" aus der Geologie ab: Phasen der Virenz seien solche des drängenden Umbruchs, während Invirenz für Gleichbleiben bzw. Verblühen, Kraftlosigkeit etc. steht. Vgl. E. JAENSCH 1938, S. 7f. In diesem Buch mit dem Titel „Der Gegentypus" entwarf der NS-Psychologe eine absurde Typenlehre; ein Hauptvertreter des „Gegentypus" ist natürlich das Judentum (ebenda, S. XXIV).

13 K. LORENZ 1939a, S. 146

14 ebenda, S. 147

15 K. LORENZ 1935, zitiert nach K. Lorenz 1965, Band 1, S. 278 (Hervorhebung im Original)

[16] vgl. H. HEDIGER 1938; O. ANTONIUS 1939

[17] K. LORENZ / F. KREUZER 1981, S. 10

[18] vgl. B. SAX 1997 und 2000 sowie, etwas anders argumentierend, B. BAGEMIHL 2000

[19] Seine Grundthese lautete, dass diese Bewegungsweisen sich ebenso stammesgeschichtlich erklären lassen wie etwa die spezifischen Organe der Tiere. Auf Enten- bzw. Schwimmvögel war Lorenz deshalb gekommen, weil auch nahe verwandte Arten stark verschieden und doch leicht kreuzbar sind. Eine erste Publikation aus diesem Forschungszusammenhang ist die Arbeit „Taxis und Instinkthandlung in der Eirollbewegung der Graugans", die er gemeinsam mit Niko Tinbergen 1937 verfasste (K. LORENZ / N. TINBERGEN 1938). Bei ihren Untersuchungen kamen sie auch auf signifikante Unterschiede zwischen wildblütigen Graugänsen und ihren Domestikationsformen – und da sie von Ersteren zu dieser Zeit noch so wenige hatten, versuchten sie die Gänse Schritt für Schritt zurückzuzüchten.

[20] DFG-Akt Konrad Lorenz

[21] Konrad Lorenz an Erwin Stresemann am 16. Februar 1939 (Nachlass Stresemann, S. 185)

[22] K. LORENZ 1940a. Sucht man übrigens in Wiener Universitätsbibliotheken nach dem Artikel, stößt man auf unerwartete Schwierigkeiten. Zwar sind sowohl an der Hauptbibliothek der Universität Wien wie an der Fachbibliothek des Psychologischen Instituts so gut wie sämtliche Ausgaben der *Zeitschrift für angewandte Psychologie und Charakterkunde* vorhanden. Doch ausgerechnet der 59. Jahrgang bzw. der Band des Jahres 1940 fehlt in beiden Bibliotheken und wird als Verlust gemeldet. Ähnliches gilt auch für die zweite große Arbeit von Lorenz aus der NS-Zeit, „Die angeborenen Formen möglicher Erfahrung". (K. LORENZ 1943a)

[23] Den Kontakt zu dieser Zeitschrift hatte allem Anschein nach Erwin Jaentsch hergestellt, der als Vorsitzender der Deutschen Gesellschaft für Psychologie eben erst das 400-seitige Buch „Der Gegentypus" als Beiheft 75 der *Zeitschrift für angewandte Psychologie und Charakterkunde* publiziert hatte.

[24] Konrad Lorenz an Erwin Stresemann am 16. Februar 1939 (Nachlass Stresemann, S. 185)

[25] Konrad Lorenz an Erwin Stresemann am 16. Februar 1939 (Hervorhebung durch die Autoren) (Nachlass Stresemann, S. 185)

[26] K. LORENZ 1940a, S. 3

[27] ebenda

[28] Ebenda, S. 55. Als negatives Beispiel nennt Lorenz hier Filmschauspielerinnen, von denen ausgerechnet sein eigener Vater während seiner zahlreichen USA-Aufenthalte kaum genug sehen konnte. Sohn Konrad sah den „allgemeinen Erfolg mancher derartiger Frauen als ein geradezu bedrohliches Symptom". Und etwas später im Text merkte er an: „Wer um die möglichen biologischen Folgen dieser Erscheinungen weiß, muss sich einigermaßen über die Tatsache beunruhigen, dass Millionen sonst normaler Männer auf die vor wirklichem oder gespieltem inneren Zerfall herabhängenden Augenlider berühmtester Filmschauspielerinnen in einer Art und Weise ansprechen, die ihren Niederschlag im Millionenvermögen der Reizaussenderinnen findet. Die angeborenen Schemata für das Gesunde müssen beträchtlich verändert sein, wenn ‚Dekaden', einen solchen Reiz zu entwickeln vermag." (ebenda, S. 55 und 61f.)

[29] ebenda, S. 56f.

[30] ebenda, S. 58

[31] ebenda, S. 60

[32] ebenda, S. 66 (Hervorhebungen im Original)

[33] ebenda, S. 68

[34] ebenda, S. 69

[35] ebenda, S. 70

[36] ebenda, S. 71

[37] ebenda

[38] ebenda, S. 75

[39] Zur Geschichte von der Euthanasie zur Endlösung vgl. u.a. H. FRIEDLANDER [1995] 1997.

[40] Konrad Lorenz an Erwin Stresemann am 16. Februar 1939 (Nachlass Stresemann, S. 185)

[41] *Der Biologe* 8 (11) [1938], S. 381

[42] *Neues Wiener Tagblatt* vom 1. April 1939, S. 12

[43] Fritz Stüber (1903-1978) war in der Zweiten Republik Nationalratsabgeordenter (1949-1956), Obmann des VdU („Verband der Unabhängigen", das Sammelbecken der ehemaligen österreichischen Nazis) und Chefredakteur der VdU-Wochenzeitung *Der Unabhängige*.

[44] *Neues Wiener Tagblatt* vom 1. April 1939, S. 12

[45] Herausgeber des *Völkischen Beobachters* war ab 1923 der NS-Chefideologe Alfred Rosenberg, der 1933 Leiter des Außenpolitischen Amtes des Dritten Reiches wurde.

[46] *Völkischer Beobachter* vom 30. März 1939, S. 11

[47] ebenda (Hervorhebungen und Fallfehler im Orginal)

[48] Das NS-Deutsche Volksbildungswerk war die gleichgeschaltete Nachfolgeorganisation der Volkshochschulen in der Weimarer Republik, und Lorenz' Vortrag war wahrscheinlich von der Gauleitung des Volksbildungswerks eingefädelt worden.

[49] *Zeitschrift für Tierpsychologie* 3 (2) [September 1939], S. 248

[50] *Das Reich* vom 23. November 1941, S. 11

[51] ebenda

[52] K. LORENZ 1940b

[53] F. ROSZNER 1939

[54] In „Mein Kampf" forderte Adolf Hitler: „Die gesamte Bildungs- und Erziehungsarbeit des völkischen Staates muss ihre Krönung darin finden, dass sie den Rassesinn und das Rassegefühl instinkt- und verstandesmäßig in das Herz und Gehirn der ihr anvertrauten Jugend hineinbrennt." (zitiert nach Ä. BÄUMER 1990, S. 119)

[55] K. LORENZ 1940b, S. 29

[56] ebenda, S. 30

[57] ebenda, S. 31

[58] ebenda, S. 31f.

[59] P. LEYHAUSEN 1991, S. 345

[60] K. LORENZ 1940b, S. 36

[61] P. BOURDIEU 1988, S. 25

7. Am Lehrstuhl Immanuel Kants

[1] Lorenz hatte Otto Koehler in einem Brief vom 30. August 1973 noch gefragt, ob ihm das Recht sei: „Ich habe eben jetzt beim Revidieren des neuen Buches so oft an Königsberg und unsere Diskussionen gedacht und wie viel von dem, was in dem Buch steht, dir und Baumgarten und last aber keineswegs least der Annemutter, dieser glänzenden Kantianerin, zu danken ist, dass mir der Gedanken kam, das Buch dem Andenken an Königsberg zu widmen. Etwa: Meinen Königsberger Freunden und Beratern Otto Koehler, Eduard Baumgarten oder so ähnlich. Darf ich?" (Nachlass Koehler)

[2] Konrad Lorenz war von 1950 bis 1973 Direktor eines Institutes der Max-

Planck-Gesellschaft, was dem Status nach gleichbedeutend ist mit einer Universitätsprofessur und zusätzlich den Vorteil hat, nicht lehren zu müssen.

3 „The war and politics hardly touched us in Königsberg at all", in: „The Animal in Man", *Newsweek* vom 28. Januar 1974, S. 38

4 vgl. O. KOEHLER 1963; Eduard Baumgarten u. a. im Briefwechsel mit Theodora J. Kalikow 1980; P. LEYHAUSEN 1991 und [1992] 2001; G. KLUMBIES 1995

5 vgl. A. NISBETT 1976, S. 73; K. LORENZ/F. KREUZER 1981, S. 43; A. FESTETICS [1983] 1988, S. 43; F. M. WUKETITS 1990, S. 72

6 K. LORENZ / F. KREUZER 1981, S. 43

7 G. HEISZ 1993, S. 139

8 Ipsen war mit Harmjanz in den Jahren 1938 und 1939 Herausgeber der *Zeitschrift für Volkskunde*, und obwohl er am ursprünglichen Dreiervorschlag gar nicht aufschien, wurde er letztlich mit Erlass vom 22. Mai 1939 von Reichsminister Bernhard Rust bestellt. Vgl. G. HEISZ 1993, S. 137; siehe auch G. BENETKA und W. KIENREICH 1989, S. 120.

9 zu den Hintergründen von Gehlens Berufung vgl. G. HEISZ 1993, S. 137ff.

10 Baumgarten war ursprünglich auf den ersten Platz der Berufungsliste gesetzt; wegen eines schwebenden Verfahrens gegen Baumgarten konnte der Ruf nicht an ihn ergehen: Baumgarten hatte noch als Dozent in Göttingen dem Gau-Dozentenbundführer eine Duellforderung übersandt und die NSDAP daraufhin ein Gerichtsverfahren gegen ihn eröffnet. Nachdem der statt Baumgarten nach Königsberg berufene Philosophie-Dozent im Herbst 1939 in Königsberg gestorben war, berief die Fakultät zum zweiten Mal Baumgarten zum Nachfolger Ipsens – diesmal in vorsorglichem Einvernehmen mit dem Berliner Ministerium. Vgl. den Brief von Eduard Baumgarten an Theodora J. Kalikow vom 18. Juni 1980 (Privatarchiv Theodora J. Kalikow).

11 ebenda

12 Auch im *Hochschulführer der Universität Königsberg* aus dem Jahr 1941 finden sich Angaben über das Philosophische Seminar, die diese Aussagen bestätigen: Während für die erste Abteilung mit Baumgarten der Direktor benannt ist, ist der Name des Leiters der zweiten Abteilung noch mit Prof. N. N. [also nomen nominandum bzw. noch zu nennender Name] angegeben. Zugleich finden sich aber auch schon präzise Angaben über ihre Ausrichtung: „Die zweite Abteilung dient in ihrem Forschungs- und Lehrbetrieb einer biologisch orientierten Psychologie. Ein kleines psycho-

logisches Laboratorium mit Möglichkeiten zur Tierhaltung befindet sich im Ausbau." (Hochschulführer der Universität Königsberg, S. 26)

13 BDC-Akt Konrad Lorenz, S. 1992

14 ausgestellt am 25. November 1940, BDC-Akt Konrad Lorenz, S. 1998

15 BDC-Akt Konrad Lorenz, S. 2003

16 Brief von Eduard Baumgarten an Theodora Kalikow vom 3. September 1980 (Privatarchiv Theodora J. Kalikow)

17 Harmjanz war bereits seit dem 1. Mai 1930 Parteimitglied und damit vor seiner Berufung ins Ministerium der erfahrenste Parteigenosse unter den Königsberger Dozenten. Er hatte im NS-Studentenbund eine führende Rolle gespielt und gehörte vor der Machtübernahme der SS an. Vgl. Bundesarchiv Berlin, Abschrift, REM-Akt Heinrich Harmjanz, 0348295.

18 Personalakt Konrad Lorenz, Philosophische Fakultät, Universitätsarchiv Wien, S. 165 und 166

19 vgl. U. GEUTER 1984, S.131

20 A. v. CRANACH 2001, S. 8 (zitiert nach dem Manuskript)

21 O. KOEHLER 1963, S. 390

22 Konrad Lorenz an Erwin Stresemann am 7. Oktober 1940 (Nachlass Stresemann, S. 200) (Hervorhebung im Original)

23 G. v. SELLE 1944, S. 337

24 *Hochschulführer der Universität Königsberg,* S. 11

25 P. LEYHAUSEN 1991 und [1992] 2001

26 P. LEYHAUSEN [1992] 2001

27 Eduard Baumgarten an Theodora J. Kalikow am 3. September 1980. (Privatarchiv Kalikow)

28 vgl. P. Leyhausen [1992] 2001

29 Brief von Otto Koehler an Otto Antonius am 7. Januar 1942 (Privatarchiv Brachetka)

30 O. KOEHLER 1963, S. 390

31 A. FESTETICS [1983] 1988, S. 163

32 Eduard Baumgarten an Theodora J. Kalikow am 3. September 1980 (Privatarchiv Kalikow)

33 Konrad Lorenz an Erwin Stresemann am 30. Jänner 1941 (Nachlass Stresemann, S. 204)

34 Gutachten von Otto Koehler am 21. Juni 1949 (Nachlass Koehler)

35 P. LEYHAUSEN [1992] 2001. Dass zwischen Hitler und den Funktionären der NSDAP zu unterscheiden sei, war damals gerade in bürgerlichen Kreisen, zu denen auch Lorenz gehörte, oft zu vernehmen. Der „Führer" er-

schien diesen unverändert als der Gute, der Begnadete, der oft nicht wisse, was seine proletarischen Parteifunktionäre tun. Ihm sei Vernunft zuzutrauen, hätte er die richtigen Ratgeber. Leute wie Reichspropagandaminister Joseph Goebbels, der völkische Ideologe Alfred Rosenberg oder der antisemitische Hetzer Julius Streicher wurden hingegen in gleichem Maß verachtet wie gefürchtet.

[36] M. WIECK 1988, S. 97

[37] beide Zitate ebenda, S. 98

[38] *Der Biologe* 9 (12) [Dezember 1940], S. 430

[39] ebenda

[40] *Königsberger Allgemeine Zeitung* vom 2. November 1940 (Hervorhebung im Original)

[41] K. LORENZ 1941b

[42] vgl. F. M. WUKETITS 1990, S. 99

[43] vgl. K. LORENZ / F. KREUZER 1981, S. 47

[44] K. LORENZ 1941a, S. 46

[45] ebenda, S. 46f.

[46] Das diesbezügliche Schreiben des Reichserziehungsministeriums ist vom 25. Februar 1941 datiert.

[47] K. LORENZ 1941a, S. 47 (Hervorhebung im Original)

[48] vgl. Th. J. KALIKOW 1983, S. 69

[49] K. LORENZ 1943b

[50] ebenda, S. 120

[51] ebenda (Hervorhebung im Original)

[52] Vgl. K. LORENZ 1954. Das Kapitel „Haustierforschung und Zivilisationsprobleme“ wurde umbenannt in „Von den Voraussetzungen der Menschwerdung“, um etliche Seiten erweitert, aber von den „rassenpolitisch relevanten“ Behauptungen gereinigt.

[53] vgl. Ch. TILITZKI 2000, der erstmals auf diese Berichterstattung hinwies

[54] ebenda

[55] Hochschulführer der Universität Königsberg (1941), S. 13

8. Als Arzt und Psychologe im Krieg

[1] K. LORENZ 1974a (unsere Übersetzung nach *http://www.nobel.se/medicine/laureates/1973/lorenz-autobio.html)*

[2] vgl. *http://www.nobel.se/medicine/laureates/1973/lorenz-autobio.html*

[3] U. DEICHMANN [1992] 1995, S. 295-299

[4] so gegenüber A. NISBETT 1976, S. 92f.

[5] Konrad Lorenz an Erwin Stresemann am 16. August 1940 (Nachlass Erwin Stresemann, S. 198)

[6] Brief von Otto Koehler an Otto Antonius vom 7. Januar 1942 (Privatarchiv Brachetka)

[7] O. KOEHLER 1963, S. 392

[8] persönliche Mitteilung von Agnes von Cranach sowie A. v. CRANACH 2001, S. 8 (zitiert nach dem Manuskript)

[9] Brief von Otto Koehler an Otto Antonius vom 22. Januar 1942 (Privatarchiv Brachetka)

[10] A. v. CRANACH 2001, S. 9 (zitiert nach dem Manuskript)

[11] persönliche Auskunft von Agnes von Cranach

[12] Brief von Konrad Lorenz an Otto Antonius vom 14. Mai 1942 (Privatarchiv Brachetka)

[13] Zu den unterschiedlichen Erklärungen vgl. U. GEUTER 1984, S. 390ff. Lorenz hing im Übrigen der Erklärung mit Mölders an.

[14] ebenda, S. 428

[15] Brief von Konrad Lorenz an Otto Antonius vom 14. Mai 1942 (Privatarchiv Brachetka)

[16] K. LORENZ 1943a

[17] R. HIPPIUS et al. 1943

[18] Brief von Konrad Lorenz an Erwin Stresemann am 24. Mai 1944 (F.P.56897) (Hervorhebungen im Original) (Nachlass Stresemann, S. 206)

[19] Brief von Otto Koehler an Otto Antonius am 7. Juli 1942 (Privatarchiv Brachetka)

[20] zitiert nach J. HAFFER et al. 2000, S. 365 (unsere Übersetzung)

[21] K. LORENZ 1943a, S. 395

[22] ebenda, S. 271 (Hervorhebungen im Original)

[23] ebenda, S. 274

[24] ebenda, S. 281

[25] ebenda, S. 282 (Hervorhebung im Original)

[26] O. SPENGLER [1923] 1988

[27] K. LORENZ 1943a, S. 300 (Hervorhebungen im Original)

[28] ebenda, S. 312

[29] U. DEICHMANN [1992] 1995, S. 293f.

[30] ebenda, S. 294 und B. MÜLLER-HILL [1992] 1995, S. 17

31 E. Fischer 1914, S. 489
32 K. Lorenz 1943a, S. 283
33 ebenda 1943a, S. 302 (Hervorhebungen im Original)
34 R. Hippius et al. 1943
35 vgl. M. Burleigh 1988, S. 291
36 vgl. M. Broszat 1961, S. 123ff.
37 vgl. U. Geuter 1984, S. 422f.
38 R. Hippius et al. 1943, S. 18f.
39 ebenda, S. 18
40 Für die folgenden Ausführungen siehe A. v. Cranach 2001, S. 9f. und persönliche Mitteilungen von A. v. Cranach.
41 persönliche Auskunft von Agnes von Cranach
42 A. v. Cranach 2001, S. 9
43 ebenda, S. 10p
44 ebenda
45 E. Nowak 2000, S. 468
46 R. Hippius et al. 1943, S. 9
47 F. Schaller 1997, S. 170
48 A. Nisbett 1976, S. 92 (unsere Übersetzung)
49 A. v. Cranach 2001
50 Konrad Lorenz an Margarethe Lorenz am 14. Juni 1942 (Privatarchiv Agnes von Cranach)
51 Brief vom Beauftragten für Diensthundwesen im persönlichen Stab des Reichsführers SS an Konrad Lorenz am 12. August 1942 (Fallfehler im Original) (Privatarchiv Agnes v. Cranach)
52 A. v. Cranach 2001, S. 11 (zitiert nach dem Manuskript)
53 Konrad Lorenz an Otto Antonius am 6. September 1942 (Privatarchiv Brachetka)
54 Konrad Lorenz an Otto Antonius am 14. Mai 1942 aus Posen (Privatarchiv Brachetka)
55 Otto Koehler an Otto Antonius am 7. Juli 1942 (Privatarchiv Brachetka)
56 Konrad Lorenz an Otto Antonius am 14. Mai 1942 aus Posen (Privatarchiv Brachetka)
57 Konrad Lorenz an Otto Antonius am 6. September 1942 (Privatarchiv Brachetka)
58 Otto Koehler an Otto Antonius am 10. Oktober 1942 (Privatarchiv Brachetka)
59 Lies Tinbergen an Otto Koehler am 10. Oktober 1942, zitiert nach einem

Brief von Otto Koehler an Otto Antonius am 10. Oktober 1942 (Privatarchiv Brachetka) (Fallfehler im Original)

[60] Otto Antonius an Otto Koehler am 16. Oktober 1942 (Privatarchiv Brachetka)

[61] N. TINBERGEN et al. (1943)

[62] Otto Antonius an Otto Koehler am 16. Oktober 1942 (Privatarchiv Brachetka)

[63] Konrad Lorenz an Erwin Stresemann, F.P.56897 vom 24. Mai 1944 (*Feldpost*) (Nachlass Stresemann, S. 206)

[64] ebenda

[65] vgl. u. a. P. RIEDESSER / A. VERDERBER 1996; N. HAUER 1997; G. BERGER
1998; K. BLASZNECK 2000

[66] Cardiazol ist ein starkes Kreislaufmittel, das in Überdosierungen verabreicht wurde, um Krämpfe auszulösen. Diese waren manchmal so stark, dass sie Knochenbrüche verursachten.

[67] vgl. P. RIEDESSER / A. VERDERBER 1996, S. 167f.

[68] vgl. E. KLEE [1983] 1999, S. 226f. und 242; P. RIEDESSER / A. VERDERBER 1996, S. 114

[69] laut Auskunft des Militärhistorischen Institutes Freiburg vom 21. April 2001

[70] A. NISBETT 1976, S. 94 (unsere Übersetzung)

[71] K. LORENZ / F. KREUZER 1981, S. 97

9. Der Kriegsgefangene als Antifaschist?

[1] Konrad Lorenz an Erwin Stresemann am 24. Mai 1944 (F.P.56897) (Hervorhebungen im Original) (Nachlass Stresemann, S. 206)

[2] ebenda

[3] ebenda (Hervorhebungen im Original)

[4] alle Zitate ebenda (Hervorhebungen im Original)

[5] A. LORENZ [1952] 1965, S. 384

[6] Der Name leitet sich vom Überfall auf die Sowjetunion ab, der „Aktion Barbarossa" genannt wurde und am 22. Juni 1941 begonnen hatte, also genau drei Jahre vor dem sowjetischen Gegenangriff.

[7] Mitte Juni 1946 kommt er in Dsorages, dem ersten der vier armenischen

Lager, an. Ende April 1947 geht es aus dem Teillager 2 (Amalmy) ins Teillager 3 (Sevan), von dort am 21. Juli ins Teillager 1 (Erevan).

8 vgl. dazu die Biografien von A. NISBETT 1976, S. 92-102; K. LORENZ / F. KREUZER 1981, S. 55f.; A. FESTETICS [1983] 1988, S. 153ff.; F. M. WUKETITS 1990, S. 102ff.; N. BISCHOF [1991] 1993, S. 158f.; J. R. KREBS und S. SJÖLANDER 1992, S. 222

9 Und zwar im Archiv des Innenministeriums der ehemaligen UdSSR, Hauptverwaltung für Angelegenheiten der Kriegsgefangenen und Internierten, Archiv-Nr. 0893498. Wir danken Prof. Stefan Karner für eine Kopie seiner Übersetzung des Personalakts von Konrad Lorenz.

10 O. KOEHLER 1963, S. 392

11 vgl. die Darstellung von A. NISBETT 1976, S. 94f.

12 ebenda, S. 98

13 K. LORENZ 1974b (unsere Übersetzung)

14 K. LORENZ / F. KREUZER 1981, S. 55

15 V. E. SOKOLOW / L. M. BASKIN [1992] 1993, S. 6

16 A. NISBETT 1976, S. 98

17 vgl. den Brief von Margarethe Lorenz an Erwin Stresemann vom 5. Oktober 1946 (Nachlass Stresemann, S. 208)

18 persönliche Mitteilung von Agnes von Cranach

19 Margarethe Lorenz in einem Brief an den österreichischen Verhaltensforscher Otto Koenig vom 12. März 1946, zitiert nach O. KOENIG (Hg.) 1983, S. 31

20 vgl. K. HEINROTH 1971, S. 164

21 persönliche Mitteilung von Agnes von Cranach

22 „Er war damals krank und wäre ganz unzweifelbar draufgegangen, wenn er – was sonst unvermeidlich eingetreten wäre – in russische Kriegsgefangenschaft gekommen wäre!", schrieb Konrad Lorenz vier Jahre danach an Otto Koehler. (Brief vom 3. März 1948) (Nachlass Koehler)

23 persönliche Mitteilung von Agnes von Cranach

24 Werner Straube in einem Brief an Agnes von Cranach vom 10. März 1994, S. 5 (Privatarchiv Agnes von Cranach)

25 ebenda, S. 2

26 K. LORENZ 1974a (unsere Übersetzung)

27 A. FESTETICS [1983] 1988, S. 154

28 K. LORENZ / F. KREUZER 1981, S. 56

29 ebenda

30 vgl. N. BISCHOF [1991] 1993, S. 159

[31] Brief von Margarethe Lorenz an Erwin Stresemann am 5. Oktober 1946 (Nachlass Erwin Stresemann)
[32] Brief von Margarethe Lorenz an Annie Eisenmenger vom 29. April 1946; Briefe von Margarethe Lorenz an Annie Eisenmenger, Handschriftenabteilung der Österreichischen Nationalbibliothek, Signatur 1294/51
[33] laut einem Brief von Werner Straube an Agnes von Cranach vom 10. März 1994 (Privatarchiv Agnes von Cranach)
[34] vgl. dazu A. Nisbett 1976, S. 99; K. Lorenz / F. Kreuzer 1981, S. 57; A. Festetics [1983] 1988, S. 154f.; F. M. Wuketits 1990, S. 104f.
[35] K. Lorenz / F. Kreuzer 1981, S. 57
[36] K. Lorenz 1974a (unsere Übersetzung)
[37] K. Lorenz [1983] 1995, S. 193
[38] Konrad Lorenz an Erwin Stresemann am 24. Mai 1944 (F.P.56897) (Nachlass Erwin Stresemann)
[39] vgl. dazu unter anderem die prägnante Darstellung bei B. Chatwin [1979] 1996
[40] K. Lorenz 1992, S. 27 (Hervorhebung im Original)
[41] ebenda, S. 333 (Hervorhebungen im Original)
[42] Geholfen hat ihm dabei ein Übersetzer namens Kochertschuk. Vgl. V. E. Sokolow / L. M. Baskin [1992] 1993, S. 3 (zitiert nach dem Manuskript).
[43] Zitiert nach der deutschen Übersetzung des Akts durch Stefan Karner und der englischen Übersetzung von V. E. Sokolow / L. M. Baskin [1992] 1993, S. 7. Der mit A. abgekürzte zweite Vornamen von Lorenz leitet sich von Adolfowitsch her.

10. Rückkehr und Abschied

[1] Brief von Konrad Lorenz an Otto Koehler am 3. März 1948 (Nachlass Otto Koehler)
[2] Lorenz habe damals gemeint, „die Verhaltensforschung hätte so viele Probleme zu lösen, dass ein ganzes Institut damit beschäftigt werden könnte. Worauf ich beschloss, ein solches Institut zu errichten“. (zitiert nach O. Koenig 1974, S. 14)
[3] In einem Aviso Fischers vom 21. Oktober 1945 hieß es: „In Verbindung mit den Wiener Volkshochschulen und dem Tiergarten Schönbrunn rich-

tet der Biologe und Fachschriftsteller Otto Koenig in Wien 16, Savoyenstraße 1 eine Biologische Station ein." Faksimile in O. KOENIG (Hg.) 1983, S. 35

4 O. KOENIG (Hg.) 1983, S. 62

5 ebenda

6 K. LORENZ 1949a

7 Konrad Lorenz an Otto Koehler am 12. Februar 1949 (Nachlass Koehler)

8 vgl. J. R. KREBS / S. SJÖLANDER 1992, S. 227

9 persönliche Mitteilung von Agnes von Cranach

10 Brief von Konrad Lorenz an das IWK vom 16. September 1949, Archiv des IWK, Ordner „Briefwechsel 1946-1949"

11 zur Entnazifizierung an den österreichischen Hochschulen vgl. u. a. D. STIEFEL 1981

12 K. LORENZ 1974a

13 Die folgenden Absätze stützen sich auf das Protokoll der Sitzung. Personalakt Konrad Lorenz, Philosophische Fakultät, Universitätsarchiv Wien, S. 100f.

14 Rohracher war im Übrigen zu Kriegszeiten als Heerespsychologe tätig und befand sich unter den Rednern jenes 16. Kongresses für Psychologie in Bayreuth 1938, an dem Lorenz zum ersten Mal seine Domestikationsthesen vorstellte. Zur politischen Einschätzung Rohrachers vgl. G. BENETKA und W. KIENREICH 1989, S. 122ff. sowie G. HEISS 1993, S. 141.

15 Vgl. dazu auch P. LEYHAUSEN 2001 bzw. K. LORENZ 1954, wo es heißt: „Wenn mir von humanpsychologischer Seite (so von von Allesch) in vernichtendem Tone vorgeworfen wird, dass ich ‚keine Humanpsychologie kann', so stimme ich diesem Urteil gelassen zu. Ich ‚kann' immer noch ebenso viel Humanpsychologie, wie die erfolgreichsten organischen Chemiker meiner Bekanntschaft Stoffwechselphysiologie ‚können'." (zitiert nach K. LORENZ 1965, II, S. 376)

16 Im Originalprotokoll steht etwas verquer: „Es ist keine Gefahr, nationalsozialistische Anschauungen in der Zukunft seitens Lorenz." Personalakt Konrad Lorenz, Philosophische Fakultät, Universitätsarchiv Wien, S. 100f.

17 Konrad Lorenz an Otto Koehler vom 12. November 1948 [wohl aber eher vom 13.; die Autoren] (Nachlass Koehler)

18 nachträglich beigefügte Beilagen zum Gauakt von Konrad Lorenz (Hervorhebungen im Original), Österreichisches Staatsarchiv

19 Nachträglich beigefügte Beilagen zum Gauakt von Konrad Lorenz. Lo-

renz war natürlich trotzdem Mitglied der Partei. Die Mitgliedskarte oder auch das Mitgliedsbuch sind grundsätzlich im Besitz des Betroffenen zu suchen. Sie kann natürlich verloren gehen und viele Parteimitglieder haben sie auch verschwinden lassen. Es ist im Fall von Konrad Lorenz davon auszugehen, dass er bei der Reichsleitung der NSDAP als rechtskräftiges Mitglied geführt wurde. Die NSDAP-Parteibürokratie funktionierte in der Regel penibel. Beispielsweise wurden säumige Beitragszahler nach Ablauf einer festgelegten Frist als Mitglied gestrichen. Wir danken Simone Langner vom Bundesarchiv Berlin für ihre Auskünfte.

20 Konrad Lorenz an Otto Koehler am 11. Mai 1949 (Nachlass Koehler)

21 vgl. u. a. D. STIEFEL 1981, S. 307

22 Konrad Lorenz an Otto Koehler am 12. Februar 1949 (Nachlass Koehler). „Ganzheit und Teil in der tierischen und menschlichen Gemeinschaft" war die gereinigte Fassung von K. LORENZ 1943a. Der Band von Heberer wurde als Ganzer entnazifiziert.

23 K. LORENZ 1954

24 Konrad Lorenz an Otto Koehler am 12. Februar 1949 (Nachlass Koehler)

25 E. LEHMANN 1946, S. 31

26 K. LORENZ 1949b, S. 34

27 ebenda, S. 35f.

28 vgl. A. NISBETT 1976, S. 99f.

29 Diese Generation der Lorenz-Schüler verfasste auch die ersten Nachkriegsdissertationen aus dem Bereich der vergleichenden Verhaltensforschung: Schleidt dissertierte 1951 über Rötelmäuse, Eibl-Eibesfeldt 1949 über Erdkröten, Ilse Gilles-Prechtl 1949 über Hausspatzen und andere Nesthocker. Vgl. O. KOENIG (Hg.) 1983, S. 64 und 137.

30 Konrad Lorenz an Erwin Stresemann ohne Datum (vermutlich Ende 1949) (Nachlass Erwin Stresemann, S. 212)

31 K. v. FRISCH 1973, S. 154

32 ebenda, S. 133

33 A. NISBETT 1976, S. 107

34 Brief von Konrad Lorenz an Otto Koehler am 11. Februar 1950 (Nachlass Koehler)

35 Brief von Konrad Lorenz an Otto Koehler am 12. April 1950 (Nachlass Koehler)

36 O. STORCH 1950, S. 2

37 Konrad Lorenz an Gustav Kramer am 29. August 1950, zitiert nach U. DEICHMANN [1992] 1995, S. 301

[38] Konrad Lorenz an Erwin Stresemann am 14. November 1950 (Nachlass Stresemann)

[39] *Die Presse* vom 25. November 1950, S. 3

[40] O. STORCH 1950, S. 2

[41] vgl. R. STUMPF 2000, S. 147f.

[42] aus einer Rede Ernst Fischers am 8. Dezember 1950 anlässlich der 38. Sitzung des Nationalrates in der VI. Gesetzgebungsperiode, Stenografische Protokolle des Österreichischen Nationalrats, S. 1511 (Wir bedanken uns bei Christian Fleck für den Hinweis auf diese Rede.)

Epilog

[1] zuletzt etwa von Antal Festetics in einem Kommentar in der Tageszeitung *Die Presse* am 3. Juni 2000, S. 2

[2] K. LORENZ 1939a, dann insbesondere in 1940a und 1940b, kurz in 1941a, etwas abgeschwächt in 1943a und 1943b

[3] B. MÜLLER-HILL [1992] 1995, S. 18

[4] P. LEYHAUSEN 1991, S. 346

[5] So etwa der Reichsführer-SS Heinrich Himmler in seiner Totenrede auf Reinhard Heydrich (R. HEYDRICH 1944, S. 63f.). Heydrich sollte nicht nur die Shoah organisieren, er war als Leiter des Reichssicherheitshauptamts zuvor auch für die Verbrechensbekämpfung zuständig gewesen.

[6] K. LORENZ 1983, S. 193

[7] K. LORENZ 1977, S. 11

[8] K. LORENZ 1974a (unsere Übersetzung)

[9] K. LORENZ [1973a] 1997, S. 58

[10] Als Aufsatz war der Text schon im Jahr 1971 in einer Festschrift zum 70. Geburtstag seines Königsberger Kollegen und Freundes Eduard Baumgarten veröffentlicht worden.

[11] K. LORENZ [1973a] 1997, S. 60

[12] K. LORENZ 1943a, S. 236

[13] *Der Spiegel* 45/1988, S. 263

[14] P. SLOTERDIJK 1999, S. 44

[15] ebenda, S. 43

[16] K. LORENZ 1940b, S. 28f.

[17] P. SLOTERDIJK 1999, S. 45

Quellen

National Archives, Archives II, Washington D. C.:
BDC, Microfilm Roll Number A-3345-DS-A043
BDC, Microfilm Roll Number A-3345-DS/REM-B119
BDC, Microfilm Roll Number A-3345-DS/REM-B128
BDC, Cabinet 104 Reichsärztekammer RAK 038 Microfilm Publication A3340
NSDAP Zentralkartei. Microfilm Publication A3340, Series MFKL
Archiv des Innenministeriums der ehemaligen UdSSR, Moskau:
Hauptverwaltung für Angelegenheiten der Kriegsgefangenen und Internierten, Archiv-Nr. 0893498
Geheimes Staatsarchiv Preußischer Kulturbesitz, Berlin:
Bestand GstA XX. Hauptabteilung, Rep. 300, Nachlass Hoffmann
Staatsbibliothek zu Berlin (West), Preußischer Kulturbesitz:
Nachlass Erwin Stresemann (Nachlass 150) Ordner 40
Nachlass Oskar Heinroth (Nachlass 137) Ordner 27
Bundesarchiv Berlin:
BDC-Akt Konrad Lorenz, NSDAP Zentralkartei und Verschiedenes
weitere personenbezogene Akten:
Antonius Otto, NS 15/30, Bl. 40, NS15/37, Bl. 47
Baumgarten Eduard, NS15/122, Bl. 48
Frisch Karl v., NS15/36, Bl. 81a.
Harmjanz Heinrich, NS15/207, Bl. 5-21
Lorenz Adolf, NS15/235, Bl. 109-117
Uexküll Jakob v., NS15/158a, Bl. 78
Wettstein Friedrich, NS15/31, Bl. 287, NS15/158a Bl. 36
Bundesarchiv Koblenz:
DFG-Akt Konrad Lorenz (Nr. R 73/12.781)
Universitätsarchiv Freiburg:
Nachlass Otto Koehler (Nr. C 131)
Österreichisches Staatsarchiv, Archiv der Republik, Wien:
04/BMI, Gauakten; Gaupersonalamt des Gaues Wien
Gauakt von Konrad Lorenz: 57. 574; 21337/49
Gauakt von Ludwig von Bertalanffy: 155. 294

Gauakt von Wilhelm Marinelli: 57. 575
Gauakt von Karl Bühler: 2551
Gauakt von Arthur Marchet
BM f. Handel u. Verkehr, Zl. 79.053/1934.

Universitätsarchiv Wien:
Personalakte von Konrad Lorenz (medizinische und philosophische Fakultät)
Akten der Volkstümlichen Universitätskurse

Handschriftenabteilung der Österreichischen Nationalbibliothek, Wien:
Briefe von Margarethe Lorenz an Annie Eisenmenger (Signatur 1294/51 und 52)

Österreichisches Volkshochschularchiv, Wien:
Urania-Mitteilungen 1932-1938
Vorträge am Volksheim Ottakring

Dokumentationsarchiv des Österreichischen Widerstandes, Wien:
Bestand Konrad Lorenz

Archiv des Instituts für Wissenschaft und Kunst, Wien:
Programme und Korrespondenz 1946 bis 1950

Sozialwissenschaftliche Dokumentation der Arbeiterkammer, Wien:
Tagblattarchiv
Zeitungsausschnittesammlung Konrad Lorenz

Archiv des Dokumentationszentrums des Bundes jüdischer Verfolgter des Naziregimes, Wien (Archiv Simon Wiesenthal):
Bestand Konrad Lorenz

Ferner zitieren wir Briefe und Material aus den Privatarchiven von:
Julius Brachetka
Agnes von Cranach
Theodora J. Kalikow

Bibliografie

AKADEMISCHER SENAT DER UNIVERSITÄT WIEN (Hg.) (1998): *Untersuchungen zur Anatomischen Wissenschaft in Wien* 1938-1945. 2. korrigierte Auflage. Wien: Universität Wien.

AMBERG, Max (1977): *Konrad Lorenz. Verhaltensforscher, Philosoph, Naturschützer.* Greven: Kilda-Verlag.

ALLESCH, Johannes von (1950): German Psychologists and National Socialism. *Journal for Abnormal and Social Psychology* 45, 402.

ANTONIUS, Otto (1939): Zum Domestikationsproblem. *Zeitschrift für Tierpsychologie* 2 (3), 296-301.

BAGEMIHL, Bruce (1999): *Biological Exuberance: Animal Homosexuality and Natural Diversity.* New York: St. Martin's Press.

BAGEMIHL, Bruce (2000): Tierische Homosexualitäten. Sex - Fortpflanzung – Technologie: eine Zukunftsgeschichte. In: Gerfried STOCKER und Christine SCHÖPF (Hg.) (2000): *Next Sex. Sex im Zeitalter seiner reproduktionstechnischen Überflüssigkeit.* Wien/New York: Springer, 103-117.

BARKER, Andrew ([1996] 1998): *Telegrammstil der Seele. Peter Altenberg – Eine Biografie.* Wien/Köln/Weimar: Böhlau.

BAUMAN, Zygmunt ([1989] 1992): *Dialektik der Ordnung. Die Moderne und der Holocaust.* Hamburg: Europäische Verlagsanstalt.

BÄUMER, Änne (1990): *NS-Biologie.* Stuttgart: Hirzel.

BENETKA, Gerhard und Werner KIENREICH (1989): Der Einmarsch in die akademische Seelenlehre. In: Gernot HEISZ et al. (Hg.) (1989): *op. cit.*, 115-132.

BERGER, Georg (1998): *Die beratenden Psychiater des deutschen Heeres 1939 bis 1945.* Frankfurt/Main et al.: Peter Lang.

BISCHOF, Norbert ([1991] 1993): *„Gescheiter als alle die Laffen". Ein Psychogramm von Konrad Lorenz.* München/Zürich: Piper.

BLASZNECK, Klaus (2000): *Militärpsychiatrie im Nationalsozialismus: Kriegsneurotiker im Zweiten Weltkrieg.* Würzburg: Deutscher Wissenschafts-Verlag.

BOURDIEU, Pierre (1988): *Die politische Ontologie Martin Heideggers.* Frankfurt/Main: Suhrkamp.

BRACHETKA, Julius (1947): *Schönbrunn und sein Tiergarten.* Wien: Eigenverlag.

BROCKHAUS-REDAKTION (Hg.) (1999): *Aufbruch der Massen – Schrecken der Kriege. Die Weltgeschichte*, Band 5. Leipzig/Mannheim: Brockhaus.

BROSZAT, Martin (1961): *Nationalsozialistische Polenpolitik 1939-1945.* Stuttgart: Deutsche Verlagsanstalt.

BRÜGGE, Peter (1988): Konrad Lorenz: Von der Gans aufs *Ganze. Der Spiegel* 45, 244-263.

BRÜGGEMEIER, Franz-Josef (1998): *Tschernobyl, 26. April 1986. Die ökologische Herausforderung.* München: dtv.

BUKEY, Evan Burr ([2000] 2001): *Hitlers Österreich. „Eine Bewegung und ein Volk"*. Hamburg/Wien: Europa Verlag.

BURKHARDT, Richard W. (2001): Konrad Zacharias Lorenz (1903-1989). In: Ilse JAHN und Michael SCHMITT (Hg.): *Darwin & Co. Eine Geschichte der Biologie in Porträts.* 2 Bände. München: C.H. Beck, 422-441.

BURLEIGH, Michael (1988): *Germany Turns Eastwards. A Study of Ostforschung in the Third Reich.* Cambridge: Cambridge University Press.

BUSEK, Erhard (2000): Konrad Lorenz und die Politik. In: Antal Festetics (Hg.) (2000): op. cit., 205-209.

BYER, Doris (1988): *Rassenhygiene und Wohlfahrtspflege. Zur Entstehung eines sozialdemokratischen Machtdispositivs in Österreich bis 1934.* Frankfurt/New York: Campus.

BYER, Doris (1999): *Der Fall Hugo A. Bernatzik. Ein Leben zwischen Ethnologie und Öffentlichkeit 1897-1953.* Köln/Weimar/Wien: Böhlau Verlag.

CELLI, Giorgio ([1999] 2001): Konrad Lorenz. Begründer der Ethologie. *Spektrum der Wissenschaft.* Biografie 1/2001.

CHATWIN, Bruce ([1979] 1996): Variationen einer fixen Idee. In: Ders. (1996): *Der Traum des Ruhelosen.* München/Wien: C. Hanser, 174-183.

CHAVOT, Philippe (1994): *Histoire de l'éthologie. Recherches sur le developpement des sciences du comportement en Allemagne, Grand-Bretagne et France, de 1930 à nos jours.* Thèse de Doctorat en Histoire des Sciences. Université de Strasbourg.

COX, Victor (1974): A Prize for the Goose Father. *Human Behaviour* 3 (3), 17-22.

CRANACH, Agnes von (1992): Vorwort der Herausgeberin. In: Konrad LORENZ (1992): *op. cit.*, 7-14.

CRANACH, Agnes von (2001): Mein Vater der Graugänse. In: Kurt KOTRSCHAL et al. (Hg.): *op. cit.* (Im Erscheinen, zitiert nach dem unveröffentlichten Manuskript).

DE WAAL, Frans (2001): The Fate of Gurus. In: Ders. (2001): *The Ape and the Sushi Master.* Allen Lane: The Penguin Press, 85-126.

DEICHMANN, Ute ([1992] 1995): *Biologen unter Hitler. Porträt einer Wissenschaft im NS-Staat.* Frankfurt/Main: Fischer TB.

DÜWEKE, Peter (2000): Konrad Lorenz (1903-1989). In: Ders. (2000): *Darwins Affe. Sternstunden der Biologie.* München: Beck'sche Reihe, 118-132.

EISENBERG, Leon (1972): The human nature of human nature. *Science* 176, 123-128.

FESTETICS, Antal ([1983] 1988): *Konrad Lorenz. Aus der Welt des großen Naturforschers.* München: dtv.

FESTETICS, Antal (Hg.) (2000): *Zum Sehen geboren. Das Jahrhundertwerk von Konrad Lorenz.* Wien: Orac.

FEYERABEND, Paul und Christian THOMAS (Hg.) (1987): *Leben mit den „Acht Todsünden der zivilisierten Menschheit"?* Zürich: Verlag der Fachvereine Zürich.

FISCHER, Eugen (1914): Die Rassenmerkmale des Menschen als Domesticationserscheinungen. *Zeitschrift für Morphologie und Anthropologie* 18, 479-534.

FISCHER, Kurt R. und Franz M. WIMMER (Hg.) (1993): *Der geistige Anschluß. Philosophie und Politik an der Universität Wien 1930-1950.* Wien: WUV.

FÖGER, Benedikt (1998): Von „Lebenstüchtigen" und „Rassenpflege": Über zwei Nobelpreisträger aus Österreich. *Die Presse/Spectrum,* 5. Dezember 1998, XIII.

FÖGER, Benedikt (2000): Konrad Lorenz, die Auslese, der Zeitgeist – und „allzu gläubige Schüler"? *Die Presse/Spectrum,* 13. Mai 2000, VIII.

FÖGER, Benedikt (2001): Lorenz 1938: „Ich war selbstverständlich immer Nationalsozialist". *Die Presse/Spectrum,* 24. Februar 2001, VIII.

FRANKE, Klaus (1997): Zauberlehrlinge mit Tunnelblick. Unerfüllte Heilsversprechungen in Wissenschaft und Technik. *Der Spiegel, Sonderausgabe* 1947-1997, 322-331.

FRANKE, Klaus (2001): Reine Rasse. *Der Spiegel* 29, 128-134.

FRISCH, Karl von (1973): *Erinnerungen eines Biologen.* Dritte, erweiterte Auflage. Berlin/Heidelberg/New York: Springer-Verlag.

FRIEDLANDER, Henry ([1995] 1997): *Der Weg zum NS-Genozid. Von der Euthanasie zur Endlösung.* Berlin: Berlin Verlag.

GEUTER, Ulfried (1984): *Die Professionalisierung der deutschen Psychologie im Nationalsozialismus.* Frankfurt/Main: Suhrkamp.

GRASS, Stefan (1987): Lorenz im Großformat. In: Paul FEYERABEND und Christian THOMAS (Hg.) (1987): *op. cit.*, 219-223.

GÜTT, Arthur (1938): Bevölkerungspolitik und Biologie. In: Ernst LEHMANN und Otto MARTIN (1938²): *op. cit.*, 1-4.

HAFFER, Jürgen, Erich RUTSCHKE und Klaus WUNDERLICH (2000): *Erwin Stresemann (1889-1972) – Leben und Werk eines Pioniers der wissenschaftlichen Ornithologie.* Acta Historica Leopoldina, Nummer 34. Heidelberg: Johann Ambrosius Barth Verlag.

HALDANE, J.B.S. (1956): The argument from animals to men. *Journal of the oyal Anthropological Institute* 86, 1-14.

HANISCH, Ernst (1994): *Der lange Schatten des Staates. Österreichische Gesellschaftsgeschichte im 20. Jahrhundert.* Wien: Ueberreuter.

HARAWAY, Donna (1989): *Primate Visions: Gender, Race, and Nature in the World of Modern Science.* New York: Routledge.

HARTMANN, Frank (1994): *Denker Denken Geschichte. Erkundungen zu Philosophie und Nationalsozialismus.* Wien: Passagen Verlag.

HAUER, Nadine (1997): *Gefangene Psychiatrie. Soldaten und Kriegstrauma.* Wien: Verlag Der Apfel.

HÄUPL, Michael (2000): Konrad Lorenz und die Volksbildung. In: Antal FESTETICS (Hg.) (2000): *op. cit.*, 201-204.

HEDIGER, Heini (1938): Tierpsychologie und Haustierforschung. *Zeitschrift für Tierpsychologie* 2 (1), 29-46.

HEINROTH, Katharina (1971): *Oskar Heinroth. Vater der Verhaltensforschung, 1871-1945.* Stuttgart: Wissenschaftliche Buchgemeinschaft.

HEINROTH, Katharina (1979): *Mit Faltern begann's. Mein Leben mit Tieren in Breslau, München und Berlin.* München: Kindler.

HEINROTH, Katharina (1988): Als die Ethologie begann. In: Otto KOENIG (Hg.) (1988): *op. cit.*, 299-308.

HEISZ, Gernot, Siegfried MATTL, Sebastian MEISSL, Edith SAURER und Karl STUHLPFARRER (Hg.) (1989): *Willfährige Wissenschaft. Die Universität Wien 1938-1945.* Wien: Verlag für Gesellschaftskritik.

HEISZ, Gernot (1993): „… wirkliche Möglichkeiten für eine nationalsozialistische Philosophie"? Die Reorganisation der Philosophie (Psychologie und Pädagogik) in Wien 1938 bis 1940. In: Kurt R. FISCHER und Franz M. WIMMER (Hg.) (1993): *op. cit.*, 130-169.

HEYDRICH, Reinhard (1944): *Ein Leben der Tat.* Prag: Volk und Reich Verlag.

HIPPIUS, Rudolf et al. (1943): *Volkstum, Gesinnung und Charakter. Bericht über psychologische Untersuchungen an Posener deutsch-polnischen Mischlingen und Polen, Sommer 1942.* Stuttgart/Prag: W. Kohlhammer.

Hochschulführer der Universität Königsberg (1941), herausgegeben von der Studentenführung. Königsberg: Hochschulkreis.

HOFER, Veronika (2001): Konrad Lorenz als Schüler von Karl Bühler. Diskussion der neu entdeckten Quellen zu den persönlichen und inhaltlichen Positionen zwischen Karl Bühler, Konrad Lorenz und Egon Brunswick. *Zeitgeschichte* 28 (3), 135-159.

HUXLEY, Julian (1963): Lorenzian Ethology. *Zeitschrift für Tierpsychologie* 20 (4), 402-409.

HUBENSTORF, Michael (1989): Medizinische Fakultät 1938-1945. In: Gernot HEISZ et al. (Hg.) (1989): *op. cit.*, 233-282.

JAENSCH, Ernst R. (1938): Der Gegentypus. Psychologisch-anthropologische Grundlagen deutscher Kulturphilosophie, ausgehend von dem, was wir überwinden wollen. *Zeitschrift für angewandte Psychologie und Charakterkunde,* Beiheift 75. Leipzig: Verlag von Johann Ambrosius Barth.

JAENSCH, Ernst R. (1939): Der Hühnerhof als Forschungs- und Aufklärungsmittel in menschlichen Rassenfragen. *Zeitschrift für Tierpsychologie* 2 (3), 223-257.

KALIKOW, Theodora J. (1973): *Konrad Lorenz's Ethological Theory, 1927-1943. History and Philosophical Critique: Sources of Misleading Animal-human Comparisons.* Unveröffentlichte Phil. Diss. an der Universität Boston.

KALIKOW, Theodora J. (1978): Konrad Lorenz's „Brown Past": A Reply to Alec Nisbett. *Journal for the History of Behavioural Science* 14, 173-179.

KALIKOW, Theodora J. (1980): Die ethologische Theorie von Konrad Lorenz: Erklärung und Ideologie, 1938 bis 1943. In: Herbert MEHRTENS und Steffen RICHTER (Hg.) (1980): *op. cit.*, 189-214.

KALIKOW, Theodora J. (1983): Konrad Lorenz's Ethological Theory, 1938-1943. *Journal for the History of Biology* 16 (1), 39-73.

KATER, Michael H. (1973): *Das „Ahnenerbe" der SS 1933-1945: Ein Beitrag zur Kulturpolitik des Dritten Reiches.* Stuttgart: Deutsche Verlagsanstalt.

KATER, Michael H. ([1989] 2000): *Ärzte als Hitlers Helfer.* Hamburg/Wien: Europa Verlag.

KAUFMANN, Doris (Hg.) (2000): *Geschichte der Kaiser-Wilhelm-Gesellschaft im Nationalsozialismus. Bestandsaufnahme und Perspektiven der Forschung.* 2 Bände. Göttingen: Wallstein.

KLEE, Ernst ([1983] 1999): *„Euthanasie" im NS-Staat. Die „Vernichtung lebensunwerten Lebens"*. Frankfurt/Main: Fischer TB.

KLOPFER, Peter H. (1994): Konrad Lorenz and the National Socialists: on the politics of ethology. *International Journal of Comparative Psychology* 7 (4), 202-208.

KLOPFER, Peter H. (1999): *Politics and People in Ethology. Personal Reflections on the Study of Animal Behavior.* London: Associated University Presses.

KLUMBIES, Gerhard (1995): Konrad Lorenz (1903-1989). Verhaltensforscher – Professor in Königsberg (1940-1945) – Nobelpreis 1973. In: Dietrich RAUSCHNING und Donata von NERÉE (Hg.) (1995): *op. cit.*, 619-628.

KOEHLER, Amélie (1988): Ornithologen und Verhaltensforscher. In: Otto KOENIG (Hg.) (1988): *op. cit.*, 315-323.

KOEHLER, Otto (1963): Konrad Lorenz 60 Jahre. *Zeitschrift für Tierpsychologie* 20 (4), 385-401.

KOENIG, Otto (1974): *Rendezvous mit Tier und Mensch. Forschungsgemeinschaft Wilhelminenberg.* Wien/München/Zürich: Fritz Molden

KOENIG, Otto (1988): Einleitung. Über den Werdegang einer Wissenschaft. In: DERS. (Hg.) (1988): *op. cit.*, 7-25.

KOENIG, Otto (Hg.) (1983): *Verhaltensforschung in Österreich. Konrad Lorenz 80 Jahre.* Wien: Ueberreuter.

KOENIG, Otto (Hg.) (1988): *Oskar Heinroth und Konrad Lorenz: Wozu aber hat das Vieh diesen Schnabel? Briefe aus der frühen Verhaltensforschung 1930-1940.* München/Zürich: Piper.

KOTRSCHAL, Kurt (1995): *Im Egoismus vereint? Tiere und Menschentiere – das neue Weltbild der Verhaltensforschung.* München/Zürich: Piper.

KOTRSCHAL, Kurt (2001a): *Konrad Lorenz: Ein Bild ohne Illusionen.* http://science.orf.at/science/news/6625.

KOTRSCHAL, Kurt (2001b): Das Rousseausche Vorurteil vom „edlen Wilden": Die Wurzeln der Ethik von Konrad Lorenz. In: DERS. et al. (Hg.) (2001): *op. cit.* (Im Erscheinen, zitiert nach dem Manuskript).

KOTRSCHAL, Kurt, Gerd MÜLLER und Hans WINKLER (Hg.) (2001): *Konzepte der Verhaltensforschung. Konrad Lorenz und seine Folgen.* Fürth: Filander Verlag.

KRAUSKOPF, Fritz (1954): *Königsberg lebt weiter.* Zeven: Foto Krauskopf.

KREBS, John R. und Sverre SJÖLANDER (1992): Konrad Zacharias Lorenz. In: *Biographical Memoirs of the Royal Society.* Cambridge: Cambridge University Press, 211-228.

KREUZER, Franz (Hg.) (1984): *Nichts ist schon dagewesen. Konrad Lorenz, seine Lehre und ihre Folgen.* München/Zürich: Piper.

KÜHL, Stefan (1997): *Die Internationale der Rassisten. Aufstieg und Niedergang der internationalen Bewegung für Eugenik und Rassenhygiene im 20. Jahrhundert.* Frankfurt/New York: Campus.

LASCH, Otto (1959): *So fiel Königsberg. Kampf und Untergang von Ostpreußens Hauptstadt.* München: Gräfe & Unzer.

LAWRYONOWICZ, Kasimir (1999): *Albertina. Zur Geschichte der Albertus-Universität zu Königsberg in Preußen.* Herausgegeben von Dietrich Rauschning. Berlin: Duncker & Humblot.

LEHMANN, Ernst (1946): *Irrweg der Biologie.* Stuttgart: Gerd Hatje.

LEHMANN, Ernst und Otto MARTIN (1938²): *Deutsches Biologen-Handbuch. Eine Übersicht über die deutschen Biologen, die biologischen Institute und Organisationen.* München/Berlin: J.F. Lehmanns Verlag.

LEHRMAN, Daniel S. ([1953] 1974): Eine Kritik an Konrad Lorenz' Theorie des instinktiven Verhaltens. In: Gerhard ROTH (Hg.) (1974): *op. cit.*, 17-71.

LEYHAUSEN, Paul (1991): Rezension von Franz M.WUKETITS (1990) [*op. cit.*]. Ethology 89, 344-346.

LEYHAUSEN, Paul ([1992] 2001): Das Königsberger Jahr. In: Kurt KOTRSCHAL et al. (Hg.) (2001): *op. cit.* [Im Erscheinen, zitiert nach dem Manuskript].

LICHTENBERGER-FENZ, Brigitte (1989): Österreichs Universitäten und Hochschulen – Opfer oder Wegbereiter der nationalsozialistischen Gewaltherrschaft? (Am Beispiel der Universität Wien). In: Gernot HEISZ et al. (Hg.) (1989): *op. cit.*, 3-15.

LORENZ, Adolf ([1937] 1953): *Ich durfte helfen. Mein Leben und Wirken.* Bamberg: L. Straackmann Verlag.

LORENZ, Adolf (1938): Die Welt ohne Krüppel. *Wiener Medizinische Wochenschrift* 88 (44), 1143–1146.

LORENZ, Albert ([1952] 1965): *Wenn der Vater mit dem Sohne …* Wien: Deuticke.

LORENZ Konrad (1927): Beobachtungen an Dohlen. *Journal für Ornithologie* 75 (4), 511-519.

LORENZ Konrad (1931): Beiträge zur Ethologie sozialer Corviden. *Journal für Ornithologie* 79 (1), 67-127.

LORENZ Konrad (1933): Beobachtetes über das Fliegen der Vögel und über die Beziehungen der Flügel- und Steuerform zur Art des Fluges". *Journal für Ornithologie* 81 (1), 107-236.

LORENZ Konrad (1935): Der Kumpan in der Umwelt des Vogels. *Journal für Ornithologie* 83 (2-3), 137-215 und 289-413.

LORENZ Konrad (1936): Über eine eigentümliche Verbindung branchialer Hirnnerven bei Cypselus apus. *Morphologisches Jahrbuch* 77, 305-325

LORENZ, Konrad (1939a): Über Ausfallserscheinungen im Instinktverhalten von Haustieren und ihre sozialpsychologische Bedeutung. In: Otto KLEMM (Hg.) (1939): *Charakter und Erziehung: 16. Kongress der Deutschen Psychologie in Bayreuth.* Leipzig: Teubner, 139-147.

LORENZ, Konrad (1939b): Einige psychologische Anhaltspunkte zu den Ausführungen von Versluys. In: Jan VERSLUYS (1939): *op. cit.*, 43-50.

LORENZ, Konrad (1940a): Durch Domestikation verursachte Störungen arteigenen Verhaltens. *Zeitschrift für angewandte Psychologie und Charakterkunde* 59 (1-2), 2-81.

LORENZ, Konrad (1940b): Nochmals: Systematik und Entwicklungsgedanke im Unterricht. *Der Biologe* 9 (1-2), 24-36.

LORENZ, Konrad (1941a): Oskar Heinroth 70 Jahre. *Der Biologe* 10 (2-3), 24-36.

LORENZ, Konrad (1941b): Kants Lehre vom Apriorischen im Lichte gegenwärtiger Biologie. *Blätter für Deutsche Philosophie* 15, 94-125.

LORENZ, Konrad (1943a): Die angeborenen Formen möglicher Erfahrung. *Zeitschrift für Tierpsychologie* 5 (2), 235-409.

LORENZ, Konrad (1943b): Psychologie und Stammesgeschichte. In: Gerhard HEBERER (Hg.) (1943): *Die Evolution der Organismen. Ergebnisse und Probleme der Abstammungslehre.* Jena: Verlag von Gustav Fischer, 105-127.

LORENZ, Konrad ([1949] 1997): *Er redete mit dem Vieh, den Vögeln und den Fischen.* München: dtv.

LORENZ, Konrad (1949a): Was ist Vergleichende Verhaltensforschung. *Umwelt* 2 (3), 15-16.

LORENZ, Konrad (1949b): Literarisches Sujet und angeborener auslösender Mechanismus. *Wiener Literarisches Echo* 1 (2), 33-37.

LORENZ, Konrad (1950): Ganzheit und Teil in der tierischen und menschlichen Gesellschaft. *Studium Generale* 3 (9), 455-499.

LORENZ, Konrad ([1950] 2000): *So kam der Mensch auf den Hund.* München: dtv.

LORENZ, Konrad (1954): Psychologie und Stammesgeschichte. In: Gerhard HEBERER (Hg.) (1954): *Die Evolution der Organismen. 2. Auflage.* Jena: Verlag von Gustav Fischer, 131-172.

LORENZ, Konrad ([1963] 1995): *Das sogenannte Böse. Zur Naturgeschichte der Aggression.* München: dtv.
LORENZ, Konrad (1965): *Über tierisches und menschliches Verhalten. Aus dem Werdegang der Verhaltenslehre. Gesammelte Abhandlungen.* 2 Bände. München/Zürich: Piper.
LORENZ, Konrad ([1973a] 1997): *Die acht Todsünden der zivilisierten Menschheit.* München/Zürich: Piper.
LORENZ, Konrad ([1973b] 1997): *Die Rückseite des Spiegels. Versuch einer Naturgeschichte des menschlichen Erkennens.* München/Zürich: Piper.
LORENZ, Konrad (1974a): Konrad Lorenz (Autobiography). In: *Les Prix Nobel en 1973.* Stockholm: The Nobel Foundation, 176-184 (zitiert nach *http://www.nobel.se/medicine/laureates/1973/lorenz-autobio.html*).
LORENZ, Konrad (1974b): Analogy as a Source of Knowledge. In: *Les Prix Nobel en 1973.* Stockholm: The Nobel Foundation, 185-195.
LORENZ, Konrad (1977): *Gespräche mit Richard I. Evans, ein Briefwechsel mit Donald Campbell und vier Essays.* Herausgegeben von Richard I. Evans. Frankfurt/Main: Ullstein
LORENZ, Konrad (1978): *Vergleichende Verhaltensforschung oder Grundlagen der Ethologie.* Wien/New York: Springer.
LORENZ, Konrad (1979): Geleitwort. In: Katharina HEINROTH (1979): *op. cit.*, 7-10.
LORENZ, Konrad ([1983] 1995): *Der Abbau des Menschlichen.* München/ Zürich: Piper.
LORENZ, Konrad (1985): My Family and Other Animals. In: Donald A. DEWSBURY (Hg.): *Leaders in the Study of Animal Behavior, Autobiographical Perspectives.* London and Toronto: Associated University Press, 258-287.
LORENZ, Konrad (1988) *„Rettet die Hoffnung". Konrad Lorenz im Gespräch mit Kurt Mündl.* Wien: Jugend und Volk.
LORENZ, Konrad (1992): *Die Naturwissenschaft vom Menschen. Eine Einführung in die vergleichende Verhaltensforschung. Das „russische Manuskript" (1944-1948).* Aus dem Nachlass herausgegeben von Agnes von Cranach. München/Zürich: Piper.
LORENZ, Konrad und Franz KREUZER (1981): *Leben ist Lernen. Von Immanuel Kant zu Konrad Lorenz. Ein Gespräch über das Lebenswerk des Nobelpreisträgers.* München/Zürich: Piper.
LORENZ, Konrad und Nikolaas TINBERGEN (1938): Taxis und Instinkthandlung in der Eirollbewegung der Graugans. *Zeitschrift für Tierpsychologie* 2 (1), 1-29.

LIESSMANN, Konrad Paul ([1993] 1996): Leben wie die Tiere. In: DERS. (1996): *Der gute Mensch von Österreich.* Wien: Sonderzahl, 231-236.

LUNDGREEN, Peter (Hg.) (1985): *Wissenschaft im Dritten Reich.* Frankfurt/Main: Suhrkamp.

MEHRTENS, Herbert und Steffen RICHTER (Hg.) (1980): *Naturwissenschaft, Technik und NS-Ideologie. Beiträge zur Wissenschaftsgeschichte des Dritten Reiches.* Frankfurt/Main: Suhrkamp

MÜLLER-HILL, Benno ([1992] 1995): Vorwort. In: Ute DEICHMANN ([1992] 1995): *op. cit.*, 11-19.

MÜLLER-HILL, Benno (2000): Das Blut von Auschwitz und das Schweigen der Gelehrten. In: Doris KAUFMANN (Hg.) (2000): *op. cit.*, 189-227.

NISBETT, Alec (1976): *Konrad Lorenz.* London: J. M. Dent & Sons.

NOWAK, Eugeniusz (2000): Erinnerungen an Ornithologen, die ich kannte. Zweiter Teil. *Zeitschrift für Ornithologie* 141, 461-500.

PLANER, Franz (Hg.) (1928): *Das Jahrbuch der Wiener Gesellschaft.* Wien: Verlag Franz Planer.

RAUSCHNING, Dietrich und Donata von NERÉE (Hg.) (1995): *Die Albertus-Universität zu Königsberg und ihre Professoren. Aus Anlaß der Gründung der Albertus-Universität vor 450 Jahren.* Berlin: Duncker & Humblot.

RIEDESSER, Peter und Axel VERDERBER (1996): *„Maschinengewehre hinter der Front". Zur Geschichte der deutschen Militärpsychiatrie.* Frankfurt/Main: Fischer TB.

RIEDL, Rupert (1998): Die prägende Welt des Konrad Lorenz. In: Manfred WIMMER (Hg.) (1998): *Freud – Piaget – Lorenz. Von den biologischen Grundlagen des Denkens und Fühlens.* Wien: WUV, 47-60.

ROSAR, Wolfgang (1971): *Deutsche Gemeinschaft. Seyss-Inquart und der Anschluss.* Wien/Frankfurt/Zürich: Europa Verlag.

ROSZNER, Ferdinand (1939): Systematik und Entwicklungsgedanke im Unterricht. *Der Biologe* 8 (2), 336-372.

ROTH, Gerhard (1974): *Kritik der Verhaltensforschung. Konrad Lorenz und seine Schule.* München: C.H. Beck.

ROTH, Karl Heinz ([1986] 1999): Schöner neuer Mensch. Der Paradigmenwechsel der klassischen Genetik und seine Auswirkungen auf die Bevölkerungsbiologie des „Dritten Reiches". In: Heidrun KAUPEN-HAAS und Christian SALLER (Hg.) (1999): *Wissenschaftlicher Rassismus. Analysen einer Kontinuität in den Human- und Naturwissenschaften.* Frankfurt/New York: Campus, 346-424.

SAX, Boria (1997): What is a Jewish Dog? Konrad Lorenz and the Cult of Wildness. *Society and Animals* 5 (1), 3-21.

SAX, Boria (2000): *Animals in the Third Reich. Pets, Scapegoats, and the Holocaust.* New York/London: Continuum.

SAX, Boria und Peter H. KLOPFER (2000): *Jacob von Uexküll and the Anticipation of Sociobiology.* Unveröffentlichtes Manuskript, 17 Seiten.

SCHALLER, Friedrich (1997): Konrad Lorenz. In: Helmuth GRÖSSING und Gerhard HEINDL (Hg.): *Heimat großer Söhne ... Exemplarische Leistungen österreichischer Naturforscher, Techniker und Mediziner.* Frankfurt/Main et al.: Peter Lang, 169-186.

SCHALLER, Friedrich (2000): *Erfüllte Endlichkeit. Autobiografie des Zoologen Friedrich Schaller.* Linz: Biologiezentrum Linz.

SCHALLER, Friedrich (2001): Immanuel Kant und Konrad Lorenz, eine zweifach zunftwidrige Betrachtung. In: K. KOTRSCHAL et al. *op. cit.* (Im Erscheinen).

SCHLEIDT, Wolfgang (Hg.) (1988): *Der Kreis um Konrad Lorenz. Ideen, Hypothesen, Ansichten. Festschrift anläßlich des 85. Geburtstages von Konrad Lorenz am 7.11.1985.* Berlin und Hamburg: Paul Parey.

SCHLEIDT, Wolfgang (1990): Nachruf auf Konrad Zacharias LORENZ. In: *Almanach der Österreichischen Akademie der Wissenschaften* 140, 293-303.

SCHLEIDT, Wolfgang (2001): Politik um Konrad Lorenz. In: Kurt KOTRSCHAL et al. (Hg.) (2001): *op. cit.* (Im Erscheinen, zitiert nach dem Manuskript).

SCHÜLER-SPRINGORUM, Stefanie (1996): *Die jüdische Minderheit in Königsberg/Preussen, 1871-1945.* Schriftenreihe der Historischen Kommission bei der Bayerischen Akademie der Wissenschaften. Band 56. Göttingen: Vandenhoeck & Ruprecht.

SCHWARTZ, Michael (1995): *Sozialistische Eugenik. Eugenische Sozialtechnologie in Debatten und Politik der deutschen Sozialdemokratie.* Berlin: Dietz.

SCHWARZ, Walter (1984): Die Galionsfigur. *profil* 21, 45-48.

SEBEOK, Thomas A. (1983): Karl Bühler. In: Tasso BORBÉ (Hg.) (1983): *Semiotics unfolding. Proceedings of the 2nd Congress of the International Association for Semiotic Studies, Vienna, July 1979.* Drei Bände. Berlin u.a.: Mouton, Band I, 355-372.

SELLE, Goetz von (1944): *Geschichte der Albertus-Universität zu Königsberg in Preussen.* Königsberg: Kanter-Verlag.

SLOTERDIJK, Peter (1999): *Regeln für den Menschenpark. Ein Antwortschreiben zu Heideggers Brief über den Humanismus.* Frankfurt/Main: Suhrkamp.

SOKOLOW, V.E. und L.M. BASKIN ([1992] 1993): *Konrad Lorenz: A Prisoner of War for Three Years.* Englische Übersetzung eines auf Russisch veröffentlichten Aufsatzes. Mimeo, 7 Seiten.

SPENGLER, Oswald ([1923] 1988): *Der Untergang des Abendlandes. Umrisse einer Morphologie der Weltgeschichte.* München: dtv.

STADLER, Friedrich (1986): 40 Jahre Institut für Wissenschaft und Kunst, 1946-1986. *Mitteilungen des Instituts für Wissenschaft und Kunst* 41 (3), 66-77.

STADLER, Friedrich (1997): *Studien zum Wiener Kreis. Ursprung, Entwicklung und Wirkung des Logischen Empirismus im Kontext.* Frankfurt/Main: Suhrkamp.

STORCH, Otto (1950): Österreichische Tragik. *Wiener Universitätszeitung* 2 (19), 1. Dezember 1950, 1-2.

STUMPF, Robert (2000): „Dieses Mittelstück und die zwei Enden". Ernst Fischer in der österreichischen Nachkriegspolitik. In: Bernhard FETZ (Hg.) (2000): *Ernst Fischer. Texte und Materialien.* Wien: Sonderzahl Verlag, 135-160.

TANDLER, Julius (1924): *Ehe und Bevölkerungspolitik.* Wien und Leipzig: Perles.

TASCHWER, Klaus (1999): Von der Natur des Menschen. Zum 10. Todestag von Konrad Lorenz. *planet* 9/Februar und März 1999, 3.

TASCHWER, Klaus (2000): „Rendezvous mit Tier und Mensch". Wissenschaftssoziologische Anmerkungen zur Geschichte der Verhaltensforschung in Österreich. In: Christian FLECK (Hg.) (2000): Soziologische und historische Analysen der Sozialwissenschaften. *Österreichische Zeitschrift für Soziologie, Sonderband* 5, 309-341.

TASCHWER, Klaus (2001a): Die unendliche Geschichte. *Falter. Stadtzeitung Wien* 9/01, 14-15.

TASCHWER, Klaus (2001b): Von Gänsen und Menschen. Über die Geschichte der Ethologie in Österreich und über ihren Protagonisten, den Forscher, Popularisator und Öko-Politiker Konrad Lorenz. In: Mitchell ASH und Christian STIFTER (Hg.) (2001): *Wissenschaft, Politik und Öffentlichkeit. Von der Wiener Moderne bis zur Gegenwart.* Wien: WUV (Im Erscheinen).

TILITZKI, Christian (1991): *Geschichte der Provinz nach 1933: Alltag in Ostpreußen 1940-1945. Die geheimen Lageberichte der Königsberger Justiz.* Leer: Rautenberg Verlag.

TILITZKI, Christian (2000): Konrad Lorenz in Königsberg. Anmerkungen zur politischen Biographie des Verhaltensforschers. Dreiteilige Serie. *Das Ostpreußenblatt* am 24. Juni, 1. Juli und am 8. Juli 2000, jeweils S. 12.

TILITZKI, Christian (2001): Von der Grenzland-Universität zum Zentrum der nationalsozialistischen „Neuordnung“ im Ostraum“? Aspekte zur Königsberger Universitätsgeschichte im Dritten Reich. *Jahrbuch für die Geschichte Mittel- und Osteuropas. Zeitschrift für vergleichende und preußische Landesgeschichte* 46, 233-269.

TINBERGEN, Niko, B. J. D. MEEUSE, L. K. BOEREMA, W. W. VAROSSIEAU (1943): Die Balz des Samtfalters, *Eumenis (=Satyrus) semele (L.). Zeitschrift für Tierpsychologie* 5 (3), 182-226.

TINBERGEN, Niko (1988): Aus der Kinderstube der Ethologie. In: Otto KOENIG (Hg.) (1988): *op. cit.*, 309-314.

WEINDLING, Paul (1989): *Health, race and German politics between nation unification and Nazism,* 1870-1945. Cambridge: Cambridge University Press.

WEINGART, Peter, Jürgen KROLL und Kurt BAYERTZ ([1988] 1992): *Rasse, Blut und Gene. Geschichte der Rassenhygiene in Deutschland.* Frankfurt/ Main: Suhrkamp.

WICKLER, Wolfgang (1991): Rezension von Norbert BISCHOF (1991) [*op. cit.*]. *Ethology* 89, 342-344.

WIECK, Michael (1988): *Zeugnis vom Untergang Königsbergs: Ein „Geltungsjude“* berichtet. Heidelberg: Verlag Lambert Schneider.

WILSON, Edward O. ([1975] 2000): *Sociobiology. The New Synthesis. 25th Anniversary Edition.* Cambridge/MASS und London: Harvard University Press.

WILSON, Edward O. (1998): *Die Einheit des Wissens.* Berlin: Siedler.

WIMMER, Manfred (Hg.) (1998): *Freud – Piaget – Lorenz. Von den biologischen Grundlagen des Denkens und Fühlens.* Wien: WUV.

WUKETITS, Franz M. (1990): *Konrad Lorenz. Leben und Werk eines großen Naturforschers.* München/Zürich: Piper.

WUKETITS, Franz M. (1995): *Die Entdeckung des Verhaltens. Eine Geschichte der Verhaltensforschung.* Darmstadt: Wissenschaftliche Buchgemeinschaft.

WUKETITS, Franz M. (1997): Soziobiologie. *Die Macht der Gene und die Evolution sozialen Verhaltens.* Heidelberg/Berlin/Oxford: Spektrum Akademischer Verlag.

Danksagung

Das vorliegende Buch hätte ohne die Hilfe vieler Personen nicht geschrieben werden können. Wir möchten uns bei allen bedanken, die auf die eine oder andere Art am Gelingen dieses Buches beteiligt waren. Alle in alphabetischer Reihenfolge angeführten Personen haben uns ihre Zeit zur Verfügung gestellt, um entweder mit uns Gespräche zu führen und unsere Fragen zu beantworten, frühere Versionen des Manuskriptes zu lesen und zu kommentieren oder uns auf andere Weise bei unseren Recherchen zu unterstützen. Im Besonderen bedanken wir uns beim Verlag für die gute und vertrauensvolle Zusammenarbeit und bei den Mitarbeiterinnen und Mitarbeitern der genannten Archive.

Prof. Dr. Mitchell Ash (Universität Wien), Mag. Ulrike Böhmdorfer (Wien), Dr. Julius Brachetka (Wien), Prof. Dr. Richard W. Burkhardt, Jr. (University of Illinois at Urbana-Champaign, USA), Prof. Dr. Werner Callebaut (KLI Altenberg), Dr. Philippe Chavot (Universität Strassburg), Agnes von Cranach (Altenberg/Bern), Prof. Dr. Elisabeth Crawford (Genf), Hubertus Czernin (Wien), Prof. Dr. Christian Fleck (Universität Graz), Waltraud Föger (Telfs), Dr. Ekkehart Früh und Mitarbeiterinnen des Tagblattarchivs der Arbeiterkammer Wien (AK Wien), Prof. Dr. Karl Haas (Wien), Dr. Jürgen Haffer (Essen), Mag. Jürgen Hatzenbichler (Wien/Klagenfurt), Dr. des. Oliver Hochadel (Wien), Dr. Veronika Hofer (Wien), Prof. Dr. Michael Hubenstorf (Universität Wien), Dr. B. Jähnig (Geheimes Staatsarchiv Preußischer Kulturbesitz, Berlin), Dr. Rudolf Jeřabek und Mitarbeiter des Österreichischen Staatsarchivs (Wien), Prof. Dr. Theodora J. Kalikow (Maine/USA), Prof. Dr. Stefan Karner (Universität Graz), Dr. Helga Kaschl (IWK Wien), Prof. Dr. Peter H. Klopfer (Duke University/USA), Prof. Dr. Kurt Kotrschal (Universität Wien/KLF Grünau), Amélie Koehler (Freiburg), Mag. Thomas Kramar (Wien), Dr. Hans Kruuk (Aberdeenshire), Simone Langner (Bundesarchiv Berlin), Oliver Lehmann (Wien), Prof. Dr. M. Rainer Lepsius (Universität Heidelberg), Stefan Löffler (Herrischried/Berlin), Dr. Peter Malina (Universität Wien), Prof. Dr. Gerd Müller (KLI Altenberg/Universität Wien), Prof. Dr. Benno Müller-Hill (Köln), Prof. Dr. Wolfgang Neugebauer (Dokumentationsarchiv des österreichischen Widerstandes, Wien), Dr. Laurenz Niel (FWF Wien), Prof. Dr. Robert N. Proctor (Pennsylvania State University),

Mag. Ursula Samwald (Wien), Dr. Boria Sax (White Plain/USA), Mag. Andrea Schaller (Wien), Prof. Dr. Friedrich Schaller (Universität Wien), Prof. Dr. Wolfgang M. Schleidt (Wien), Dr. Amy Schmidt und Mitarbeiter der National Archives (Washington), Dr. Walter Schübler (Wien), Prof. Dr. Friedrich Stadler (Universität Wien), Mag. Christian H. Stifter (Wien), Mag. Robert Stumpf (Wien), Dr. Christian Tilitzki (Berlin), Ing. Simon Wiesenthal (Wien), Prof. Dr. Franz M. Wuketits (Universität Wien) sowie Mitarbeiterinnen und Mitarbeitern des Universitätsarchivs Wien, des Bundesarchivs in Koblenz, der Staatsbibliothek in Berlin, des Bundesarchivs in Berlin und des Universitätsarchivs Freiburg.

Namenregister